北京信息科技大学本科教改项目（5112010826）资助
北京信息科技大学研究生课程建设项目（5027011033）资助

U0610811

大数据

营销

Big Data Marketing

胡涵清　金春华　负晓哲　金苑苑　李莉◎主编

经济管理出版社
ECONOMY & MANAGEMENT PUBLISHING HOUSE

图书在版编目（CIP）数据

大数据营销/胡涵清等主编.—北京：经济管理出版社，2020.6
ISBN 978-7-5096-7240-2

Ⅰ.①大…　Ⅱ.①胡…　Ⅲ.①网络营销—高等学校—教材　Ⅳ.①F713.365.2

中国版本图书馆 CIP 数据核字（2020）第 117702 号

组稿编辑：郭丽娟
责任编辑：郭丽娟　宋　佳
责任印制：黄章平
责任校对：张晓燕

出版发行：经济管理出版社
　　　　　（北京市海淀区北蜂窝 8 号中雅大厦 A 座 11 层　100038）
网　　址：www.E-mp.com.cn
电　　话：(010) 51915602
印　　刷：北京玺诚印务有限公司
经　　销：新华书店
开　　本：720mm×1000mm/16
印　　张：18
字　　数：314 千字
版　　次：2020 年 8 月第 1 版　2020 年 8 月第 1 次印刷
书　　号：ISBN 978-7-5096-7240-2
定　　价：78.00 元

序

　　云计算、大数据、物联网、移动互联网、智慧城市、区块链等新兴信息技术的快速兴起以及移动智能终端的迅猛发展，促使当前数据增长的速度比人类以往任何时期都要快。数据规模越来越大，内容越来越复杂，更新速度越来越快，数据特征的演化和发展催生出一个新的概念——大数据。全球数据信息正爆炸式增长，并且已经延伸到各个行业的各个领域，甚至成为各个行业重要的生产因素，以及成长和竞争的关键。大数据不同于互联网，它正在以巨大的力量改变世界。作为多样化的信息资产，它具有更强的决策力、洞察发现力、流程优化能力、高增长率。在政府管理、IT、制造业、零售业、科技等领域，大数据都在改变其运行方式。

　　进入 21 世纪，随着信息技术的迅猛发展和互联网的广泛应用，新兴的营销模式——大数据营销日渐得到人们的关注。互联网作为大数据营销的基础平台，对大数据营销的发展起到重要作用。伴随互联网技术的发展，网络营销也得到更广、更深的应用。特别是近年来，电子商务的蓬勃发展，使学会如何在网络时代谋求更快的发展以及提升竞争力成为每个企业都必须思考的问题。在火爆的互联网时代，企业要想立于不败之地，就必须彻底"拥抱"大数据营销，建立自己的信息数据库。

　　在大数据时代到来之前，企业营销只能利用传统的营销数据，数据的来源仅限于消费者某一方面的有限信息。互联网时代带来了新类型的数据，包括消费者使用网站的数据、地理位置的数据、邮件的数据、社交媒体的数据等。正是由于企业获取用户数据比以前容易得多，传统的广撒网式营销模式已经逐渐过时，利用数据对客户进行定位、实现产品的精准营销逐渐成为主流。精准营销运用先进的互联网技术与大数据技术等手段，使企业和顾客能够进行个性化的长期沟通，从而让企业和顾客达成共识，为企业建立稳定忠实的客户群奠定坚实的基础。同时，得益于现代化的物流技术，企业可以摆脱繁多的中间渠道，并且脱离对传统营销模块式组织机构的依赖，真正实现对客户的个性化关怀。通过可量化的市场定位技术，精准营销打破了传统营销只能做到定性市场定位的局限，使企业营销达到了可调控和可度量的要求。

北京信息科技大学经管学院融信息特色、汇管理新知、育商业英才、促区域发展，着力打造具有信息特色学科和专业，培养具有较强实践能力、创新意识与国际化意识的高素质应用型人才，顺应信息时代发展趋势。来自该学院学者主编的《大数据营销》，深入浅出地介绍了基于大数据的网络营销和精准营销。通过大数据技术将新类型的数据与传统数据进行整合，使企业能全面地了解消费者的信息，对顾客群体进行细分，然后对每个群体采取符合市场具体要求的专门行动。本书的出版，将有助于对大数据营销有浓厚兴趣、但基础比较薄弱的人群更好地了解和拥抱大数据技术，希望作者团队在此基础上再接再厉，出版更多关于大数据营销的著作以飨读者。

中国工程院院士、中国社会科学院学部委员

李敏

2020 年 6 月于北京

前　言

进入 21 世纪，随着信息技术的迅猛发展和互联网的广泛应用，新兴的营销模式——网络营销日渐得到人们的关注。目前，网络营销已经被企业广泛认可，得到了不同程度的尝试与应用，并取得飞速发展，尤其在网络营销服务市场、网络营销基础建设等方面的表现更为突出，令人瞩目。随着互联网技术的发展，网络营销作为一种新兴的营销方式，仍有一些问题需要关注和解决。

互联网以及移动互联网的迅速崛起，深刻地改变着现实社会生活的各个方面。互联网作为网络营销的基础平台，对网络营销的发展起到重要的作用。伴随互联网技术的发展，网络营销也得到更深、更广的应用。特别是近年来，电子商务的蓬勃发展，使得如何在网络时代谋求更快的发展以及提升竞争力，成为每个企业都必须思考的问题。

随着信息技术发展突飞猛进、互联网应用迅速普及，全球数据信息正以爆炸式的方式增长，并且已经延伸到各个行业的各个领域，甚至成为各个行业重要的生产因素和成长、竞争的关键。数据量越来越大，大数据分析成为信息产业持续高速增长的新引擎，大数据利用将成为提高核心竞争力的关键因素。大数据逐渐发展成为一个独立的产业形态，在数据获取与应用层面形成产业集聚效应，对经济发展的驱动作用越来越大。大数据产业的优势不仅在于对庞大数据信息的专业化处理，更在于通过物联网、云计算、5G 等技术的运用，提升相关产品制造能力，攻克关键核心技术，提升服务质量。

大数据不同于互联网，它正在以巨大的力量改变世界——它具有更强的决策力、洞察发现力、流程优化能力、高增长率和多样化的信息资产。同时在 IT、制造业、零售业、政府管理、科技等领域，大数据也起着改变其运作方式的作用。在火爆的互联网时代，企业要想立于不败之地，就必须彻底"拥抱"大数据营销，建立自己的信息数据库。

目前，在营销领域，传统"广撒网"式的营销模式已经逐渐过时，尤其是当互联网和移动互联网得到广泛应用之后，企业获取用户数据比以前容易得多，再加上大数据技术日渐成熟，利用数据对客户进行定位、实现产品的精准营销越来越容易，而且市场也需要精准营销。

在结合大数据技术及企业发展需要的基础上，本书从互联网和营销、营销大数据、大数据精准营销与应用三个角度来阐述大数据营销，并研究互联网大数据营销模式、方法以及相关案例。随着下一代通信技术及区块链技术等更多信息技术的飞速发展，营销模式也会发生很大的变化，大数据营销应用领域日新月异。但由于篇幅限制，本书尚有不完善之处，请读者批评指正。

胡涵清

2020 年 1 月

目　录

第一篇　互联网和营销

第二篇　营销大数据

第三篇　大数据精准营销与应用

第 一 篇

互联网和营销

第一章 网络营销概述

第一节 互联网的产生与发展

互联网作为网络营销的基础平台，对网络营销的发展起到重要的作用。伴随互联网技术的发展，网络营销也得到了更深、更广的应用。因此，对互联网技术的产生和发展历程的了解和认识具有必要性。

一、国际互联网的产生和发展

互联网又称计算机交互网络，它利用软件将网络资源进行共享，利用设备和线路将各个独立的计算机系统相互连接，进而实现网络之间资源的共享和信息之间的交换。

现代计算机网络起源于 ARPAnet，这是 1969 年美国行政部门 DARPA 建立的网络。一开始，建立 ARPAnet 的目的就是为军事服务：战争中若某一部分网络不能工作，可以保证其他部分的网络能够正常通信。除了分布式的思想，ARPAnet 还在技术领域有着重大贡献——TCP/IP 协议。这些理论和技术为现代计算机网络的产生和发展打下了良好的基础。

ARPAnet 建立初始，其连接范围比较小，只有几所著名的大学、军事设备承包商和研究机构被美国官方允许连接到 ARPAnet。20 世纪 80 年代中期，美国国家科学基金会（NSF）在研究基础上开发了一个新的网络架构——NSF-net，在 1990 年 ARPAnet 停止非军事相关活动后，NSFnet 成为了当时国际互联网的主干网络。随着网络技术的不断发展，1992 年，NSF 宣布将逐渐停运 NS-

Fnet，并于 1995 年正式退出历史舞台。从 ARPAnet 到 NSFnet 再到现代互联网，互联网商业化进程不断加快并逐步向全社会开放。

国际互联网的进步与信息技术的进步不可分离，技术标准以及技术创新是国际互联网不断发展的重要推手，在其发展史上，有几个非常重要的事件。

第一，标准通信方式的出现。互联网标准通信方式的来源可以追溯到1961 年麻省理工学院伦纳德·克兰罗克的一篇论文，这篇关于分组交换技术的论文成为标准通信技术的来源。

第二，TCP/IP 的制定。TCP/IP 全称为信息传输协议，是为实现不同网络间通信的协议簇。TCP/IP 产生于 1973 年，并从 1983 年开始逐渐代替当时主流的传输控制协议——NCP。

第三，万维网技术的产生。1991 年，欧洲粒子物理研究所的一位科学家开发出了使用超文本链接网络文件的万维网。1993 年，美国超算中心开发出了我们现在所熟悉的 WWW（World Wide Web）技术网页浏览软件。

随着相关技术的不断发展，网页中不仅可以进行文字传输，还可以实现动态图像等多种多媒体传输，这也为今天我们所使用的语音视频通话打下了坚实的基础。这些技术不仅推动着人们日常交流的发展，也不断促进着商业活动的飞速发展。

二、国内互联网的产生和发展

中国最早的国际互联网应用开始于 1994 年的中关村教育科研项目。该项目接入了一条 64K 的国际专线，这使中国成为第 77 个正式接入全球互联网的国家。经历了中国互联网史前阶段，中国互联网的发展基本与全球同步，大体上可以划分为研究试验、Web1.0、Web2.0 和 Web3.0 四个阶段。在各个阶段，用户数量都在不断增长，产业和企业也发生了深刻的变化。

（一）中国互联网的研究试验阶段（1986~1993 年）

1986~1993 年是中国互联网研究与试验阶段。1986 年，中国学术网络工程项目启动；1987 年，第一封电子邮件从国内通过意大利和德国的互联网络由节点发送；1990 年，钱天白代表中国在 SRT（Internet 的前身）首次登记顶级域名 CN，并在国外建立了 CN 域名服务器；1993 年，中科院高能物理所租用美国卫星链路接入美国能源网；1994 年 4 月初，中国通过一条 64K 的国际专线全功能接入互联网，从此中国正式被国际公认为真正的全功能互联网国家，中国的互联网时代从此开始。现阶段，由于互联网初期技术门槛高，资源有限，只有少数人如科技工作者、科技人员等能够使用互联网，使用范围也比较小。

（二）Web1.0 阶段（1994~2002 年）

1994 年 4 月 20 日中国正式接入全球互联网之后，以清华大学为代表的高校及其他科研机构接入网络，国家邮电部也开始向社会提供互联网接入服务，瀛海威等互联网服务提供商开始出现，互联网创业者也掀起了互联网创业大潮。1995 年 5 月，张树新创建北京瀛海威科技有限责任公司，主业为互联网服务提供，一年后，其 8 个主要节点建设完工并开通，为全国性网络建立了基础框架；1996 年 6 月，新浪网前身"四通利方网"开通；1999 年 3 月，阿里巴巴成立；1999 年 5 月，中华网成立；2000 年 1 月，百度公司成立。1996 年底至 2000 年初，在现今互联网商业格局中举足轻重的大公司大部分在这一时期成立并快速发展，基本都以"网站建设"为主要业务，因此，这个阶段也被称为所谓的"门户时代"。

但是，2000 年纳斯达克股市的猛烈下跌促使互联网泡沫破灭，三大门户网站股价下跌惨重，全球互联网行业陷入寒冬，多米诺骨牌效应导致行业整体下滑。有关调查显示，千禧年的寒冬使得至少 4800 多家互联网相关的公司被收购或者破产倒闭。

Web1.0 的利润基本上依靠流量点击，互联网公司前期的筹资以及未来的发展都依靠点击率。而且，该阶段互联网的发展逐渐向综合门户网站合流，老一代的新浪、搜狐和网易仍然专注于门户网站特别是新闻网站的建设，后起的腾讯、MSN 等新秀也走上了门户建设之路。

（三）Web2.0 阶段（2003~2008 年）

2002 年，中国移动推出的短信 SP（Service Provider）业务，不仅让三家门户网站从寒冬中脱颖而出，还带动了很多其他门户网站的兴起，例如携程等。互联网行业迎来了第二次发展大潮，这一时期有四种较为典型的商业模式：一是广告，二是网游，三是搜索，四是电商。

2003 年，搜狐的广告营收达到 2950 万美元，这一数值比 2002 年增长了113%；新浪则超过 4000 万美元，比 2002 年增长了 67%。据有关资料统计，2003 年，中国网络广告市场规模超过了 10 亿元人民币。在这之后，中国网络广告市场一直保持较快增长。

2003 年第三季度，网易将游戏这项业务作为独立项目列出，不负众望的是，其当年收入达到 5650 万元人民币，比上一年同期增长了 366.8%；盛大网络于 2004 年 5 月上市，当年就奇迹般地创造了 13.672 亿元人民币的收入。2003~2008 年，中国网络游戏市场的增速每年都保持在 50% 以上。

2005 年 8 月，百度在纳斯达克上市，上市当年就收入 3.192 亿元人民币，此后多年占据中国搜索引擎的主流位置。据资料统计，2004 年，中国的搜索引擎市场规模十分庞大，达到了 5.7 亿元人民币，比 2003 年翻了一倍还多，增速十分可观。

现在为人熟知的阿里巴巴于 2007 年 11 月在港交所上市，上市当年营收 21.628 亿元人民币，比 2006 年增长了 67.2%。2005~2008 年，阿里巴巴旗下的淘宝的网络零售额也十分可观，实现数年连番增长。

从网民普及率来看，全球网民在 2007 年的总人数达到 13 亿人，网络普及率为 20% 左右，与此同时，美日韩和欧洲的网民普及率更是超过 70%。但此时，中国互联网发展时间短，网民人数为 1.6 亿，而且普及率仅为 12%。国内网站还处于互联网发展初期，虽然中国的互联网企业一时具有很高的价值，但事实上，存在着全球竞争力不足的缺点，即使在国内市场它们也因缺乏创新而不具备核心竞争力，它们需要一个更加坚实的商业模式，同时也更加需要自主创新。

在 Web 1.0 阶段，互联网内容是由少数编辑或网站管理员提供的，而在 Web 2.0 阶段，用户逐渐成为内容的贡献者，生产内容和方式更加多样化。

（四）Web3.0 阶段（2009~2018 年）

2009 年开始，Web2.0 的概念逐渐淡出视野，SNS（Social Network Services）网站、微博、微信的兴起，将互联网带入即时通信时代。例如，2009 年，受国外推特的启发，微博诞生，并初步实现了快速增长，我国微博用户在 2013 年已经超过 3.3 亿，占网民人数的 56%。在 Web3.0 初期，网民数量仍在大规模增长，网络接收端以 PC 为主，手机为辅。直到 2012 年，手机首次超过 PC 成为中国网民的第一互联网终端，这也预示着移动互联网的爆发式增长。移动互联网时代，智能手机等移动终端大量普及，通过大量 APP 应用程序，各种内容和消息直面用户，之后，移动互联网和自媒体创作更是引发互联网热潮，手机端逐渐取代 PC。

《2019 年中国互联网发展报告》（以下简称《报告》）将 2018 年称为"寒冬"。《报告》指出，2018 年，我国互联网上市企业市值下降，企业 IPO 屡屡受挫，下半年资本市场逐渐降温，电子商务、网络游戏等寻求垂直应用的行业市场增速也逐年放缓，网络视听服务、网络教育产业等呈现逆增长态势。《报告》称，2018 年前 11 个月，中国股票投资市场共融资 1.15 万亿美元，同比下降 28.7%。2018 年，互联网公司兴起赴美国、赴中国香港上市潮。随后出现互联网公司普遍上市、倒挂，约 55% 的公司以最低发行价发行；79% 的公司市值低于上市首日，其中 18% 的公司市值只剩将近一半。

（五）现在和未来

虽然互联网寒冬使许多行业呈现衰退趋势，但以高科技为代表的高端芯片和人工智能应用，以医疗卫生和素质教育为代表的社会需求，以及新人才的涌现，在寒冬中能够帮助互联网行业实现跨越式发展。中国需要在第四次科技革命中紧抓如物联网、云计算、大数据等数字经济，同时加强硬件系统的研发创新，将可能实现从网络大国到网络强国的目标。这场第四次革命将成为中国在全球崛起的一个重要机遇，成为中国实现"弯道超车"的关键时机。同时，如何处理好中国互联网内外部矛盾，使互联网更好地融入到商业应用和社会生活各方面，使中国互联网企业冲出国内享誉国际，成为中国互联网行业需要思考的问题。今后，互联网和其他技术的不断发展必将产生规模更大、影响更深刻的社会变革，社会产业将会面临更复杂、更广泛的调整，社会和文化的发展、人们的生活方式等都将受到极大的冲击。

第二节　网络营销的概念与职能

网络营销作为一种商业运作方式，其产生和发展影响着人们的消费方式和消费理念，也促使企业不断调整其经营方式以促进企业的可持续发展。网络营销的传播媒介是互联网，企业应利用网络迅速为客户提供较为精准的服务。

一、网络营销的基本概念

网络营销的基础为现代营销理论，是借助网络、通信和数字媒体技术以实现营销目标的商务活动，是科技进步、顾客价值变革、市场竞争等综合因素促成的，是信息社会的必然产物（张瑞娟，2015）。对其概念的界定，也因时代的发展发生着变化。

但作为一种营销手段，网络营销的本质是相对不变的。从广义上讲，网络营销就是以互联网为工具的营销活动，贯穿于互联网的信息发布、传输、商用的整个过程。狭义的网络营销指组织或个人通过对信息技术开发的互联网产品和服务的使用，达到组织或个人对其产品和服务进行营销的目的。这个定义说明网络营销和传统营销在本质上是没有区别的，都是在了解客户需求的基础上采用各种方式满足客户需要，但同时，网络营销又不仅仅是简单的推销，互联网思维影响着市场调研、产品设计、产品制造、产品销售、售后服务等全过程。

二、网络营销的产生和发展

网络营销的产生和发展离不开信息技术、消费者观念、市场竞争的变化和发展，计算机技术、通信技术、网络技术等的发展为网络营销奠定了技术基础；个性消费、主导地位、网上购物等为网络营销奠定了现实基础；企业开展网络营销，有助于降低成本、提高生产效率、增强竞争优势，激烈的市场竞争为网络营销奠定了环境基础。回顾网络营销的产生和发展历史，对我们进一步理解网络营销的概念有很大帮助。

1994 年，美国两名主要提供移民签证服务的律师向他们所有能找到的客户发送了一封"绿卡抽奖"的广告邮件，这是网络营销的雏形——著名的"律师事件"。这一封封邮件的热度十分高，使得当时许多网络服务商的网络处于瘫痪状态，最终也为这两位律师带来了 25 万的客户，成功用 20 美元的互联网广告成本换来了 10 万美元的利润。

史上第一个 E-mail 营销事件诞生后的半年，网络广告才正式进入人们的视野。1995 年，现在享誉全球的亚马逊正式成立，这是网络销售的开始，比"第一个利用互联网赚钱的人"晚了足足 15 个月。

在我国，网络营销起步比较晚，中国网络营销正式开始的时间是 1997 年。中国网络营销的发展史一般可以划分为四个时期：

（一）网络营销的传奇阶段（1997 年之前）

1996 年以前，虽然中国已经有了互联网，但当时互联网多提供给机关单位使用，商用互联网还处于空白的状态。1996 年，中国企业才逐渐开始使用互联网，而这种商业化也因为其首创性，实施效果往往具有偶然性。

那一时期的网络营销具有丰富的传奇色彩，例如，山东西李村的农民自己生产的农产品无人问津，1996 年 5 月，该村一名村民在网络注册域名，将村里的农产品信息都输入了网页，使得全世界都能看到这些农产品的信息。之后，青岛一家外贸公司主动和该村民取得了联系，并订下大量农产品出口到国外，这让西李村的农产品开始供不应求，农民收入也大幅提升。

（二）网络营销的萌芽阶段（1997~2000 年）

1997~2000 年是我国网络营销的萌芽时期，互联网商业化趋势加快，电子商务也开始了快速发展，企业开始注意到网络营销的重要性并积极探索。据统计，截至 1997 年 10 月底，我国上网人数为 62 万人，万维网（WWW）站点数大约 1500 个；到 2000 年底，国内上网人数已经达到 2250 万人，万维网（WWW）网站数量达到 265405 个。

在 1997~2000 年这短短的三年里，国内发生了好几起具有标志性意义的网络营销事件：1997 年 2 月，China Byte 开通免费新闻邮件服务，到同年 12 月，新闻邮件订户数接近 3 万；1997 年 3 月，在 China Byte 网站上出现了第一个商业性网络广告（468×60 像素的按钮广告）；1997 年 11 月，国内首家专业的网络杂志发行商"索易"开始提供第一份免费的网络杂志；1999 年，B2B 网站阿里巴巴、B2C 网站 8848 等成立。

在这个阶段，越来越多的企业开始涉及互联网，电子商务也开始从神话向现实落地。而 2000 年上半年互联网泡沫的破灭，刺激了网络营销的应用。

（三）网络营销的应用和发展阶段（2001~2010 年）

在这个阶段，最初的网络营销服务市场形成，企业网站快速建设，专业化程度提高，网络广告形式不断创新，网络应用不断发展，搜索引擎营销深入发展，搜索引擎广告模式产生，在线论坛、博客、RSS、聊天工具、在线游戏等蓬勃发展。网络媒体正在兴起和发展。

（四）网络营销社交移动化阶段（2011~2016 年）

此时，社交营销主导方向，移动网络营销、微信公众号、微营销占据主导地位，以博客、论坛等营销为辅的营销时代来临，互联网+、O2O 电商体系的冲击带动营销走向发展更好的时代。

三、网络营销的职能

网络营销的主要职能包括网络品牌、信息搜索、信息发布、销售促进、销售渠道、顾客服务、顾客关系、网上调研。围绕网络营销的这八项基本职能，商家可以有效地制定合理的网络营销策略。

（一）网络品牌

网络营销的一个重要功能是通过互联网宣传企业，通过网络延伸线下品牌快速建立品牌形象，提升企业整体的知名度和美誉度。清晰的网络品牌有助于企业阐述自身市场定位，帮助提高客户认同，如"打开优酷看电影"、"打开新浪看新闻"、从阿里巴巴批发、从淘宝购物等概念已经深入人心。网络品牌并非一蹴而就，需要一个长期经营的过程，网络品牌视觉和品牌内容的传播，营销信息的传递和社区渗透无不影响着目标客户，并不断强化客户的品牌认知。

（二）信息搜索

网络营销竞争力的强弱可以通过信息的搜索功能反映，企业在经营中需要获得各种信息，例如，竞争对手经营状况、市场发展动向等，这些辅助企业决策的信息可以通过网络信息搜索的方式获得，成为企业网络经营的竞争助手。

（三）信息发布

网络是信息传播的载体之一，通过企业网站发布信息也是企业经营方式的一种。可以通过企业网站、电子邮箱、搜索竞价排名、网站合作等多种方式发布信息，不管是什么渠道，传播的最终目的都是要把正确的信息最快地传播给尽可能多的目标人群，这些目标人群包括客户、企业内部人员、外部合作伙伴、企业竞争者等。

（四）销售促进

与传统营销一样，网络营销也以直接或间接促进销售为基本目的。网络营销会极大地增加企业的销售量，提高企业的营销能力，网络营销不仅有助于线上销售，对线下销售也有极大的帮助。

（五）销售渠道

互联网的出现使营销信息的传播跨越了传统营销当中的物理障碍、语言差异和信息闭塞等阻碍，网络销售是企业营销渠道的一种扩充，网上支付功能使得企业网站成为一种网上交易的平台。因此，企业对于销售渠道的维护不仅包括线下的客户关怀，还包括线上的在线交易平台以及与其他电子商务网站之间的合作维护。

（六）顾客服务

互联网为企业提供了更加便捷的在线客户服务手段，企业通过网络营销，可以为客户提供形式最简单的问题解答、电子邮件、邮件列表、在线论坛等各种即时通信服务，在线客户服务具有成本低、效率高的优点（张卫军，2015）。

网络营销更强调以客户为中心的服务思想，这可以极大地提高客户满意度。

（七）顾客关系

良好的客户关系是网络营销成功的必要条件。客户关系是客户服务的结果，客户服务可以带来稳固的客户关系。客户关系在客户长期价值开发中起着重要的作用，以客户关系为核心的营销成为企业创造和保持竞争优势的重要战略。通过互动网站、客户参与等方式开展客户服务，还可以增强客户关系。网络营销为建立客户关系、提高客户满意度和客户忠诚度提供了更有效的手段。加强客户关系成为网络营销取得长期效果的必要条件。

（八）网上调研

调研就是调查研究，是指通过各种调查方法来获取被调查者的态度和意见，从而进行统计分析，研究事物的整体特征。研究的目的是获取系统中的客观信息，为决策做准备。网上调研可以更好地解决网络传统研究方法的研究结果存在时间敏感性的问题，以便用户了解公司的研究活动，增强参与意识，提高满意度，实现信息的全面共享，也有利于公司营销策略发展。互联网不受时空的限制，这与传统的区域研究方法有很大不同。网络研究具有调查周期短、成本低等特点。

网络调研不仅为网络营销策略的制定提供了支持，也是整个市场调研活动的辅助手段之一，合理运用网络市场调研手段对营销策略具有重要意义。综上所述，网络营销的意义在于充分发挥各种功能，使网络运营的整体效益最大化。

第三节　传统营销与网络营销的关系

一、传统营销与网络营销的联系

在传统营销中，产品（Product）、价格（Price）、渠道（Place）和促销（Promotion）构成的4P组合，被称为市场营销组合，这也是整个营销的基本框架（张德智，2016）。在网络环境下，国外一些营销专家认为，4C是网络营销的理论基础，即消费者的需求（Customer）、满足需求的成本（Cost）、购买的方便性（Covenience）和与消费者的沟通（Communication）。4C 体现了网络营销的一些特点，在不同的网络营销手段中发挥着一定的作用。

网络营销是一种新的营销渠道，它不是要取代传统的营销渠道，而是借助互联网等信息技术手段将营销渠道重新组合。传统营销和网络营销都是以满足客户需求、为客户提供更好的服务为目标，运用互联网技术，网络营销能更好地实现这一目标。网络营销虽然与新媒体、新方式、新方法、新理念相结合，与传统营销有所不同，但网络营销是在传统营销基础上发展而来的，两者有着不可分割的联系。两者相辅相成，谁也代替不了谁，两者通常相互配合，网络营销能够为传统营销提供服务，传统营销手段也能够促进网络营销更好地实施；在线电子商务需要网络推广，也需要线下的库存服务保障，这可以很好地体现传统营销和网络营销的结合。

网络营销只是营销这棵树的一个新分枝。它与传统营销之间没有严格的界限，其理论与传统营销理论的基础也密不可分。网络营销是企业利用网络媒体进行的一种营销活动，是网络时代传统营销的延伸和发展，也是网络媒体与传统媒体相结合的市场模式。虽然网络营销需要与传统营销相适应，但网络营销仍然以营销理论为基础。客户需求、产品和市场定位、调研和市场细分等核心概念依然没有变化，传统市场营销的一些基本准则对网络营销依然具有指导作用。

所有的营销活动都是基于客户的需求和愿望，过程都包括分析行业状况、进行市场细分、确定目标市场、进行宣传推广。总之，网络营销是企业营销中一个具有战略意义的组成部分，离不开一般的营销环境，传统营销和网络营销之间不可分裂，相互促进，相辅相成。

二、传统营销与网络营销的区别

营销管理专家菲利普·科特勒（Philip Kotler）表示："营销是一个社会过程，在这个过程中，个人和团体通过与他人创造和交换产品和价值来获得他们所需的东西。"网络营销的核心概念和基本理念仍然没有脱离基本的营销理论，但其运行机制和传统营销截然不同，所以清晰了解身处网络环境下的企业所面临的市场变化很有必要。

（一）消费者群不同
根据中外多家互联网研究机构和中国互联网信息中心的研究发现，网络客户和传统客户之间存在着很大的差异。首先，年轻和受过高等教育是网络客户的最大特点。其次，网络消费者的购买行为表现出个性、理性、主动性和可变性的特点。由于网络市场竞争日益激烈，网络产品日益丰富和多样，客户拥有多种产品组合的选择，网络客户很多时候都需要独特的定制化产品或个性化服务。他们有能力在完善的信息网络的帮助下，快速搜集全面的信息，更喜欢根据自己的理性判断做出决策。最后，网上客户的需求差异很大。由于互联网全球化的特点，网络营销打破了地域界限，使顾客的需求表现出很大的差异，市场的广阔、文化差异和价格差异也推动着网络客户需求朝多样化发展。公司的规模和品牌知名度不再是网上交易成功的主要因素。互联网营销中，公司更多的是针对个人客户，再加上自由和透明的网络竞争，网络客户通常对价格和产品性能更敏感。

（二）市场形态不同

网络营销中的市场形势也发生了很大变化，虚拟市场形成并迅速发展，突破了许多传统市场的局限，为网络环境下新一轮的营销和商业活动奠定了基础。

传统市场是实物市场，实物市场需要陈列商品，而且企业往往会增加商品陈列以满足客户的多样化需求，这必然会占用企业资金，容易出现库存积压的情况。而在网络环境下，虚拟市场只陈列商品信息，顾客根据这些信息进行选择和购买。这几乎不需要积压货物，也不需要花很多钱。因此，虚拟市场最大的竞争优势就是可以在不增加运营负担的情况下扩大产品组合。

（三）竞争态势不同

传统的营销是制造商在现实空间中面对面竞争，竞争的规则是大鱼吃小鱼。网络营销是现实空间在网络上的映射，竞争的规则是以快胜慢。从实体市场到虚拟市场，财务实力强大的大公司不再是唯一的赢家，也不再是小企业唯一的威胁。在网络营销的条件下，所有的公司都在同一个起点上，小企业也能够实现全球营销。

虚拟市场对资金的需求大大减少，因为它是一个虚拟商店，不需要支付大量的人力成本，不需要昂贵的存储租金和装修费用，库存成本非常低。网络营销使用的媒体是互联网，所以比传统营销模式的交易成本低。

网络竞争相对公平。因为企业利用网络的开放性和透明性满足客户的特定需求，克服了因信息不对称在传统市场存在的不公平竞争，这样每个企业都能掌握竞争对手的产品信息与营销情况，所以企业在网络中营销成功或失败的关键是能否掌握客户需求和快速反应的能力，及时跟踪网络信息。

网络营销的竞争形式不同于传统的营销方式。网络时代的主要竞争形式是网络战略联盟，小公司可以通过网络形成合作联盟，通过联盟形成的资源规模创造竞争优势，从而与大企业开展竞争。

简言之，就竞争优势而言，传统营销主要包括安全、技术、统一组织、消费者观念、人才、隐私、基础设施、标准化等；网络营销的竞争优势主要体现在跨空间、多媒体、互动、拟人化、高效率、经济性等方面。在竞争形式上，传统企业主要通过资本增加和大量的企业员工为客户提供服务；在网络营销中，由于网络时代的开放性和市场竞争的透明性，每个企业都可以掌握竞争对手信息，因此，竞争结果的关键是如何采集、分析和利用来自网络的信息来制定竞争战略。

第二章　网络营销环境

第一节　网络市场与经济规模

网络特别是移动互联网的快速发展在全球掀起了互联网产业热潮，许多全球大公司纷纷抓住时机，有效利用互联网提供的信息服务，试图拓展公司的业务范围，并依据互联网的特点和优势，积极调整自身的内部结构，不断探索新的营销管理方法。无论是在国外还是国内，电子商务市场的规模都在不断扩张。

一、全球网络经济规模

2018 年以来，全球跨境电商行业不断发展。艾媒咨询数据显示，2018 年全球 B2C 跨境电商交易规模同比上年增长 27.5%，预计 2019 年将突破 8000 亿美元，全球跨境网购普及率达 51.2%，服饰鞋帽为消费者通过跨境电商购买最多的品类。

中东地区消费者最爱海淘，使用跨境电商进行网购的消费者占中东地区网购者的比例达到 70%，消费者网购主要购买电子类和时尚类商品。而亚太地区和北美地区的跨境电商使用者不足五成，欧洲和南美地区的海淘消费者则不足六成。

西欧是欧洲最大的电子商务市场，2018 年数据显示，西欧电子商务市场份额达到 68.22%，是欧洲最大的电子商务市场；其次是南欧，电子商务市场份额占比 11.96%；最低的是中欧，仅占 5.15%。在欧洲各国中，马其顿和葡萄牙跨境网购普及率最高，其次是卢森堡，瑞士紧随其后。欧洲跨境网购普及率体现了较大的地区差异，排名第一的地区高至85%，排名末位的地区低至2%，购买力为25%~36%的国家较多。

跨境电商在澳大利亚电商市场份额占比达25%，澳大利亚有80%的网购消费者使用过跨境电商购买产品，远高于全球平均的51.2%。因为没有语言障碍，澳大利亚的跨境电商消费者更喜欢购买英国和美国的产品。数据显示，澳大利亚国内电商占据了线上消费的绝大份额，占比74.6%，只有25.4%的线上消费在跨境电商平台进行。

2018年，加拿大超过六成网购者使用跨境电商，网购者达268万人。数据显示，加拿大有63%的网购消费者使用过跨境电商购买产品，加拿大的跨境电商消费者青睐购买美国、中国、墨西哥和德国的产品。

在拉丁美洲，巴西电商发展较成熟，阿根廷电商发展迅猛。巴西电商占零售总额的比例在2018年达到3%。阿根廷在近几年发展迅猛，2018年的电商份额已逼近巴西，达2.7%，预计2020年将超过巴西。墨西哥的电商发展得相对缓慢，2018年电商份额仅有1.9%。2018年，拉丁美洲最热门的电商平台是MercadoLibre，访客数量远远多于其他平台，其次是亚马逊总站，阿里巴巴位列第四。

亚马逊（Amazon）和全球速卖通（AliExpress）成为跨境购物的两大首选。美国最大的在线电子商务公司亚马逊是最早在网上开展电子商务的公司之一，总部设在美国华盛顿州西雅图。亚马逊成立于1995年，最初是一家在线图书销售商，现在其他业务也发展得相当不错，成为世界上最多样化的在线零售商和全球第二大互联网企业。其主要市场在欧美，消费者主要为发达国家的中产优质客户。2018年，亚马逊全球净收入为2329亿美元，其中网上商城业务收入为1230亿美元，占总收入的52.8%。线下实体店业务于2017年开展，2018年净收入为172亿美元。第三方平台业务净收入为428亿美元，占总收入的18.4%。

全球速卖通类似于国际版淘宝，正式上线于2010年4月，是阿里巴巴旗下唯一面向全球的在线交易平台。2018年，全球速卖通海外买家达1.5亿人。全球速卖通采用B2B+B2C垂直类销售模式，主要针对海外中小型买家，通过支付宝国际账户进行担保交易，并使用国际快递发货。它是全球第三大英文在线购物网站。

调查显示，截至2018年，全球消费者最近一次使用跨境电商平台进行跨境购物，24%的消费者选择了亚马逊，16%的消费者选择了阿里巴巴旗下的全球速卖通，14%的消费者选择了eBay，10%的消费者选择了Lazada。

虽然亚马逊和全球速卖通在全球电子商务中使用频繁，但拉丁美洲电商巨头 MercadoLibre 也不容忽视。MercadoLibre 成立于 1999 年，于 2007 年在纳斯达克上市。MercadoLibre 销售的产品涵盖了电子产品、移动电话和配件、时尚服装、家庭生活用品、美容和健康产品以及玩具等。它现在覆盖了 19 个拉丁美洲国家，包括巴西、阿根廷、墨西哥、智利和哥伦比亚，拥有 1.21 亿的注册用户。

二、我国网络经济规模

2018 年，我国电子商务交易规模继续扩大，保持高速增长态势。全年电子商务交易额 31.63 万亿元，同比增长 8.5%；网络零售额 9.01 万亿元，同比增长 23.9%；跨境电子商务进出口总额 1347 亿元，同比增长 50%；农村电子商务交易额 1.37 万亿元，同比增长 30.4%；全国快递服务企业总量 507.1 亿户，同比增长 26.6%；电子商务从业人员 4700 万人，同比增长 10.6%。

2018 年，中国电子商务交易规模持续扩大，稳居全球网络零售市场首位，跨境电子商务再上新台阶，与全球电子商务市场联动发展态势愈加明显。国家统计局资料显示，2018 年全国电子商务交易金额达 31.63 万亿元，同比增长 8.5%。其中，商品、服务类电子商务交易金额 30.61 万亿元，增长 14.5%。2011~2018 年我国电子商务交易总额如图 2-1 所示。

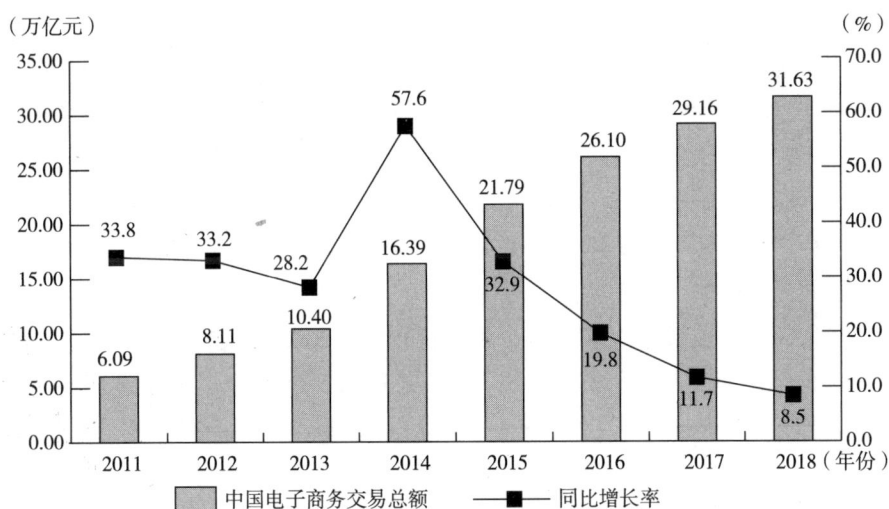

图 2-1　2011~2018 年我国电子商务交易总额

2018 年全国网上零售额 9.01 万亿元，同比增长 23.9%。其中，实物商品网上零售额 7.02 万亿元，同比增长 25.4%，占社会消费品零售总额比重提升 18.4%，较上年提高 3.4 个百分点，增速高于同期社会消费品零售总额 16.4 个百分点；非实物商品网上零售额 1.99 万亿元，同比增长 18.7%。2011～2018 年中国网上零售交易规模如图 2-2 所示。

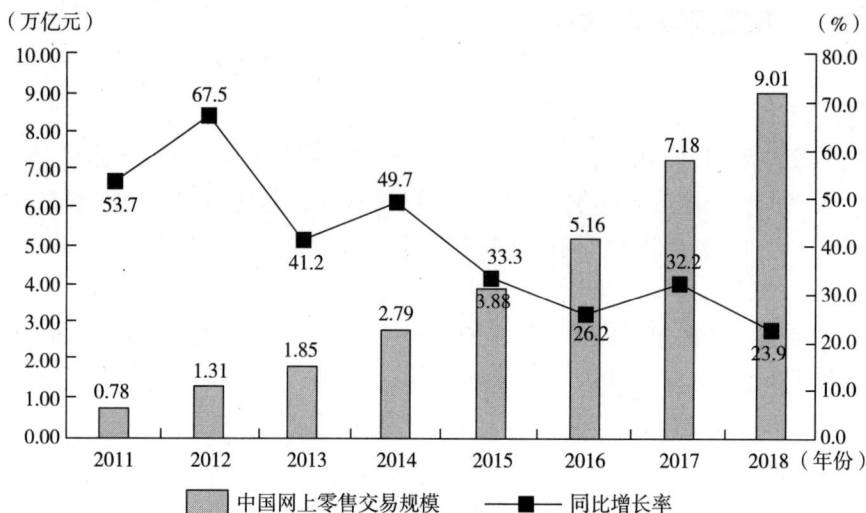

图 2-2　2011～2018 年中国网上零售交易规模

网络零售 B2C 市场份额继续扩大，增速保持领先。商务大数据显示，2018 年 B2C 零售额占全国网络零售额的比重为 62.8%，较上年提升 4.4 个百分点；B2C 零售额同比增长 34.6%，增速高于 C2C 零售额 22.1 个百分点。随着消费不断升级不断深化，消费者对网购的品牌、品质、服务的关注度逐渐提高，B2C 市场优势更加明显。2016～2018 年全国网络零售 B2C 及 C2C 交易额占比及同比增速如图 2-3 所示。

实物商品稳步增长，智能类商品增长较快。2018 年实物商品网络零售额中，吃类商品同比增长 33.8%，较上年提升 5.2 个百分点；穿类商品增长 22.0%，较上年提升 1.7 个百分点；用类商品增长 25.9%，较上年下降 4.9 个百分点。2016～2018 年全国网络零售吃穿用类实物商品交易额同比增速如图 2-4 所示。

分品类来看，服装鞋帽针纺织品、日用品、家用电器及音响器材零售额排

（％）

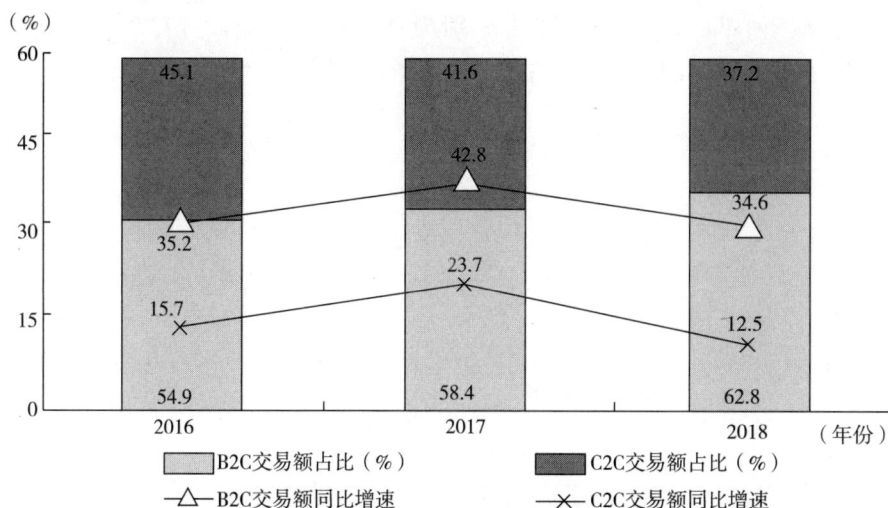

图 2-3　2016~2018 年全国网络零售 B2C/C2C 交易额占比/同比增速

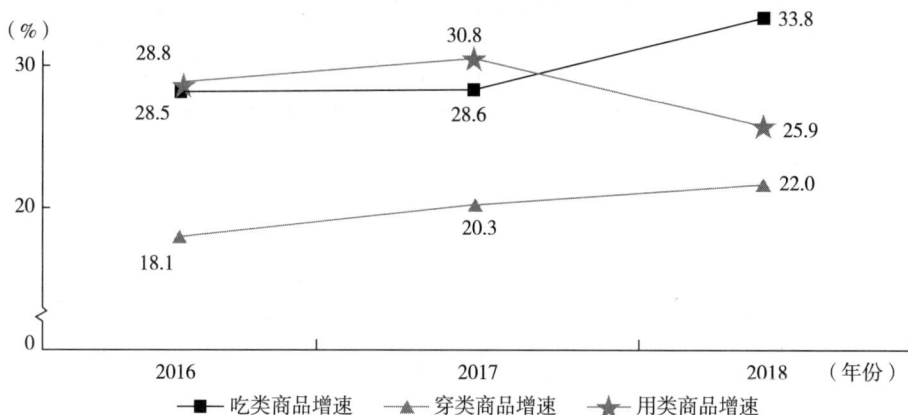

图 2-4　2016~2018 年全国网络零售吃穿用类实物商品交易额同比增速

名前三，分别占实物商品网络零售额的 25.2%、14.4% 和 10.6%；化妆品、粮油食品、家具零售额增速排名前三，同比增速分别为 36.2%、33.8%、30.1%。智能产品受到越来越多消费者的青睐，成为市场增长亮点。智能手表、智能音响、智能翻译机等产品销售额同比增速均超过 80%。

分地区来看，电商发展区域集中度有所下降。东部、中部、西部、东北地区网络零售额占全国比重分别为 83.1%、9.0%、6.4%、1.6%，其中东部地区占比较上年下降 0.7 个百分点，其他区域占比均有所提升。从增速来看，东部、中部、西部、东北地区增速分别为 23.6%、28.2%、27.7%、27.7%。
2018 年全国各区域网络零售额占比及同比增速如图 2-5 所示。

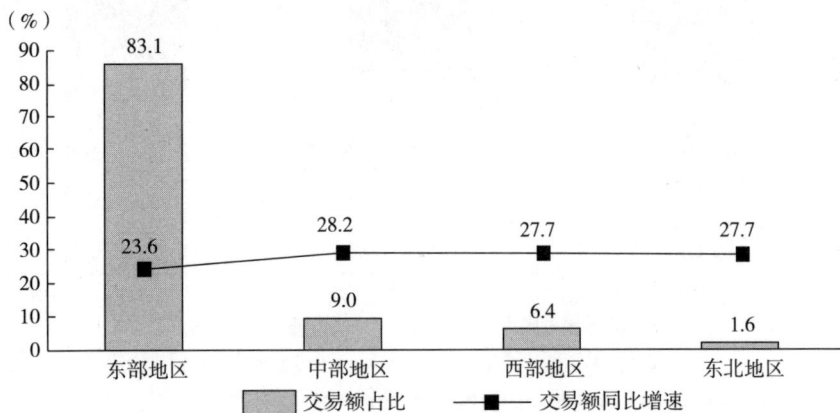

图 2-5 2018 年全国各区域网络零售额占比及同比增速

分省份来看，广东、浙江、北京、上海、江苏省网络零售额排名前五，合计占全国网络零售额比重为 72.4%，较上年下降 2.5 个百分点；交易额前十省份占比为 85.8%，较上年下降 3.2 个百分点。2018 年全国网络零售额前十省份交易额占比及同比增速如图 2-6 所示。

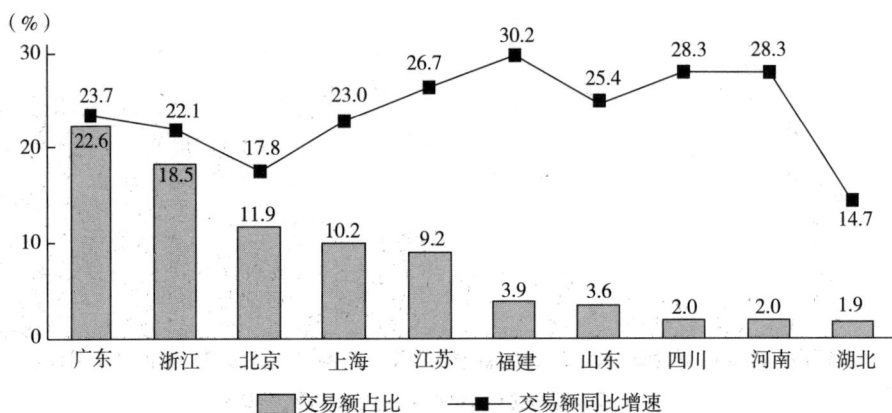

图 2-6 2018 年全国网络零售额前十省份交易额占比及同比增速

电子商务服务业继续保持稳步增长，市场规模再上新台阶。2018 年，电子商务服务业营业收入规模为 3.52 万亿元，同比增长 20.3%。其中，电子商务交易平台服务营业收入规模为 6626 亿元，增长 31.8%；支撑服务领域的电子支付、物流、信息技术等服务营业收入规模为 1.30 万亿元，增长 16.1%；代运营、培训、咨询等衍生服务领域营业收入规模为 1.55 万亿元，增长 19.5%。2011~2018 年中国电子商务服务业营业收入规模及增速如图 2-7 所示。

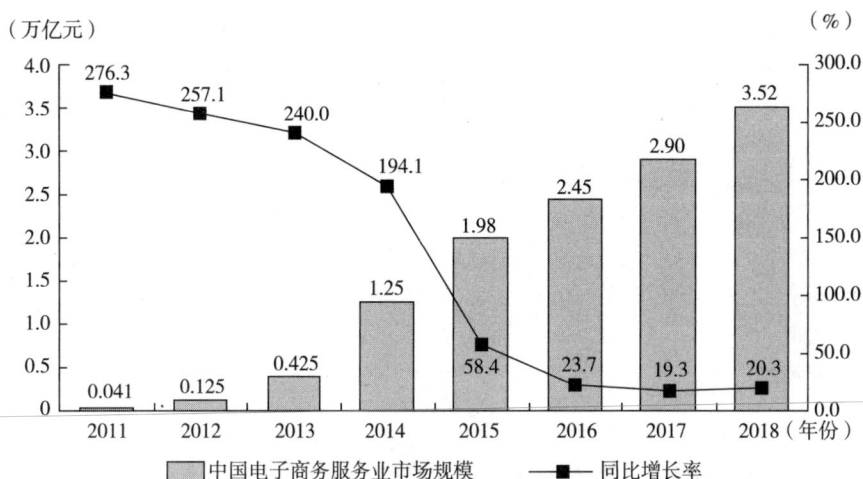

图 2-7　2011~2018 年中国电子商务服务业营业收入规模及增速

农村电子商务步入新一轮创新增长空间。2018 年，全国农村网络零售额达到 1.37 万亿元，同比增长 10.48%；全国农产品网络零售额达到 2305 亿元，同比增长 33.8%。2014~2018 年中国农村网络零售额及增速如图 2-8 所示。

电子商务与实体经济加快融合发展，带动更多的人从事电子商务相关工作。根据电子商务交易技术国家工程实验室和中央财经大学中国互联网经济研究院的数据，2018 年我国电子商务从业人员数量同比增长 10.6%。2014~2018 年中国电子商务就业规模及增速如图 2-9 所示。

网络支付保持高速增长。人民银行发布的《2018 年支付体系运行总体情况》数据显示，2018 年非银行支付机构处理网络支付业务 5306.1 亿笔，金额 208.07 万亿元，同比分别增长 85.05% 和 45.23%。2013~2018 年中国非银行支付机构发生的网络支付金额及增速如图 2-10 所示。

（万亿元）　　　　　　　　　　　　　　　　　　　　　　（%）

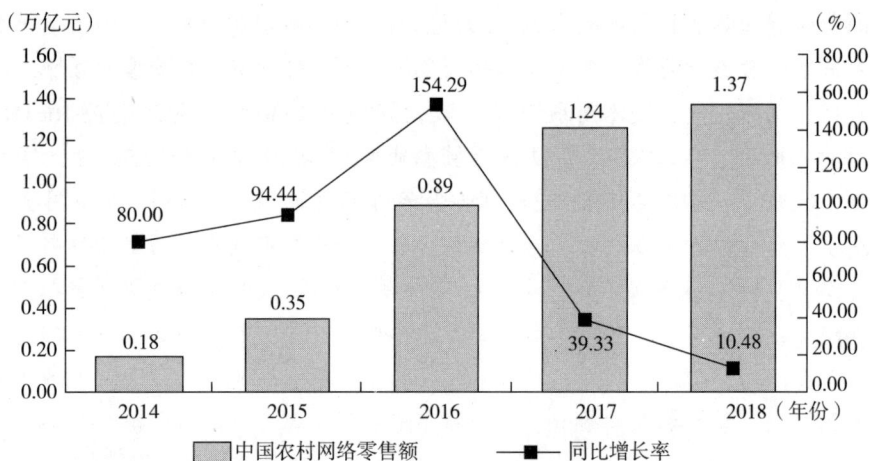

图2-8　2014～2018年中国农村网络零售额及增速

（万人）　　　　　　　　　　　　　　　　　　　　　　（%）

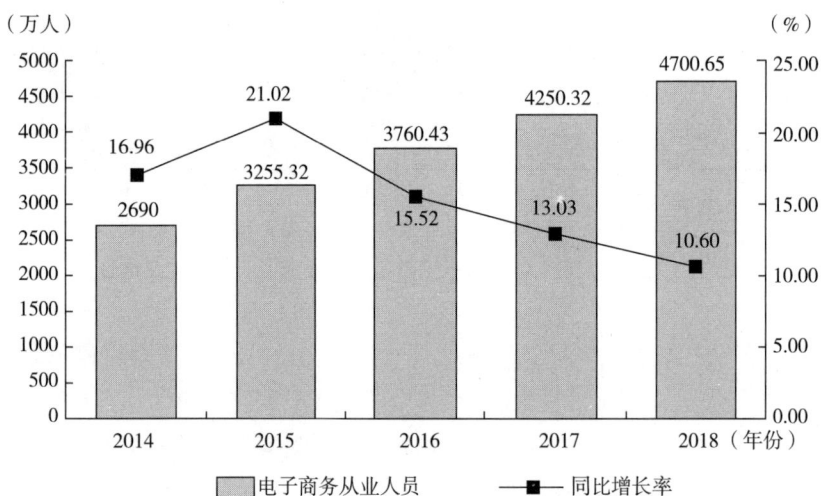

图2-9　2014～2018年中国电子商务就业规模及增速

国家邮政局数据显示，2018年全国快递服务企业业务量达507.1亿件，同比增长26.6%。其中，同城业务量达114.4亿件，同比增长23.1%；异地业务量达381.9亿件，同比增长27.5%；港澳台业务量达11.1亿件，同比增长34%。

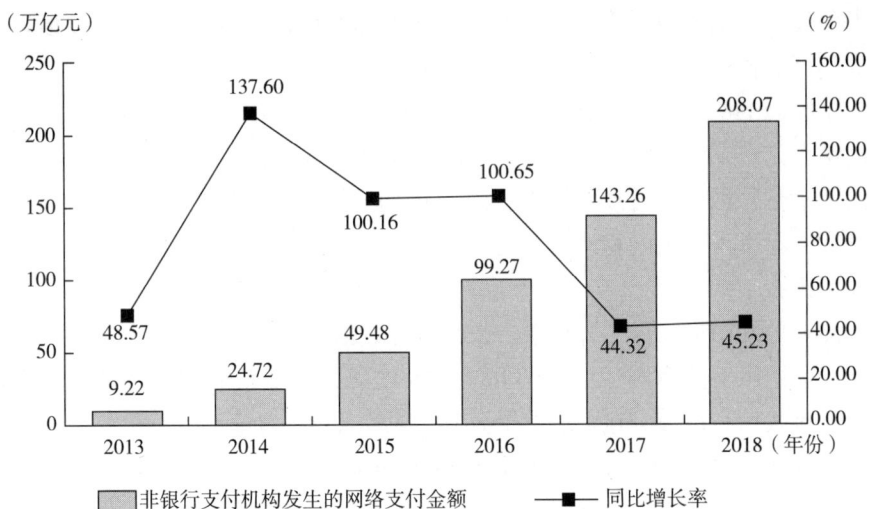

图 2-10　2013~2018 年中国非银行支付机构发生的网络支付金额及增速

第二节　电子商务

电子商务是网络营销理论应用的一个典型代表，它是现代诸多信息技术与商务领域融合的产物，电子信息和网络环境改变了传统企业以生存为基础的经营理念，这促使信息社会商业实践和营销策略发生变革。

一、电子商务基本概念

电子商务是指利用电子手段进行商务交易活动，是传统商务活动的电子化（张冬青，2011）。电子商务并不新鲜，1839 年，当电报第一次出现时，人们就开始谈论电子手段在商业中的应用。

在计算机技术和网络通信技术的交互发展中，电子商务产生并不断成长。近年来，电子商务依靠互联网迅速发展。计算机电子数据处理技术是电子商务的起源，应用于商业报表的计算等方面。文字处理软件和电子制表软件的出现为开发和应用标准格式业务文档的电子数据交换提供了强大的工具。随着网络技术的发展，电子数据交换从磁带、软盘和其他电子数据物理载体等逐渐转变为通信网络传输。

银行间的电子资金划拨（EFT）技术与企业间的电子数据交换（EDI）技术的结合是早期电子商务的雏形。信用卡的发展、自动取款机的增加、零售终端的移动化、网络支付技术的成熟，以及相应的网络通信技术的发展，促进了电子商务在个人网上购物、企业间在线交易的快速发展。

美国在 1991 年向公众开放互联网，拉开了互联网商业应用的大幕。两年后，能够处理图形图像、音视频、超链接等数据的网络技术出现，这也是万维网在互联网中支持多媒体应用的开端。1995 年，互联网的商业信息规模第一次超过科教信息规模，这都是电子商务大规模发展的标志。

按照交易主体，电子商务大致可以分为 B2C、B2B、B2G 以及 C2C 四种模式。

B2C 是企业与消费者之间电子商务的简称，企业对消费者电子商务就是通过网上商店实现网上在线商品零售和为消费者提供所需服务的商务活动。现在这种模式发展最为成熟，较典型的产品有阿里巴巴旗下的淘宝与天猫，以及京东商城等。

B2B 是企业与企业之间电子商务的简称，企业对企业的电子商务是指在互联网上采购商与供应商谈判、订货、签约、接受发票和付款以及索赔处理、商品发送管理和运输跟踪等所有活动。企业间的电子商务可分为两种：第一种是非特定企业间的电子商务，它是在开放的网络中为每笔交易寻找最佳伙伴，并与伙伴进行从订购到结算的全面交易行为；第二种是特定企业间的电子商务活动，特点是企业间买卖双方既可以利用大众公用网络进行从订购到结算的全面交易行为，也可以利用企业间专门建立的网络完成买卖双方交易。

B2G 是企业与政府之间电子商务的简称。政府作为电子商务参与主体，主要表现在政府采购上。政府采购是指各级国家机构、事业单位、团队组织，使用财政性资金采购依法制定的集中目录内的或者采购限额标准以上的货物、工程和服务的行为。公开招标是政府采购的主要方式。

C2C 是个人与个人之间电子商务的简称，个体用户通过网络出售商品给个体消费者，常见的交易平台有贴吧、论坛、微博、微信、咸鱼等。这种模式由于个人营销能力有限，发展规模还不是很大。

二、电子商务与信息通信技术

互联网主要实现的是信息流的汇聚和共享，以达到高速有效的信息交流和传播。近年来，以"资金流""物流"为基础的电子商务在互联网环境下的发展暴露出越来越多的问题，发展严重受到影响。因为单靠互联网传递并处理信息的主要模式，很难解决 B2C 电子商务在支付和物流环节出现的诸多问题。

物联网是新一代通信技术的典型代表之一，它将所有商务活动的物品信息连接在一起，在这样的物联网电子商务体系中，人、资金、实体店、每个商品、仓库、运输载体等均成为"物"，通过电子商务平台将这些"物"有机连接起来，实现数据和信息的同步和实时处理，并实现信息的共享化和透明化。一般来说，物联网的研究主要包含以下几个重要的技术领域：IP 及 IPv6 技术、长距离无线通信技术、局域无线技术、无线射频技术、传感器技术等。

物联网技术是在互联网技术基础上延伸和拓展的一种网络技术，IP 技术仍然是物联网技术的基石，物联网通信相关的主要协议也是基于 IP 的。目前，IPv4 技术最大问题是网络地址资源相对有限，而 IPv6 所拥有的地址容量达到 2128 个，这不但解决了网络地址资源数量有限的问题，同时也为物联网概念中的海量物品终端接入互联网提供了可能。

长距离终端一般用于互联网"最后一公里"的补充，用于将一个"物联局域网"接入互联网，目前常见的技术包括 EDGE、WCDMA、3G、LTE、WiMax、卫星通信等技术。在电子商务应用中，长距离无线通信技术是一种常见技术，主要用于物流管理，通过长距离无线通信技术，可以将物流各环节中的车辆、轮船、飞机等运输载体以及所装载货物的信息实时传递到管理系统中心，进行统一的调度、配运、管理等，用以提升电子商务系统整体效能并提高客户满意度。

目前，局域无线技术的主流是 802.11 协议族标准，主要用于园区网络的覆盖，用于从数十米到数百米的终端接入，提供 300M 以内的通信带宽。无线局域网技术是目前应用最广泛的局域范围无线通信技术，相关设备的安装部署也比较简单，广泛用于电子商务企业园区、厂房、仓库等物联网需要覆盖的地区的网络接入。

无线射频（RFID）技术是一种非接触式的自动识别技术。基于 RFID 技术的物联网主要是由 RFID 电子标签、读写器、信息处理系统、编码解析与寻址系统、信息服务系统和互联网组成，通过对拥有全球唯一编码的物品的自动识别和信息共享，实现在开放计算机网络环境下，对物品的跟踪、溯源、防伪、定位、监控以及自动化"透明"管理等功能。

传感器是一种物理装置或生物器官，能够探测、感受外界的信号，并将探知的信息传递给其他装置或器官。从一般意义上来讲，RFID 主要用来处理静态的物理信息，而传感器则会处理动态的物理信息，并将信息转换为适合网络传输的数据格式，如使用噪声探头监测噪声污染、通过温度传感器感知仓库或运输载体的温度等。

物联网各种相关技术在电子商务中的具体应用主要体现在以下几个方面：

首先，在商品管理方面，可建立商品追踪系统。通过编码技术或 IP 技术对产品进行唯一标识，一方面可以使企业随时监控商品状态，有效管理商品质量；另一方面可以使用户有效地辨别商品，更加清楚了解商品的具体来源、生产加工运输过程，增加用户信任度，进一步提高用户消费的积极性。

其次，在库存管理方面，可以通过采用 RFID 技术、传感器技术等对库存商品信息进行实时感知与传输，形成自动化库存，并自动实现与销售平台商品数据的同步，大大降低了管理成本，提高了营销效率，减少了用户订单的确认时间，改善了消费体验。

最后，在物流配送方面，在线商店售出一件商品，系统将立刻定位相关商品的库存以及位置，通知离用户最近的仓库进行商品出库，仓库在传感器的工作帮助下维持相对安全的仓储环境，确认商品状态良好，具备出库条件。RFID 技术能够指出需要出库商品在仓库中的位置，通过无线局域网技术传递至后台并通知持无线扫描终端的仓库管理人员。仓库管理人员按所示位置找到商品并打包送到待运车辆，不需要手工扫描，RFID 系统就能够了解商品出库信息。在运输途中，采用传感器技术监控商品的状态以防损坏，GPS 技术可以将车辆的实时位置通过远距离无线技术传递至电子商务物流系统。在配送过程中，配送人员一般配置支持 3G、EDGE 的手持终端，完成商品交付、POS 现场结算等全部交付流程，相关系统可以根据配送人员的配送情况，给出路线建议，并做出统计。

物联网可以让冰冷的物体"说话"，一个物语时代即将来临。而依附于物品的电子商务平台也将大变样，物联网所具有的全面感知、可靠传递、智能处理优势将使电子商务在物联网时代取得更加显著的经济效益。

三、电子商务发展趋势

21 世纪是信息化的时代，第三产业在各国的比重不断上升，特别是信息服务业成为 21 世纪的主导产业，这促进了电子商务的产生和发展。在全球信息化大势所趋的影响下，各国的电子商务环境不断地改进和完善，电子商务成为各个国家和各大公司争夺的焦点。

虽然目前还不能预测电子商务交易模式何时能成为主流模式，但电子商务的市场发展潜力是无穷的。一方面，潜在消费者的发展速度惊人；另一方面，电子商务交易额快速增长。电子商务经历了广告网络化、零售网络化，正在逐步实现供应链实时协同，未来会出现 C2B 的商业模式分支，电子商务将呈现以下趋势：

一是电商与传统厂商、线上与线下的关系将会变化，作为渠道，线上和线下将会长期共存，线下依旧是零售的主渠道。传统厂商未来将有机整合传统渠道与电子商务，实现线上线下一体化，并将互联网平台作为一个重要的分销渠道来管理。目前，在服装、鞋类、书籍、3C 产品、家居等领域，电商确实重创了线下实体门店；但在鲜食、餐饮、高端服装、高端护肤品以及奢侈品类中，电商仅充当了品牌商的库存清理平台。

二是电子商务发展环境不断完善。电子商务得以迅速发展的首要条件就是外部环境的完善。我国正在通过健全信息安全、网络安全等方面的法律来解决电子商务合同、单证、电子签名、电子货币的合法性问题。另外，在国家有效的宏观调控下，一个开放、有序的市场经济竞争环境正在形成，信息通信部门正在逐步建立完善公用数据网、互联网、内联网、外联网等，为电子商务提供实现网上认证、订货、支付等安全交易的运行环境。电子商务的基础设施将日益完善，多媒体通信网将建成使用，三网合一潮流势不可当，制约中国电子商务发展的网络"瓶颈"有望得到缓解和逐步解决。

三是个性化趋势加强，个性化定制信息需求将会强劲，个性化商品的深度参与成为必然。互联网的出现、发展和普及本身就是对传统秩序型经济社会组织中个人的一种解放，为消费者张扬个性的发挥创造力提供了一个更加有利的平台，也使消费者自主权的实现有了更有效的技术基础，在这方面，个性化定制信息需求和个性化商品需求将成为发展方向。

四是专业化趋势加强，面向消费者的垂直型网站和专业化网站、面向行业的专业电子商务平台发展潜力大。首先，面向个人消费者的专业化。要满足消费者个性化的要求，提供专业化的产品线和专业水准的服务至关重要。其次，面向企业客户的专业化。对 B2B 电子商务模式来说，以大的行业为依托的专业电子商务平台前景看好。

五是中国电子商务必然走向世界，同时也面临着世界电子商务强手的严峻挑战。互联网最大的优势之一就是超越时间、空间的限制，能够有效地打破国家和地区之间各种有形和无形的障碍，这对促进每个国家和地区对外经济、技术、资金、信息等的交流起到革命性的作用。电子商务将有力地刺激对外贸易。因此，我国电子商务企业将随着国际电子商务环境的规范和完善逐步走向世界。

六是立足中国国情采取有重点的区域化战略是有效扩大网上营销规模和效益的必然途径。中国人多地广，社会群体在收入、观念、文化水平的很多方面都有不同的特点。地区经济发展的不平衡所反映出来的经济发展的阶段性、收入结构的层次性十分明显。在可以预见的未来相当长的时间内，上网人口仍将以大城市、中等城市和沿海经济发达地区为主，B2B 的电子商务模式区域性特征非常明显。

七是电子商务网站经过一段时间的发展之后必然走向新的融合。这主要表现在同类网站之间的合并、同类网站之间的兼并以及战略联盟的出现。由于个性化、专业化是电子商务发展的两大趋势，每个网站的资源总是有限的，客户需求又是全方位的，所以不同类型的网站以战略联盟的形式互相协作成为必然。

八是电子商务的应用领域将逐渐拓展。从信息化市场整体来看，大型企业信息化建设发展比较稳定，基本按照上一年度的增长速度稳步前进。大型企业信息化走在了应用电子商务的前列，目前正在由普及走向深入，在能源、交通、电力、银行、保险等行业尤为突出。与此同时，经济的发展促进了中国中小企业应用需求的扩大，伴随着政府和厂商的大力推动，中国中小企业信息化进入了新一轮的建设高潮。

九是盈利模式日趋丰富，从初期的网络接入到门户、B2C、B2B 等，而后从 B2C、B2B 又分出很多新的商业模式。第一类模式是企业通过网络面向消费者的商品经营活动，用虚拟的店面陈列代替实体商场。第二类是企业通过网络面向消费者的服务提供活动，如旅游服务、订票服务、应聘服务、游戏服务、教育服务等。第三类是企业通过网络从事商品经营活动，面向全球企业销售商品。第四类是企业通过网络从事服务提供活动，面向全球企业提供服务。

总之，随着经济全球化和信息技术与信息产业迅速发展，电子商务将成为今后信息交流的热点，成为各国争先发展、各个产业部门最为关注的领域。中国只有具备战略性和前瞻性的眼光，适应经济全球化的趋势，努力发展适合我国国情的电子商务，才能在市场中占有一席之地。

第三节　网络营销基本技术

要开展网络营销活动，就必须了解相关网络营销技术。这些关键技术包括互联网技术、数据挖掘与数据分析技术、电子交易安全技术等。

一、互联网技术

1969 年互联网诞生，至今也不过短短几十年，但是其已经不断融入并改变着人们生产生活的方方面面。互联网的成长促进了网络营销的产生和发展，而网络营销的发展也在不断拓展互联网在各个领域的应用范围。

（一）TCP/IP

TCP/IP（传输控制协议/国际互联协议）是互联网最基本的通信协议，这一揽子协议定义了电子设备连接到互联网以及如何传输的标准。TCP/IP 根据层次结构分为应用层、传输层、网络层、数据链路层。

数据链路层是物理传输通道，通过各种传输介质进行传输，并且可以在任何物理传输网络上建立。网络层的一个重要功能是完成网络中主机之间的“分组”传输任务。传输层主要任务是向上层提供可靠的端到端服务以确保信息没有错误、顺序正确、无损失且可重复地进行传输。应用层决定了进程间通信的性质从而满足用户的需求，包括远程登录、文件传输协议、超文本传输协议等。

TCP/IP 允许独立的网络加入互联网或一起形成局域网。组成互联网的每个网络都通过路由器或 IP 路由器进行物理连接，信息传输使用 IP 数据包来传输。

（二）计算机网络技术

根据覆盖的地理范围来看，计算机网络通常分为局域网、城域网和广域网。

局域网是在小范围内互联各种通信设备的通信网络。数据传输的传输介质、连接各种设备的拓扑结构、共享资源的介质访问方法共同决定了局域网的特性。这三种技术也在很大程度上决定了传输的网络响应时间、吞吐率和利用率等网络特性。局域网包括以太网、标记环网络、标签通用网络、快速以太网、交换局域网、全双工以太网、千兆位以太网、ATM 局域网等。

城域网是在城市范围中建立的计算机通信网络，是在 20 世纪 80 年代后期，基于局域网的发展而产生的。城域网的传输介质主要是光纤，传输速率超过每秒 10 兆比特。所有联网设备都通过专用连接设备连接到媒介上，但在媒介访问控制的实现方法上与局域网不同。城域网的重要用途是作为骨干网将位于同一城市中不同位置的主机、数据库和局域网连接起来。

广域网是在广泛的地理区域中建立的计算机通信网络，其范围可以超越城市、国家甚至全世界，因此，广域网通信的要求和复杂性相对较高。通信子网和资源子网是广域网的两个组成部分，通信子网实际上是数据网络，而资源子网是各种计算机、终端以及数据库的连接。

（三）互联网接入技术

互联网接入是通过特定的信息采集和共享的传输渠道，采用传输技术使用户能够和网络实现物理连接，接入方式主要有 PSTN、ISDN、ADSL、光纤宽带接入、PON 等。PSTN 即折叠电话线拨号接入，是一种通用的窄带接入方法，大部分家庭用户都采用这种接入方式方便快捷地拨号接入互联网，但是其速率一般不超过 56Kbps，无法完成对速率要求较高的网络服务。

ISDN 即综合业务数字网接入，使用数字传输和数字交换技术，能够将电话、数据、图像等其他服务集成到统一的数字网络中，从而进行传输和处理。使用 ISDN 线路的用户可以一边上网一边实现拨打电话和收发传真。

ADSL 即个人宽带接入，可通过本地环路提供数字服务，是运用很广泛的铜线接入方式。ADSL 利用现有的电话路线，理论上上行速率可达 1Mbps，下行速率可达 8Mbps，速率比较稳定，能够满足家庭和个人大多数的网络服务要求。

光纤宽带接入是通过将光纤接入到小区或者楼道的大节点，再通过网线一一接入到各个家庭等小节点。光纤接入速率高而且抗干扰能力强，虽然一次性布线成本较高，但是能够满足家庭或者企事业单位的高速率网络服务。

PON 即无源光网络接入，这是一种一点对多点的传输接入技术，传输容量大，速率高，可实现各类高速率要求的网络服务。

二、数据挖掘与数据分析技术

随着社会信息化程度加深，信息资源特别是数据无限膨胀，给人们生产生活带来便利的同时又带来了困扰：人的精力和能力总是有限的，无法处理太过庞大的数据。因此，有必要对数据进行处理挖掘和分析，找出有用信息为企业网络营销活动服务。

数据挖掘是从大量不完整或者粗糙的含有噪声的数据中提取隐藏的信息和知识的过程，其中的数据源必须真实，数据量大且质量低、价值密度低。数据挖掘主要是解决分类、聚类、关联和预测问题，重点是发现已经存在但尚未被发现的关联关系和规则。数据分析挖掘已经进行了很多年，但是过去收集和分析数据的目的是进行科学研究，而且由于过去计算能力较低，很多的复杂数据分析方法受到很大限制。现在，业务自动化生成了大量业务数据，数据挖掘可以通过帮助企业处理海量数据得到消费者的特征，辅助企业制定营销决策。

数据挖掘与数据分析方法主要包括分类、回归分析、聚类、关联规则、特征、变异和偏差分析等。分类分析是查找一组数据的共同特征，然后根据分类模型将这组数据分为不同的类，目标是通过分类模型将数据库中的数据项映射到给定类别。分类通常用于客户分类、客户属性判断、客户满意度分析等。

回归分析可以反映数据库中属性值在时间上的特征，生成将数据项映射到实际预测变量的函数，并寻找变量或属性之间的关系。回归分析通常用在客户流失、销售预测、针对性促销等方面。

聚类分析是根据相似性和差异性将一组数据分为几类，其与分类最大的不同就是分类的类别是给定的，而聚类的类别是根据数据自身的内在关系而定。聚类通常用于客户群分组、消费趋势预测、市场细分等。

关联规则是用来描述数据库中数据项之间关系的规则，即同一事务中某些项的出现可能映射其他项的出现，关联规则分析通常可以用在寻找客户、市场推广、营销风险评估等方面。

特征分析是从数据库中的一组数据中提取出关于这些数据的特征式，而这些特征式表达了该数据集的总体特征。例如，营销人员通过对客户流失因素的特征提取，可以得到导致客户流失的一系列原因和主要特征，利用这些特征可以有效地预防客户的流失。

变异和偏差分析。差异中存在大量潜在的有趣现象，例如分类中的异常点、观察结果和期望的偏差等，很多时候这些偏差是有意义的，变异和偏差分析就是要找到这些偏差中所含的价值，通常用在公司危机管理及其预警中。

三、电子交易安全技术

网络营销中的电子交易安全问题总是困扰着电子交易的发展，提供可靠的交易环境是电子交易发展的有力保障。在上文的"电子商务"一节中已经基本概述了保障电子交易安全的基本技术，下面详细介绍安全电子交易协议。

安全电子交易（SET）是互联网安全电子交易的协议标准，由世界两大信用卡巨头 VISA 和 Master Card 联合开发，之后也得到了众多公司的支持参与。

SET 协议可确保在线交换所需的交易的机密性、数据完整性、交易的不可否认性和交易双方的身份验证，主要依靠密钥加密、公钥加密、哈希算法、数字签名、数字信封和数字证书等技术来实现。公钥分为公钥签名密钥和公钥交换密钥，公钥签名密钥用于数字签名的生成，公钥交换密钥用于交换随机生成的对称密钥。

为了数据的保密性，SET 采用公钥和对称密钥对数据进行加密；为了保证数据的完整性、交易的不可否认性以及交易双方身份的验证，SET 采用数字签名结合哈希算法以及数字证书来实现。

SET 支付系统主要包括持卡人、商家、发卡行、收单行、支付网关及证书授权机构。

持卡人是在线消费的客户，所持有的卡必须是信用卡或者借记卡。要参与在线交易，持卡人获得网上交易资格前必须向发卡银行申请且得到批准，然后委托中立的第三方证书颁发机构（CA）颁发数字证书。嵌入在浏览器中的电子钱包使持卡人能够顺利完成在线交易，电子钱包能够发送和接收信息，储存消费客户所持的公钥签名秘钥和交换秘钥，也能够顺利支持网上购物所需要的其他功能。

商家是 SET 支付系统中在线商店的运营商，商家必须在接收银行开立一个账户，该账户负责交易的清算。要获得在线交易资格，商家必须首先对承兑银行进行审批和信用评估。审批合格后，承兑银行委托 CA 向商家颁发数字证书。

商家必须具有商业软件支持才能访问互联网，这些商业软件同时具有服务器和客户端功能，能够处理持卡人的申请并与支付网关进行通信，存储商家自身的公钥签名密钥、公钥交换密钥以及交易双方的公钥交换密钥。

支付网关同时连接互联网以及收单银行，实现了 SET 协议与现有银行交易系统协议信息格式转换，是金融业在互联网的延伸拓展。开始在线交易之前，SET 支付系统的支付网关必须由收单银行授权，然后由 CA 颁发数字证书。

证书颁发机构简称 CA，是受交易双方信任的第三方中立组织，代表发卡和收款银行向持卡人、商户和支付网关颁发数字证书，以识别交易的所有成员的身份。

在 SET 所采用的许多关键技术中，对称密钥技术、公钥技术和哈希算法是核心，这三种技术的综合应用产生了数字签名、数字信封和数字证书。

对称密钥加密算法是一种信息加密技术，信息发送方和接收方使用相同的密钥来完成加密和解密过程。公钥加密算法使用一对密钥来加密和解密数据，一个为公开密钥，一个为私人密钥。哈希算法不是一种加密算法，但其能够确保数据未被篡改，从而确保数据的完整性。

数字签名是通过哈希算法形成要发送的消息的摘要，然后使用发件人私钥对摘要进行加密，将结果附加到原始消息中并生成原始消息的数字签名。消息接收方收到该数字签名后，使用发送方公钥进行解密，然后通过哈希算法形成新的消息摘要。数字信封是发送方用接收方的公钥交换密钥，并对随机生成的对称密钥进行加密而形成的。数字信封用于将对称密钥发送给接收者，接收者使用私人交换密钥来解锁数字信封以获得对称密钥，然后解开发送者的密文。数字证书是一个由交易各方信任的第三方组织（CA）颁发的凭证，能够认证公开密钥的有效性，从而保证交易方身份的真实性。

四、其他技术

网络营销技术还有很多，从网络营销过程来说，大致可以将网络营销技术分为前期的规划技术以及中后期的运营维护技术。以上只简单介绍了三种技术，互联网技术是网络营销实施前必备的规划技术，数据挖掘技术和电子交易安全技术属于中后期的运营技术。

规划技术主要包括服务器、交换机、路由器等硬件技术以及数据库、FTP 服务等软件技术。服务器是在网络中提供各种服务的计算机，其拥有快速存取的大量磁盘或光盘存储器及高速处理的能力。在网络操作系统的控制下，服务器协调网络内各终端设备的运行，应网络操作请求，存储管理网络中的各种资源。

网络交换机是一种扩大网络的器材，具有多个端口，能够提供高宽带传输路径，各端口独享宽带，能够支持大吞量、低延迟的传输服务。网络交换机的每个端口都有桥接功能，能够连接一个局域网或者一台高性能服务器，所有端口均由专用处理器控制并经过控制管理总线转发信息，也可以使用专门的网络管理软件进行集中管理。

路由器是一种连接多个网络或网段的网络设备，能够翻译不同网络或者网段之间的数据信息，使得这些网络或者网段能够读取对方的数据从而构成一个更大的网络。数据通道和控制功能是路由器最主要的两大功能，数据通道包括转发决定、背板转发以及输出链路调度等，一般通过特定的硬件来完成，而控制功能主要是通过软件实现与相邻路由之间的信息交换、系统配置以及系统管理等功能。

这里的数据库主要是指 Web 数据库，为动态网页开发提供数据存储功能。客户通过浏览器打开网页界面，输入需求，网页将这些数据返给网站，网站对这些数据进行处理或者对数据库中的数据进行查询，最后网站将这些执行结果返给浏览器以供客户使用。

FTP 服务是指互联网文件传输通信协议，其为各种操作系统之间文件传输交流问题提供了一种解决方式：不同操作系统有不同的 FTP 应用程序，所有的 FTP 应用程序都遵守同一种通信协议，使得用户能够发送或者获取文件。

网络营销的运营技术主要包括页面访问分析技术、产品展示技术、远程控制技术、安全技术等维护技术。页面分析主要是在获取到用户访问网站页面痕迹基础上，对有关数据进行统计分析，从中发现用户访问网页的行为规律，与网络营销策略相结合从而发现现行策略中的问题并及时解决。现在，页面访问分析一般会采用数据挖掘技术。

产品展示主要包括图形图像、虚拟现实以及视频展示等方式。图形图像从文件类型上可以分为用点阵形式描述产品的点阵文件和用几何元素描述产品的矢量类文件，两种文件应用范围不同，没有绝对的好坏。虚拟现实技术将一组照片经过特殊处理后，制成可操控的三维物体或者全景影片，可以用在三维虚拟空间、房地产网站展示、游戏网站展示等领域，能够逼真地展示实际效果，用户浏览时也能够自定义操作。视频展示的常见格式包括 AVI、MPEG、ASF、MOV、RM 等，视频与虚拟现实不同，视频是真实产品的真实呈现，虚拟技术是真实产品的虚拟模仿，相比于虚拟现实，视频能够更真实地呈现产品的各方面信息，其展示效果也更吸引客户。

远程控制技术是指在网络上由一台服务器在远距离下控制另一台或多台服务器。远程控制可以使企业不受时间距离的限制控制其他服务器，实现文件资料、应用程序的远距离使用。

网络营销中的安全技术不仅包括电子交易安全技术，还包括计算机系统中的软硬件安全技术，硬件安全主要包括防火墙和防毒墙技术，软件安全包括各种防火墙和杀毒软件。

网络营销是随着互联网产生和发展而兴起的一种新营销方法，随着网络技术和其他信息技术的不断进步，网络营销技术会不断更新迭代，不断发展。

第四节　网络营销安全

移动互联网时代，传统安全边界被全新的安全形态打破，各种新的技术手段不仅改变了经济发展形势，也给网络营销带来了极大的安全挑战。我国的网络营销发展势头猛，但起步晚，相关的技术设备以及法律法规等方面跟不上发展速度，这也成为我国网络营销发展的制约因素和安全隐患。

一、网络营销安全问题

互联网在全球范围内的联通和开放程度极高，动态发展速度也十分快，总体来看，网络营销的安全问题可以分为两个层次：一个是环境方面，主要包括相关的社会经济、文化以及制度规范等问题，另一个是网络安全技术方面，主要集中在支付方面（邓红，2017）。

（一）环境方面的安全问题

目前，在互联网环境下，企业开展商务活动所面临的主要环境因素包括网络基础设施不完善、缺乏完善健全的法律法规以及社会信用体系不健全等。

我国网络基础设施存在设施不完善、数据传输能力不足的问题。全国的网络覆盖情况还是不能很好地满足网络营销的需要，同时在网络覆盖的区域，虽然大部分地区已经联网，但还是存在未联网的情况。网络传输不能满足大的数据量快速传输的要求，在调用本地服务器数据和远程服务器数据时，传输速度比较慢。

我国关于互联网的相关配套法律法规还急需建立完善。近年来，互联网得到快速发展，同时，也存在许多发展隐患，这些问题需要系统的法律法规去约束。但是，我国互联网法律还不是很完善，体系有待健全，内容有待补充，同时，由于互联网的特性，配套的相关法律也要注意与现有法律体系的兼容问题。

我国现有的社会信用体系还处在建设阶段。在开展商务活动时，社会信用体系的建立健全是必不可少的条件之一。经过 10 多年的社会信用体系建设，我国信用观念发生了可喜的变化，但是信用缺失现象还是比较严重，信用意识、信用市场发育、信用法律规范等方面还存在很突出的问题，这对信任要求度较高的网上交易造成了极大的不良影响。

（二）技术方面的安全问题

电子商务技术方面的安全问题是交易过程中因网络技术问题而给交易带来风险。例如信息错误、信息窃取、病毒进攻等，但最关键的是网络营销中的支付安全问题。

1. 网上支付面临的主要问题

（1）网络自身的安全问题。互联网是一个完全自由、开放的媒体。这一独特的、引以为豪的完全开放性媒体，成了网上支付工作中最令人头痛的问题。由于目前网络技术本身的不完善性，网络还尚未发展到能确保在互联网上传递的支付信息不被窃取、破坏的程度。

（2）网上跨国支付的货币兑换问题。中国已加入 WTO，这给国内外的企业和商家带来了商机，再加上互联网自身的无地域性和无国界性，网络营销必将取得巨大的发展，特别是跨国交易的增加，必将进一步引发网上跨国支付的问题。由于受世界各国货币体制的制约，利用互联网进行跨国交易时的货币支付成为不可回避的问题，其矛盾的焦点在于各国货币之间不断变化的汇率。

（3）支付方式的统一问题。各网络营销企业支付方式的不统一，也是影响网上支付发展以及网络营销发展的主要因素。支付方式不统一的问题主要表现在各种支付方式的互不兼容以及同一种支付方式中的标准不一致。因此，现在所用的这种多种支付方式并存的网上支付形式可能还会持续一段时间。

2. 网上支付存在的风险性

（1）来自互联网技术方面的风险。这主要来自网络黑客的攻击和计算机病毒的侵害，2003 年上半年，美国就发生过几十万客户的信用卡密码被非法窃取的重大事件，引起了很大的社会震动，产生了很大的影响。

（2）来自管理方面的风险。近年来，在我国计算机犯罪案件中，有不少案件是企业内部工作人员所为，并呈逐年上升的趋势。其中，有工作人员的职业道德问题，也有这些单位缺乏安全教育、管理不力、制度松懈、缺乏科学有效的管理方法的问题。现在国内外不少计算机系统都缺乏安全管理，缺少系统安全管理的技术规范和切实可行的规章制度，缺少定期的安全检测，缺少日常的安全监控，再加上目前现有系统管理员的权力过分集中，为计算机网络犯罪创造了条件。

（3）来自信用方面的风险。在不少地方，由于法律法规不健全，假冒伪劣商品盛行，即使是面对面的交易，也时常存在欺诈行为，更何况是网上的交易。据统计，网上的诈骗活动正以每年 30% 的速度增长。因此，在互联网这个虚拟的世界里如何建立起一个至诚至信的商业信誉，将在很大程度上影响网络营销的发展。

（4）来自法律方面的风险。目前世界各国都在制定有关网络信息安全的法律法规，以保证互联网能健康有序地发展。但是，互联网是一项全新的而且发展迅速的技术，相关的法规建设还跟不上其发展的步伐，于是一些不法人士便乘机钻了法律空子，利用互联网进行犯罪活动或从事违法经营。

二、网络营销伦理道德问题

网络营销道德是指消费者对企业营销决策的价值判断，即判断企业营销活动是否符合消费者和社会的利益，是否能为消费者和社会带来最大的幸福。这必然涉及企业经营活动的价值取向。要求企业按照道德规范经营行为，履行社会责任（胡占君和金海水，2012）。营销中的道德不仅指法律规范，还包括不妨碍营销活动正常进行的道德标准。

（一）网络营销中信用问题

随着科学技术的快速发展，互联网以前所未有的速度融入到社会的政治、经济、文化领域，给社会经济和人们的生活方式带来了重大变化。越来越多的企业认识到互联网在企业发展中的作用，把它作为未来获取竞争优势的主要途径。由于网络营销是在互联网这个虚拟平台进行的，交易信息的真实性、客户身份的合法性、支付信息的完整性和不可抵赖性、整个网上交易的合法性都是人们心中的顾虑，特别是安全认证和网络支付安全问题，如若在这些方面不能很好地建立信任，将严重制约网络营销的正常发展。因此，在网络营销实体之间建立信任机制是网络交易和结算的关键。只有一个安全可靠的网络营销系统才能赢得客户的信任和欢迎。目前，中国还没有建立起一个完善的信用体系，因此，信用问题是影响网络营销健康发展的关键。

（二）隐私权问题

21 世纪网络营销中十分突出的道德问题之一是隐私权问题，其包括以下两个方面：一是以违反法律或者违背道德的途径获取消费者信息；二是非法披露和使用消费者信息。随着网络技术的不断发展和各种软件的改进，企业可以在未经消费者同意的情况下轻松获得消费者的个人信息，包括个人银行账户等机密信息。在另外一些情况下，即使许多企业采取正确的方式获取消费者信息，在处理和使用所获取的信息时也会存在不道德的行为。还有一些企业为了获得短期利益，私下披露或出售未经消费者同意的个人信息，这严重侵犯了消费者的隐私权。

（三）信息发布中的问题

网络营销发布的信息是多种多样的，有网页信息、邮件、虚拟社区发帖的信息等。由于网络空间的虚拟性和网络行为的匿名性，网络信息存在着虚假、违法等各种问题。有些企业会发布或传播虚假信息。例如，在市场调研中，营销企业为了调动公众参与的热情，会承诺赠予被调查者一些礼物，这些礼物有时候是空头支票，有时候被营销企业刻意夸大了。也有一些企业会违背他人意愿发布一些信息，例如很多营销商会大规模收集众多电子邮箱，然后频繁向这些邮箱发送推广信息，但很多情况下，这是不被收件人所允许的。网络监管力度有限，一些企业在营销中会忽视道德原则，发布或传播限制信息，很多与暴力、迷信等相关的信息充斥网络，对人们特别是未成年人的身心健康造成危害。

（四）数字产权

网络营销中很常见的另一个严重道德问题是侵犯数字财产权，包括版权、专利、商标等其他数字权利。版权和商标一般存在三种侵犯现象：一是恶意注册与现有企业成果或者商标十分类似的名字，例如"喜之狼""小白兔"等商品名。二是恶意抢先将其他企业的商标等注册为域名，之后将其高价售出牟利。三是以不正当的方式使用超链接。对于专利，很多时候企业会通过指导等名义非法使用其他企业或个人的专利，也存在过分注重专利保护忽视知识共享的情况，在某种程度上，这些也影响了社会的发展。

(五)　信息污染问题

互联网为消费者获取信息提供了十分便利的途径，但是大量信息垃圾的存在污染了网络环境，一些公司网站发布不健康甚至非法信息，危害人们的身心健康。为了达到一定的商业目的，一些企业使用计算机病毒侵入竞争对手的网站，给竞争对手造成沉重的损失，这种不正当竞争会影响网络营销经营环境。随着互联网营销的不断发展，众多潜在的道德问题逐渐出现在人们视野中，企业必须要遵守国家的法律法规，同时也要保持道德底线。

三、网络营销安全基本架构和相关技术

与电子商务安全一样，网络营销安全也注重营销中的可靠性、真实性、机密性、完整性、不可否认性。在互联网环境下开展的电子商务活动越来越受到政府、企业及个人的重视，其安全问题所带来的威胁成为关注的重点。为了更好地发挥信息技术在商务活动中的竞争优势，就必须采取有效的措施来不断地改善网络营销发展的环境，在法律层面不断完善相关法律法规，完善信用评估体系；在技术层面，保障信息的保密性、完整性、不可抵赖性、有效性、审查能力以及交易者身份的确定性等。

(一)　完善互联网领域中知识产权法律、保险合同法律、信托法律、金融法律体系

为了有效解决互联网上的侵犯知识产权问题，必须双管齐下，将知识产权法与先进技术手段有机地结合起来，运用科学武器准确地防止侵权事件的发生，从根本上消除互联网上存在的知识产权侵权问题。另外，还可以使用诸如防火墙技术和变频技术之类的现代软件来实时监视互联网的动态，使用指纹识别的方式控制互联网的信息内容，从而时刻保护用户的知识产权。

为了使网络保险合同逐渐成熟，在涉及电子签名的互联网保险合同的签署过程中，电子数据和电子合同都需要经过专门的法律处理。针对互联网领域的信任问题，有必要发展应急金融计划体系，实行多元化的风险防范法律监督模式。互联网信托的发展不仅涉及传统信托业务机构的转型升级，还涉及互联网

金融领域的创新。在经济新常态背景下，有必要制定各种形式的监管措施以适应新的金融业务模式。

在网络金融领域，第一，在司法上应接受网络金融的交易习惯，网络金融的特点决定了其交易习惯与传统习惯不同。为了证明市场惯例是有效的习惯，在不违法的前提下，司法部门应给予足够的尊重。第二，要依法妥善处理涉足网上金融的案件，要建立起信息报送机制，要做好相关工作。第三，政府部门应建立信用平台，提供各方面信用信息，以方便行业准入资格审查和司法审判。

（二）建立完善的信用评估体系

由于传统信用评分的弊端，在网络时代，社会需要建立一种新的信用评估方法——基于大数据的信用评估系统。我们可以从美国公司 ZestFinancial 的理念中得到些许启示，其基本思想是所有数据都与信用有关，可以尝试在可用数据中尽可能挖掘信用信息，并从数据收集和大数据分析这两个层面提炼信用信息。在大数据应用中，我们可以暂时忽略数据背后的原因，但是要重视数据之间的关系。同时，数据源很重要，甚至错误信息也可能有用。

在大数据建模阶段，我们应该首先考虑各种原始数据变量，弄清变量之间的关系，将它们转换为有用的格式，然后将转换变量合并为元变量以形成用户画像，再将元变量输入不同的模块，以便每个模块代表一项技能，每个模块贡献一定比例的分数，最后合成信用分数。

（三）信息的保密

在信息安全技术中，信息保密一般是通过国际公认的安全加密算法来实现的。例如，AES 这种加密技术使用 128192256 位密钥将 128 位数据加密为 128 位。在大多数情况下，信息保密是确保信息机密性的唯一方法，其特征在于以最低的成本提供最大的安全保护。

在实际应用中，私钥加密与公钥加密通常结合在一起。例如，DES 或 I-DEA 用于加密信息，而 RSA 用于传输会话密钥。如果根据每个加密处理的比特数对加密算法进行分类，则可以将加密算法分为序列密码和分组密码。序列密码一次仅加密一个比特，而分组密码在密码分组之后一次加密一组。

随着计算机技术的迅猛发展，作为新一代信息安全技术的信息隐藏技术也得到了快速发展。尽管加密隐藏了消息的内容，但这也意味着攻击者通常知道截获的信息很重要，可能会尽最大努力去解密，或者解密失败后毁灭信息。信息隐藏技术将有用的信息隐藏在其他信息中，从而使攻击者无法找到此信息，这在保护通信的同时保护了重要信息。

第三章 网络营销理论基础

第一节 网络社会的发展和演化

互联网的产生、网络技术的不断发展使得传统商务逐渐转移到互联网上，减少了生产者和消费者之间的流通环节，技术和经济的不断结合发展使得市场营销出现了崭新的方法——网络营销，网络社会在其发展的不同阶段表现出一些不同的特质，并深刻影响着网络营销的应用及发展。

一、网络社会基本概念

互联网作为已经存在的客观事物，其自身的发展改变着人们的生产生活方式，为了更好地理解网络世界，有学者提出以英国哲学家卡尔·波普尔的"三个世界"理论为基础来理解网络社会。

(一) 波普尔"三个世界"理论

波普尔在其作品中明确提出将世界划分为三个世界。他将物理世界称为世界1，将人类的意识世界称为世界2，将图书、计算机等描述事物逻辑的世界称为世界3。波普尔认为这些世界的划分有利于人类更好地理解世界，首先产生的是物理世界的世界1，其次是人类的意识世界，包括人的心理状态、意识形态等都被归为世界2，世界3则是人类精神世界的产物，是一种思想内容。

(二) 网络社会的形态与"三个世界"理论的相似性

根据波普尔的"三个世界"理论内容，我们构建网络社会的技术这种实体是属于世界 1 的，是存在于物理世界中的客观物质。计算机是其主要存在形式，同时，这些技术处在不断的发展中。计算机和网络设备等是基本的硬件基础，而各种软件技术则保障了这些硬件能够有效运转。虚拟技术领域中的行为，例如在线股票交易、在线银行转账、在线信用卡消费、在线书店购书等，这些基于虚拟技术领域的行为和后果并没有真正脱离物质世界。网络技术的虚拟特性使这些行为摆脱了时空观和社会环境的限制，可以自由地表达、扩展、建构和探索自己的存在。网络技术能够通过虚拟技术将多维的现实世界映射到数字空间，并生成相应虚拟对象，形成网络虚拟社会。

网络技术实现了现实空间和虚拟网络社会之间的通信，其功能类似于世界 2。在数字技术的帮助下，网络技术帮助人类突破了物理空间与意识空间，使这两个世界的连接成为可能，从而创造出以物理世界为基础，反映人类意识世界的网络社会。虚拟技术作为人类的创造，就像"世界 2"的主观精神世界一样，能够表达内心的心理活动，如情感、意志等，同时也能够和人类的意识世界进行交互。同时，虚拟技术还可以创建非常真实的场景模拟现实世界，这种场景不同于电影电视中的场景，人类能够融合在这个场景中实现与场景的互动，并改变这个场景的某些部分，这也是网络社会的形成过程。

网络社会本质上是人类为了使知识完全客观化而形成的虚拟社会，是一种交流空间。在迈克尔·海姆 1993 年发表的著作中，网络被定义为数字信息和人类感知的一种结合。在网络社会中，人与物之间的交互需要依靠一定的"场"来实现，无论客观知识世界和感觉如何真实，它始终是虚拟的，没有特定的场，这些虚拟现实将被关闭，就像电影在放映结束时不会消失，但是电影存在的方式已经更改。尽管网络社会是虚拟的，但它是人类创造的产物。同时，网络也创建了自己的空间并具有高度的自治性。

二、网络社会发展不同阶段

根据波普尔的"三个世界"的定义，网络社会的发展可以分为三个主要阶段：原始阶段，即网络社会的初步发展阶段；发展阶段，即实现"三个世界"之间的联系；未来发展阶段，即现实社会与网络社会之间的自由转换。

（一）网络社会的初步发展阶段

从 20 世纪 70 年代到 80 年代末是网络社会的初始发展时期。互联网起源于 1969 年投入使用的 ARPAnet，由于互联网当时仅用于军事目的，并没有成为人们交流的媒介和平台，因此它只能被视为网络交流的开始，而不是网络社会的开始。

从社会学的角度来看，社会不是个人的简单相加，而是人与人之间互动的产物以及所有社会关系的总和。因此，网络社会作为一种社会形式，开始将网络用于社会交流。1971 年，美国的一个工程师开发出了电子邮件系统，网络开始成为人类交流的场所，从那以后，ARPAnet 技术推广到大学和其他研究机构，这也可以作为网络社会诞生的象征。

1983 年，加州的一名在校生开发出了 TCP/IP，五年之后，另一名美国学生开发的电子邮件软件 Eudora 促成电子邮件的大规模使用。

这一阶段作为网络社会的开始，网络仅用于传输数据和信息。电子邮件是网络初始阶段最基本的通信方式，网络社会的主要成员是研究人员和学者。

（二）网络社会的发展阶段

20 世纪 90 年代末至今是网络社会的发展阶段。首先，在 1990 年 6 月，新开发出来的 NSFnet 网络完全取代了 ARPAnet 并向整个社会开放，成为互联网的骨干。欧洲一位科学家于 1991 年开发了万维网和非常简单的浏览器，从那时起，互联网就开始受到公众的欢迎和使用。1993 年，美国一位在校生开发出真正的浏览器并大规模推广，互联网得到了爆炸式的普及应用。1995 年 5 月，NSFNet 移交给了美国三大私营电信公司经营管理，互联网开始在越来越多的企业和应用程序中使用。1994 年中国正式接入互联网，网络开始进入中国公众视野。

现在，互联网已经成为一个集成了图像、语音和数据，集成了电子商务、电子政务、电子医学和电子教育的多媒体服务综合平台。在通信领域，互联网已成为仅次于报纸、广播、电视等传统媒体的第四大传播媒体，这意味着我们进入了网络社会的发展阶段。在网络社会的发展中，网络虚拟空间是对现实空间状态的模仿，而网络社会的规范是对现实社会制度的模拟。实际上，互联网的应用是现实社会的延伸，例如电子邮件代替书信让人们得以在虚拟世界进行交流，现实社会中存在的各种社会规则也逐渐扩展到网络社会。

基于以上对网络社会的理解可知，在网络发展阶段，社会实现了波普尔提出的"三个世界"的融合，网络的迅速发展是连接"三个世界"的技术基础。网络社会主要体现在对现实社会的模拟中，但我们要认识到，基于虚拟技术构建的网络社会与现实社会之间仍然存在明显的差异。

(三) 网络社会未来的发展

随着互联网用户数量的增加和相关技术的迅速发展，网络社会正在进入高度发达的阶段，人类正在迈向网络的"无处不在"社会。

网络在所有社会层面、不同行业中展开，网络化已经成为现实生活中的常态，在人类社会高度成熟的环境中，网络社会将在很短的时间内完成类似于人类社会的演变，超越人类社会形态并最终促进人类社会的变革。网络社会不再只是模拟现实社会生活，而是人类虚拟化的存在方式。随着网络社会高度发达时代的到来，网络服务范围将会越来越广。网络应用将普惠每个人和每个家庭，高度发展的网络社会形式最终将弥合"数字鸿沟"，成为人类生活中必不可缺的一部分。随着高度发展的网络社会的到来，现实社会和网络社会最终将实现高度重叠，"世界1"和"世界3"的边界将逐渐变得模糊，这将给国家带来深刻的全球化挑战，国际组织在网络社会中的管理和协调作用会得到进一步加强。

三、网络社会演化理论

随着网络社会的发展，网络社会的各个要素相互联系，相互制约，形成了一个复杂的经济体系。它的组成部分包括相互关联的人的要素、网络基本资源要素、技术要素、能源的流动、信息技术传递、文化交流、制度约束等。这些要素相互制约，形成具有自我调节和自我适应的功能复合体，形成网络社会生态系统。

网络社会的每个主体都是网络社会生态系统的一部分，就像生物生态系统中的生物有机体一样，具有与生态系统相同的自我调节性。网络社会生态系统的演进是指构成网络社会生态系统基本要素的演变，主要体现在网络社会主体的自我发展和自我完善，以及彼此之间的合作演化。

网络社会生态系统的演化是元素相互依赖的过程，同时也是系统自发的过程。这是自组织理论的内容之一，自组织理论以可以自行发展或改善的组织系统为研究基础，基于对系统内涵的理解，以系统自组织为前提，深入分析系统演化的动力机制和系统演化中偶然因素的作用。在一般的系统理论中，系统最广义的含义是在与环境相互作用的条件下形成的结构和功能，而网络社会生态系统就是这样一个复杂的自组织系统。

在系统科学中，系统演化是系统的主要行为，组织是一个特殊的演化过程。组织采取自组织和他组织两种组织形式。他组织要有一个系统之外的组织者设定组织的目标和计划等其他要素，组织者将组织整个系统按照预定目标，根据预定计划执行活动，从而达成既定的目标。

而网络社会生态系统的演化基本上没有外部控制，例如电子商务生态系统、产业链的形成、虚拟社区的形成等，起始环节没有政府或部门的控制。此外，该系统没有自发制定的目标和计划，是在特定的外部环境以及系统中各个元素的交互作用下形成的。因此，网络社会生态系统的演化具有自组织的特征。

网络社会生态系统的自组织是网络社区在结构等方面演化的过程和结果。由于组织是生态系统的本质属性，因此生态系统是一种自然的自组织系统，可以利用从外部获取的物质和能量来形成功能复杂的组成，可以自动修复并消除某些缺陷。

网络社会生态系统既具有社会系统又具有生态系统的属性。网络社会的每个群体都是社会生态系统网络的一部分，能够像生物生态系统一样形成自组织，例如，当面对各种网络生态危机时，网络系统可以通过自我形成的调整机制来维持其有序的结构。因为网络社会生态系统具有自组织的特点，其演化过程是符合实际情况的。可以运用自组织理论研究网络社会生态系统的演化机制，这是一个更全面合理的理论依据。

第二节　网络信息与经济理论

互联网技术的发展极大地提高了人们传播、处理和使用信息的能力。然而，在互联网环境下，网络信息传播的功能在本质上与非网络环境下的信息传播是一致的，只是方式和环境不同，并由此对社会经济和人们的生活产生了不同的影响，促使社会经济表现出新的经济形态，即网络经济。

一、网络信息传播的基本规律

网络信息传播是随计算机的发展出现的，进入 20 世纪 90 年代中期，互联网的规模迅速扩大，成为全球规模最大、最受欢迎的网络。它打破了传统的地缘政治、地缘经济和区域文化的限制，并基于信息形成了虚拟的跨境、跨文化和跨语言空间。网络环境中的信息传输是非网络环境中信息传输功能的扩展和发展，二者虽然手段和环境不同，并且信息传输方式不同，但基本目的和功能是相同的，网络的信息传播是人类交流活动的一种形式，是一种全新的媒介形态，例如互联网进行的各种数字信息的传播、交换、共享和利用活动。

（一）信息传播的基本规律

信息的价值是对事物属性的反映，它反映了事物的运动状态，是事物的内在本质和普遍价值。在网络上传播信息的目的是实现信息传播者的意图，达到预期的传播效果。因此，对于信息信使来说，他们传递的信息是有价值的，网络信息传播的过程就是实现信息价值的过程。同时，信息的存在是客观的，但信息接收者不确定信息的选择是自由的，这在网络环境中得到了充分的发挥。

由于主体的不同以及信息选择和信息理解的主观性，信息接收者对信息意义及其使用价值的判断和理解必然是不同的。对信息发送者有价值的信息不一定对信息接收者有价值；面对同样的信息，一个信息接收者认为它是非常有价值的，而另一个信息接收者可能认为它毫无价值；与同一信息接收者相比，同一信息在此时是有价值的，在彼时可能会失去价值。因此，在网络信息传播过程中，信息的价值是相对的。

（二）信息传播的梯度转移规律

信息的传播可以看作是信息的流动，任何一种流动都必然存在势差。在网络信息传播中，这种势差也必然存在。在网络信息传播的两端之间，这种势差的存在是客观的，因为只有信息的发送者和信息的接收者之间存在一定的差异，网络信息才能顺利传播。正是由于存在这种差异，才有了信息选择的需要和信息传播的需要。同时，在网络环境下，信息的生产、布局和利用过程中普遍存在"马太效应"现象，它决定了网络信息传播的方向：从优势走向劣势。由于网络自由度的增加，许多信息接收者可以同时存在，而且这些信息接收者之间必然存在差异，因此它决定了网络信息传播的层次。在网络信息传播过程中，网络信息是按一定的方向和水平传播的，这是信息梯度传递的规律。

（三）信息流通规律

信息可以共享，也可以重复利用。信息传播者在传播信息后，不会对内部主体造成损失，其信息也不会随着"信息实体"的离开而减少，而是始终保持不变。也就是说，在某种程度上，一旦掌握了信息，就可以永远保存下去，而且可以进行信息传播，实现信息共享。网络信息传播是数字信息的传播。数字信息一旦产生，就被特定的符号所取代，信息的传播在本质上就成为了某种符号的传播。在一定的社会历史条件下，这些符号不受任何外力的影响，是不可改变的。

在网络环境中，这些符号很容易被复制。当一个信息传播过程完成后，信息传播不结束，又开始接下来的信息传播过程，也就是说，在网络信息传播过程中，人们只有不断地传播这些符号，这些符号的意义才是永恒的。信息保存，再加上"符号"的永恒性，这就是信息循环的规律，网络信息传播就是在这个循环的过程中进行的。然而，在当今不确定的网络环境中，信息资源虽然取之不尽，用之不竭，但用户为满足自身需求而获取的信息却十分稀缺，这主要是由于主体的信息意识和伴随而来的注意力经济。

二、信息意识和注意力经济

从主体获取信息的角度出发，主体的信息意识决定了信息的生产以及传播者组织和传递信息的方式，决定了主体如何捕捉获取信息、分析识别信息，并最终科学地利用信息做出正确的决策以付诸实际行动，从而推动社会经济的良性发展。

（一）信息意识

信息意识是指信息和信息活动在人们不确定性心理中的动态反映，体现在人们的信息敏感性、观察信息的能力、分析判断能力和所关心事物的创新能力。从哲学的角度来看，信息意识属于社会存在，是人脑中对信息环境的反映，是人们通过思考获得的概念，也是人们采集信息的驱动力。信息意识不仅是指一个概念，也指特定信息的认知过程和反思能力，是一种特定的响应机制，人们在社会实践中获取和使用信息，这是一个有意识的心理活动，所有的社会现象都与信息意识密切相关。

（二）注意力经济

随着网络经济的发展，"注意力经济"这个新词也受到越来越多人的关注。"注意力经济"在信息经济中超出人们的常识，但在经济活动中广泛存在。在预测当前的经济发展趋势时，著名的诺贝尔奖获得者赫伯特·西蒙指

出："随着信息的发展，价值不是信息，而是注意力。"（郑达威，2014）

IT 行业和管理者们将这种观点提炼为"注意力经济"。迈克尔·戈德哈伯尔于 1997 年首次提出"注意力经济"这个概念，他认为"注意力经济"是指依托企业现有的资源配置，以极低的成本吸引消费者的注意力，从而产生潜在客户群体，这时的注意力对企业而言是一种宝贵的无形资产。

注意力是人们在查看某个事件或者消息时其专注的持久程度，基于"注意力经济"的假设，世界上的信息量没有限制，但是注意力却是有限的，人们的关注很容易在众多的互联网信息中切换，在无限的信息量中，有限的注意力会产生无数的商机。

迈克尔·戈德哈伯尔也指出，在互联网时代，信息不是稀缺资源，而是一种剩余资源。与信息相反，人们的注意力是一种稀缺资源。例如，人们在免费使用百度进行搜索时，百度按照竞价排名的先后顺序向用户推送广告信息。在此过程中，人们没有支付任何费用，但是百度获取了人们的"注意力"，而这种"注意力"可以通过互联网广告的形式出售给广告商。

（三）信息意识与注意力经济的关系

信息意识与注意力经济密不可分，信息意识的强弱决定了注意力的有效分配和使用。信息意识本身是对主题信息的持久注意，最高的注意力形式是一种洞察力和分析信息的能力，并根据信息做出正确的决策，注意力是一种能动反映，基于信息处理和分析，能够洞察信息背后的逻辑关系。

信息意识是注意力经济的基础。作为信息产品的生产者和传播者，只有具备较强的信息意识和信息能力，才能更好地了解用户的真实信息需求和产品的技术需求。作为一个信息用户，只有强烈的信息意识和信息能力才能帮助自身合理地分配和使用自己的关注点，更好地关注周围的信息，分析和识别各种各样的信息本身的价值，及时识别有用的信息，从而满足生活和工作的需要。

无论是注意力经济还是信息意识，其核心是对信息的科学探索、组织、传播、获取、分析和利用，其最终目的是通过信息的有效传播和利用，促进经济、技术和社会的发展。利用网络，我们可以得到丰富的信息资源，也可以足不出户购买我们想要的任何商品。因此，网络不仅是公共信息传播的新媒介，也是网络经济的体现。网络所带来的不仅是信息的变革，更是人们生产生活方式的巨大变化。

三、网络经济规律

网络经济是一种以计算机网络为核心、现代信息技术为支撑的新型经济形式，不仅包括以计算机为核心的信息技术产业，还包括以计算机为基础的高新技术产业，更包括将高新技术推广运用的传统产业经济。网络经济不能被理解为独立于传统经济的数字经济，它是在传统经济的基础上，通过以计算机为核心的现代信息技术促进经济发展的一种经济形式。

网络是网络经济发展最重要的物质基础，网络本身呈现出一些明显的不同特征。

（一）网络基本规律

网络基本规律是网络技术和网络发展的基本法则，摩尔定律、吉尔德定律和梅特卡夫定律是网络的三大定律。

摩尔定律于 1965 年提出，其主要内容是集成电路可以容纳的组件数量每 18~24 个月将增加一倍，并且性能也将提升一倍。换句话说，每过 18~24 个月，1 美元可以购买的计算机性能是之前同等价位性能的一倍。摩尔定律揭示了信息技术的发展速度，说明了价格相同的微处理器处理信息的速度将更快，而且随着时间推移，微处理器的价格会更便宜，这成为网络经济发展的物质基础。

吉尔德定律是一个关于网络带宽发展规律的预测，其提出者乔治·吉尔德预计在未来 25 年中，主干网的带宽将每 6 个月翻一番，这个增长率是摩尔定律预测的 CPU 增长率的三倍。它和摩尔定律共同奠定了网络经济发展基础。乔治·吉尔德声称带宽最终将是免费的，每比特的成本将遵循一定的渐近曲线，而价格点将无限接近零但不等于零。

梅特卡夫定律认为在网络中，某些商品的价值与商品在网络中的渗透率成正比。换句话说，使用商品的人越多，价值越大。

（二）网络经济的基本特征规律

网络经济的基本特征规律与传统经济法的基本特征不同，这些规律在网络经济规律中处于核心地位，也是网络经济最基本的规律，主要包括外部性、网络的易锁定性、信息产品结构的特殊性、马太效应以及达维多定律。

外部性是一个经济实体的行为在无代价或低成本的前提下对另一经济实体的正面或负面影响。若影响是正面的则称为外部经济性，若影响是负面的则称为外部不经济性。

锁定是指在网络效应的作用下，如果用户在一个网络中投入太多，则用户很难从这个网络中退出切换到另一个具有替代性质的网络，这种现象将用户锁定在原始网络中，使网络所有者获得可观的利润。这里的锁，既有技术锁，如硬件和软件技术的锁作用，又有消费群的锁，如消费者一体化的主流消费锁，网络所有者或运营商为实现忠实客户计划策略而带来的人工锁。

网络信息产品的成本结构比较特殊，前期的固定成本等总成本十分高，而后期的成本较低。由于边际成本低，网络信息产品，特别是知识类信息产品的前期投入成本是具有沉淀效应的。

马太效应是指在信息活动中，由于人们的心理反应和行为惯性尚不明确，在一定条件下，存在的优势和劣势会不断加剧，滚动累积，产生强者更强、弱者更弱的现象，很可能形成赢者通吃的局面。

达维多定律认为，进入网络经济市场的第一代产品可以很轻松地获得一半的市场份额。因此，公司要想占领市场，就必须首先开发新一代产品。达维多定律还认为，所有的企业必须首先淘汰自己的产品并尽快升级，走在市场竞争的前面而不是被动等待竞争对手将自己的产品淘汰掉。

第三节　网络行为理论

在网络环境中，网络主体表现出许多不同的心理特征，并形成了不同的行为，如群体极化现象在网络环境中表现得尤为突出，这些现象既有正面作用，又有负面影响，因此，我们需要充分认识这些现象及其成因，以便有效地控制并积极发挥其正面作用。

一、网络主体行为特征

由于网络主体被划分为不同的阶层，而不同阶层之间存在许多不同，并且由于网络本身的特性，网络主体的行为更是具有很大的差异性。但网络主体的行为仍然具有一般性的特点。

1. 个性化

网络，特别是交互式多媒体作为一种广泛使用的生产和交流工具，可以充分发挥个人的主观能动性，使每个人在互联网上都有获取各种信息的机会，也能够表达出自己的需求，这使得每个人的个性化得到了最充分的展示。

2. 全球性

网络的全球化使性别、种族等不再成为人们上网的障碍，互联网用户的数量日益增加。网络通信工具的便利性使得世界上任何主体都能够受到信息及其他主体的影响，同时，每一个主体也在向全世界发送着信息。

3. 身份的多样性和模糊性

网络世界中每个用户身份都具有多样性和模糊性，例如一个人可能拥有多个网名，在不同情况下使用的网名也代表着每个网络主体不同的喜好，这使得每个网络用户在不同的场合下表现出不同的人格倾向。

同时，网络上很多活动能够匿名进行，每个网络用户可以在匿名的前提下自由地表达自己的想法。但是在信任机制尚不完善的网络世界，匿名的模糊性很容易形成对不良行为的保护。

4. 互动和虚拟性

网络用户之间的互动是新媒体和旧媒体之间的最大差异。互联网文化的核心是互动，互联网依赖分散或共享的传输系统而不是分层系统，这种分散或共享的内在驱动力是互动文化的核心。同时，这种互动存在于虚拟的网络世界中，用户不通过实际接触就可以在数字化媒介中实现交流互动。

5. 多元化

互联网的价值是多元的，自由平等这些普世的价值观被广泛认同，但是在不同的网络阶层中，价值观存在很大差异，而在互联网这个大世界中，不同的价值文化可以并存，共同传播发展。

6. 情感的泛滥

网络给人们提供了交流情感的平台，再加上缺乏网络规范，人们很容易强化情感交流。换句话说，与线下生活相比，人们更有可能在互联网上自由发泄自己的情绪，这可能促进更深层次、更广泛的情感交流，也有可能由于更剧烈的情感冲突而导致矛盾的发生。

7. 思想意识的网络化

网络时代，在人类的社会关系、沟通方式和生活方式开始联网的同时，人们的个人意识形态也逐渐联网。词语的含义不再主要从我们大脑中较低级别的神经元的复杂连接中因突出而被人记住，而是从互联网节点的复杂连接中突出而被万维网记住。例如，我们在思考某个词汇时，往往会先去百度其含义。我们的思维过程正在成为万维网的一部分，互联网就像在生成"知识"。

8. 创造性

显然，网络极大地促进了用户的创新能力，而且这种创造力是一种动态的创造力，并不断更新。网络主体创造力的发挥不仅促进了自身的发展，也促进了网络健康可持续发展。

二、群体极化

（一）群体极化及网络群体极化现象的概念群

群体极化被媒体学者詹姆斯·斯通内尔于 1961 年首次提出，群体极化指当一群人做出决定时，比当一个人做出决定时更倾向于冒险或保守的决定，并倾向于偏向某种极端，从而偏离最好的决定。

群体极化现象与 1895 年法国学者古斯塔夫·勒庞在《大众心理学研究》中所描述的现象相似。詹姆斯·斯通内尔认为，第一，在群体决策规则方面，人们在群体中做出风险决策会更自在，这是因为他们行为的责任已经扩散到所有成员；第二，在人与人之间的比较方面，由于个人渴望被群体接受和喜爱，个体会服从群体的普遍意见；第三，在信息影响方面，因为信息倾向于支持成员最初的观点，人们会听到更多的人支持这个主张，从而导致极端的意见。

群体极化的主要原因是群体成员为了获得群体的认同和群体的归属感，往往会与其他成员保持行为和信仰的一致性，当群体成员需要对某些不确定事件进行决策时，模仿和服从他人的行为通常是安全的。

网络群体极化的现象是指互联网用户组在讨论一个特定的社会问题或热点事件时，网络同一心理的群体迅速生成，互动不断加强，观点不断强化，最后极化的现象。因此，网络群体极化现象既是虚拟的，又是现实的，是现实社会向网络社会的延伸。

网络群体极化现象作为一种网络现象，既有积极的影响，也有消极的影响。从积极的角度看，网络群体极化现象促使网络舆论加强对现实社会的监督和制约。从消极的角度看，"群体极化"的结果将网民群体推入非理性的深渊，产生过度的极端行为，并产生"网络暴民""网络暴力""人肉搜索"等负面效应。

(二) 网络群体极化现象产生的原因

网络群体极化是一个比较复杂的社会现象，涉及政治、经济、文化、社会等方面。从社会心理学的角度来看，网络群体两极分化可归因于三个心理因素：去个性化、从众心理以及情绪效应。

去个体化是指当人们处于某个群体中时，对行为的规范性限制会放宽，从而导致冲动和异常行为的增加。这也说明，当我们加入一个群体时，我们经常会在群体中迷失自我，失去或削弱自我在小组中的理性意识，从而可能会做出在独立于群体时不可能做出的事情。互联网中的去个体化使得自我意识下降，网民对群体规范很容易形成服从心理，从而导致群体极化。

从众是指个体改变自己的行为以回应他人，与周围的人以一致的方式行事来获得安全感。因此，在网络群体成员的舆论和压力下，网民会改变原有的判断和行为，力求与网络群体大多数人的观点保持一致，从而产生两极分化现象。

在网络群体极化现象中，情绪感染和模仿是两个非常重要的社会心理机制。情绪感染本质上是情绪的传递和沟通，它是在非强迫、非压力的感觉条件下产生的，也是无意识的服从。参与网络群体事件的网民，尤其是弱势群体，具有较高的心理敏感度。当互联网用户有相似的情况、态度、价值观和社会地位时，情绪感染更容易发生。模仿是复制别人的一些外部特点，如认知态度、思维方式、情感取向和行为模式。同时，因为暗示和模仿的作用，在非强迫的情况下，暗示者有意或无意的语言和行动会影响他人的心理和行为。随着模仿次数的逐渐增加，形成一种集体心理，会出现社会传染的共同行为。

三、群体情感

随着互联网应用的不断深入，特别是社交网络的成熟使其成为网络营销的一个重要竞争战地，拼多多等营销商通过微信等社交平台完成市场下沉，其成功也让我们看到了社交网络这个营销平台的重要性。由于社交网络的私密性，用户情感在这里得到极大展现，因此，有必要对网络特别是社交网络的群体情感进行分析，推动网络营销在社交领域的进一步发展。

群体情感分析起源于个体情感分析。个体情感分析主要集中在在线产品评论及社交网络的用户言论，这也是网络营销中十分重要的用户反馈，且由于社交网络是用户真实生活的反馈，这些真实的用户反馈能够帮助企业更准确地改善产品和服务，提高营销效果。随着网络应用特别是社交网络数据量的迅速膨胀，群体情感而非个体情感分析显得越来越重要。例如，惠普实验室使用 Twitter 数据成功通过线性回归预测出电影票房，可以清晰地看到群体情感对于商业营销的影响，把握好群体情感走向能为网络营销效果提供很好的借鉴。

任何行为都是在内在和外在因素的共同影响下形成的，群体情感也离不开用户内在和外在因素的影响。

作为一个典型的内在影响因素，人格特质是真实世界用户行为的经典指标，人格特质是解释网络特别是社交网络用户行为的一个重要工具。外向型以及情感稳定的用户更喜欢使用社交网络，针对具体话题，人格特质很可能对群体用户的情感倾向产生重要影响。五因子模型是最著名的人格特质模型，该模型包括五个维度，分别是代表想象力、好奇心等的开放型人格特质，代表自律、责任心等的尽责型人格特质，代表同情心、善良等的宜人型人格特质，代表乐观、积极等的外向型人格特质以及代表忧虑、不安全感等的神经质人格特质。

有研究表明，不同特质的用户群体对特定主题有不同的情感倾向。例如，开放型人格属性较低的用户群体对宗教信仰等主题表达更多的是正面的情感倾向，反之则更多的是负面的情感倾向；尽责型人格属性较高的用户对家庭等主题更多持正面的情感偏好，反之则更多的是负面情感偏好。网络营销可以参照不同人格特质群体所对应的偏好话题，有针对性地对不同的群体推送不同主题内容，形成精细化的营销，提高营销效果。

除了用户内在因素对群体情感的影响，外在因素也会对群体用户之间的情感的形成产生影响。即网络特别是社交网络中的用户情感可能会通过交互影响其好友，并在不断交互中形成群体情感。群体交互中一个重要影响因素就是群体用户之间的关系强度。群体内用户的关系强度就是用户之间的亲疏程度，度量关系强度对分析群体中的信息交互，从而对聚合群体情感有很大帮助，而这些群体情感也是群体消费的重要推手。

社会学经典的"强链接的强度"和"弱链接的强度"理论指出，关系密切的朋友很有可能生活在相同或者相似的生活环境中，能够彼此信任，相互间的关系强度较强。随着 Web2.0 时代的到来，众多社交平台兴起，产生了大量带有时间戳的帖子，用户间通过频繁发帖产生互动。从时间角度观察发帖行为，可以发现其具有爆发性和间歇性，即发帖行为的密集爆发被长时间的静默间隙所分离。因此，营销商要把握好营销时机，借助发帖爆发期，大量采集用户数据，分析群体情感，调整营销策略。

第四节　网络营销战略及策略

网络营销能够快速准确地获得客户信息，将产品、广告、服务等营销活动组合在一起，突破时间地域的限制，最大程度满足消费者需求，提高企业竞争力。

一、三大竞争战略

美国的迈克尔·波特在 1980 年出版的《竞争战略》中提出"竞争战略"这个概念，并提出了成本领先战略、差异化战略以及专一化战略这三种竞争战略。竞争战略属于企业战略的组成部分，是指企业在相同价值产品竞争中采取的长期行为。

成本领先战略要求建立高效的批量生产设施，在经验的帮助下，尽一切努力降低总成本，密切关注生产成本和管理成本，将研发、服务、营销、广告和其他费用控制在相对小的范围内。为了实现这些目标，必须在管理中重视成本。尽管质量、服务和其他方面不能够忽视，但整个战略的核心是保持低的总成本，从而战胜竞争对手。企业的低成本意味着在其他竞争者因成本过高而退出市场时企业依旧可以盈利。

企业要赢得最低总成本的优势通常需要比竞争者更大的市场份额或者在其他方面有相对优势，例如，与原材料供应商保持着良好关系，或者产品设计优于他人，或者产品易于生产，从而能够保持较宽的生产线以分散固定成本，或者能够批量地为客户群进行服务，等等。总成本领先战略非常有吸引力，一旦企业赢得了这一优势，就可以将更高的利润率用于投资新设备和现代化设施，从而保持成本领先，这通常是保持成本领先的先决条件。

差异化策略是区分企业提供的产品或服务，使企业在整个行业中建立其独特性优势。实现差异化策略的方法有很多：设计知名的品牌形象、独特的技术、产品的性能特征、优秀的客户服务、全面的业务网络等。理想情况下，公司能够通过几种方式的组合拥有自己的特色。例如，卡特彼勒不仅因其业务网络和出色的备件供应服务而闻名，而且还因其产品的质量和耐用性而享誉全球。

如果企业能够成功实施差异化战略，尽管其建立的防御形式与总成本领先战略不同，但企业已经建立起应对其他企业的独特优势，这是为企业赢得高回报的积极策略。差异化战略有时与争取更大市场份额相矛盾，因为差异化也意味着企业的产品是面对特定的部分消费者而不是大部分具有通用需求的消费者，差异化战略通常需要公司为这种战略的特殊性做好准备，这种策略与市场份额的增长很难兼顾。在差异化战略的实施初期，高成本总是如影随形，有时即使客户全面了解整个行业的产品特点，也存在支付能力或者支付意愿不足的情况。

专一化战略，也称为集中化战略，是一种主要攻击某个特定的客户群、某个产品的细分市场或特定的区域市场的竞争战略。像差异化战略一样，专一化战略可以采用多种形式。尽管成本领先战略与差异化战略是为了在整个行业范围内建立竞争优势，但专一化战略是以服务特定目标客户群为中心思想，并且其制定和实施的每项措施都考虑了这一中心思想。该策略的前提是，公司的专业化效率可以更好地满足小范围的特定客户群，从而超越在较广范围内经营的竞争者。

实施专一化战略，公司可以通过满足特定受众的需求而有所作为，或者在向特定受众提供服务时实现低成本，或者在某些情况下同时做到这两方面，这些优势可以保护公司抵抗各种竞争压力，从而超过行业的大部分竞争对手。但是专一化策略通常意味着受限的总市场份额，必须把握好利润率和销售额之间的平衡。

二、网络营销策略的基本要素

企业营销策略是企业可以采取的管理实践，而不是纸面上的。首先，它必须确定企业的活动领域和发展方向，以及企业使命和目标体系等基本问题。

(一) 企业使命

首先，公司的使命是指企业战略管理者所决定的指导企业生产和管理的总体方向、总体目标、总体特征和总体意识形态。它反映了企业家的价值观和企业试图为自己树立的形象，揭示了企业与同一行业的其他企业之间的差异，定义了企业的主要产品和服务，以及企业试图满足的客户需求。

企业使命的问题是基于一系列看似简单但难以回答的问题，这些问题取决

于企业是什么、我们的企业是什么，以及我们的企业应该是什么。不同的企业
在不同的规模和发展阶段有不同的战略任务，通常包括：

1. 企业目标定位

作为企业，首先要明确的是："我们的企业为什么存在？"在企业内部，
企业生存、增长和盈利这三个经济目标决定了企业的战略方向。在战略决策
中，企业不仅可以专注于短期目标，还可以忽视长期斗争。在一个不断变化的
环境中，企业只有真正关注自身的长期增长和发展方向，才能蓬勃发展。

2. 企业理念定位

企业理念定位也被称为商业信念。这是企业高管和企业所持有的基本信仰
价值观的选择，也是企业的行为准则。企业可以相应地控制和约束自己的行
为。例如，美国电报电话公司（American Telegraph and Telephone Company）
提出了"通用服务"，日本日立公司（Hitachi）认为"坏产品在坏的心里"，
中国海尔集团（China Haier Group）提出"真诚到永远"，奥克马提出了"没
有最好，只有更好"等。这是一种来自不同方面的商业理念。

3. 公众形象定位

企业家必须努力满足公众的期望，保持良好的企业形象，履行对社会的
责任。21 世纪，企业良好的公众形象将成为影响消费者购买行为的一个重
要因素。例如，2000 年，四川一家公司向用户承诺，公众可以用任何品牌
的碱性电池废料来交换该公司生产的环保电池。与此同时，它还选择在购物
中心、居民区和学校等公共场所回收废旧电池。最后，该公司为废电池的安
全处理建立了有效的通道。客观地说，这种企业运动确实塑造了良好的公众
形象。

4. 利益集团定位

企业管理者还应充分考虑内部和外部利益集团的合理要求。企业内部利益
集团是指企业的董事会、股东、管理人员和员工。企业的外部利益集团是指企
业的客户、供应商、竞争对手、政府机构和公众。这些利益集团希望企业能够
以满意的方式从事生产和管理活动。例如，员工必须在经济收入、社会地位和
心理状态方面感到满意；股东要求一定的投资回报；客户要求购买廉价商品；
供应商希望企业能够长期使用他们的产品；竞争对手要求公平竞争；各政府部
门要求企业遵守法律法规；社区成员希望，由于该区域的商业存在，他们将能
够改善他们的生活，并在和平中生活和工作。

（二）企业目标

企业目标是指在企业的总体战略框架内为企业和员工提供的具体指导，以及企业在一定时间内将取得的预期成果。企业的目标是有时间限制的，目标制定的时间越长，目标中包含的具体内容就越少。一般来说，企业的目标包括以下三个层次：

（1）社会强加给企业的目标。如果企业要向社会提供所需的高质量产品和服务，企业的生产和管理活动必须考虑到可持续发展的目标，还要考虑到商业道德和社会责任的目标。

（2）公司的总体目标。它指的是将公司作为一个利益共同体的目标。例如，公司的目标是提高经济效率，公司应该提高自我改进和技术设备的目标，改善员工的生活和安全。

（3）公司员工的目标。员工个人经济收入的提高和员工职业兴趣的培养。

（三）经营范围

经营范围是指企业从事生产和经营活动的领域。它既反映了企业目前与外部环境交互的程度，也反映了企业计划与外部环境交互的要求。对于大多数公司来说，活动的范围必须根据行业、产品和市场来决定。企业决定其业务范围的方式可以采取多种形式。从产品的角度来看，企业可以根据其产品的特点来确定其活动的范围，如电力公司、钢铁企业等。企业也可以根据产品的技术水平来确定其活动范围，例如自动化仪器公司、光纤公司。

一般来说，企业使命与客户需求并不矛盾。在多元化经营的情况下，企业不能从某个行业的角度来界定自己的业务范围，需要从多个方向、多个层次来研究自己的市场和客户，如一家生产胃药的公司开始生产啤酒，并宣传"某冰啤酒，享四季之王"。事实上，作为一家同时生产胃药和啤酒的公司，这两种产品似乎互相排斥。因此，很难确保业务范围的准确定义。

（四）资源配置

资源配置是指过去和现在的资源和技能组合的层次和模式。资源配置的利弊将在很大程度上影响公司实现其目标的程度。因此，资源配置被认为是构成企业核心竞争力的基本资源配置，是企业实现生产经营活动的支撑点。只有采用其他公司难以模仿的方法，企业才能获得和使用合适的资源，形成独特的技能，在市场竞争中获得主动权。如果公司资源贫乏或处于不利的情况下，公司的经营范围将会非常狭窄，竞争优势将不会被讨论。1973年，Hofer研究了战略挑战和公司面临的挑战，认为资源配置是企业战略的组成部分，资源分配不仅是战略中最重要的方面，而且在确保业务成功方面比业务范围更重要。当公司面临重大战略挑战时，大多数成功的公司会有三种不同的反应：一是业务范围和资源配置发生变化；二是企业的资源配置模式发生了变化；三是只有那些改变了经营范围的公司和那些在面临重大战略挑战时没有成功的公司通常不会做出反应。这说明当企业所面临的外部环境发生变化时，通常需要对现有的资源分配模型进行或多或少的调整，以支持企业的战略行动。

（五）竞争优势

竞争优势是指由于对资源配置模式和业务范围做出正确决策，企业在市场中的竞争地位优于竞争对手。

自 20 世纪 60 年代以来，国际市场和国内市场的竞争日益激烈。单个产品和市场的特点可以为企业提供强大的竞争地位，企业的竞争优势来自于企业选择的资源和技能的应用。事实上，竞争优势可能来自公司在产品和市场上的地位，也可能来自对特殊资源的正确使用。更具体地说，竞争优势可以来自三个层面：第一，通过并购，寻求和扩大企业的竞争优势。第二，开发新产品，先于竞争对手进入市场。第三，为竞争对手保留或增加进入壁垒，如专利使用和贸易壁垒等。

三、网络营销的基本策略

在经济全球化、快速技术变革、新的商业方法和信息交换过程发生根本变化的背景下，战略管理的重要性日益显现。一个成功的企业通常可以在关键时刻抓住机会，这不是幸运与否的问题。如果人偶尔抓住一个机会并取得成功，他可能就会有翻天覆地的变化。但如果一家公司总是能抓住机会，它不可能只是运气好。因为他们有能力意识到机会，有明确的目标和相应的灵活性。企业所在国家的对外开放程度及其市场环境的持续改进，都会影响企业的战略和策略。在这种环境下，如果企业没有战略，它们将在激烈的竞争中失去发展的机会，甚至难以生存。所以企业应制定以下三个基本策略：

（一）产品战略

产品策略是混合营销策略的基础。在现代市场营销中，对产品概念的理解是广泛的，它是市场上为满足人们的某些需求而提供的一切，包括有形项目和无形服务。这与基于 4C 的互联网营销功能是一致的。

网络营销产品的内涵与传统产品的内涵存在一定的差异。特别是与传统营销产品相比，网络产品的营销水平有了很大的提高。在传统营销中，产品主要满足消费者的一般需求，产品分为三个核心，即产品本身、服务和利益。在网络营销中，产品具有四个属性，即公平性、虚拟性、成长性、超前性。公平性体现在所有的企业都站在同一条起跑线上；虚拟性是指实际地理空间的虚拟空间或虚拟社会；成长性是指互联网使用者数量快速上涨，且使用人口遍及全球，具有广泛的市场基础；超前性指互联网是一种功能最强大的营销工具，它同时兼具渠道、促销、电子交易、互动顾客服务以及市场信息分析与提供的多种功能。

（二）定价策略

企业制定的价格受到许多内部和外部因素的制约。内部影响因素包括公司的营销目标、营销组合策略、成本和价格组织。外部影响因素包括市场和需求的性质、竞争的宏观经济条件和其他环境因素以及政府的法律政策。网络营销可以节省很多不必要的成本，所以它的定价策略是多样化的，可以通过多种定价策略进行组合。

（三）渠道策略

又称销售渠道、分销渠道或营销网络，是指产品从企业向消费者传递的过程。传统的渠道主要是指代理的分销系统。在网络营销策略中，除了产品策略和促销策略，还需要根据公司的总体战略和不同的情况制定相应的渠道战略。

从企业发展的角度来看，战略对企业具有重要意义。由于业务的总体目标和业务资源的分配是在业务策略中确定的，业务成员可以理解任务应该在规定的时间内完成。这可以激励他们积极寻找有效完成任务的方法。战略管理允许优先考虑公司和部门的战略活动。战略的全球性质使雇员能够主动考虑与其他部委协调决策，从而对雇员的全球概念作出贡献，高级管理部门可以根据战略需要在各部之间合理分配资源，并根据战略目标监测和评价资源使用的效率，使企业不仅能够对竞争对手、客户和技术环境的变化做出反应，而且能够影响市场环境，从而积极应对市场环境的变化。

从宏观的角度来看，提出的战略不仅影响着单一企业能否获得和保持竞争优势，也深深影响了产业结构、市场竞争状况和整个产业方向。从微观角度来看，企业战略实施方法改进、优化组织结构等是企业自身保持活力、实现长期发展的内在要求，提高了整个组织的凝聚力和向心力。

第四章 网络营销管理

第一节 网络营销产品与服务

在网络营销中，产品和服务的概念与传统概念有一些区别，了解网络营销产品和服务的相关知识有助于更深入地了解网络营销。

一、网络营销产品和服务的概念

从市场营销的角度来看，产品通过市场供人们获取、使用或消费，以满足人们某种欲望或需要。广义的产品包括有形的商品、服务、人员、地点、组织、思想或它们的组合。从本质上讲，产品是满足组织或消费者的愿望并使他们愿意交换金钱或其他有价值的东西的利益集合。在传统营销中，企业产品的设计和开发是以企业为起点的，因此，消费者和企业在产品设计和开发的过程中基本上是分开的，客户只能被动地接受和反映，不能直接参与产品的形成、设计和开发。在网络营销活动中，消费者的个性化需求更加突出，借助网络的优势，消费者购物的主动性和选择性大大增强，消费者的个性化需求也更容易实现。因此，网络营销的产品概念不应该停留在了解企业能为消费者提供什么，而应该关注"消费者需要什么，消费者想要什么"，真正以消费者需求为导向。网络赋予了产品更深的内涵，在网络营销中，营销者应根据产品的新特点，采取不同于传统市场的营销策略来推广网络营销产品。

（一）传统产品的三个层次

根据市场营销学对产品的定义，手机、照片冲洗店、音乐会以及旅游产品等都是产品。但是，产品不仅仅是我们看到的实体产品或是感受到的服务本身，它还应是一个整体。在传统营销中，菲利普·科特勒将产品分为三个层次：核心利益、实际产品和附加产品。最基本的层次是核心利益，即客户购买的是什么研究内容，设计产品时，营销人员必须首先定义这个核心利益，这也是客户正在寻找的。在中间层，核心利益被转化为实际产品，这一部分包括产品或服务的特征、样式设计、质量水平、品牌名称和包装等。最后一层是附加产品，企业基于实际产品向客户提供其他服务和利益，这一附加产品必须围绕核心利益和实际产品来开展，使消费者的价值需求及体验得到最大的满足，即个人化、便利、快捷、丰富等，这时，网络产品所带给消费者的价值就是更深层次的。

（二）网络营销产品的内涵层次

尽管传统产品的三个层次在网络营销中仍然有借鉴意义，但是传统营销的主流营销活动都是基于交易双方面对面。在网络环境中，由于网络的虚拟性质，网络营销通常是人机相对的情况，改变了我们对满足消费者价值的产品的理解。网络营销是借助网络虚拟市场开展营销活动从而达到企业的营销目标。产品设计和开发的主导者已从企业变为客户。因此，网络营销产品的内涵与传统产品的内涵不同，其个性化水平要远远高于传统营销产品。对于网络营销产品，消费者希望满足他们对所有有形产品和无形服务的需求。根据网络营销产品满足消费者不同层次需求，网络营销产品可以分为五个层次：核心利益层、个性化利益层、附加利益层、潜在利益层和产品形式层。

（1）核心利益层是指消费者希望通过交易活动获得的核心或基本效用或利益。这种层次的利益是目标市场中消费者所追求的共同的、难以区分的利益。

（2）个性化利益层是指在网络目标市场中，每个细分市场甚至每个消费者都希望得到的满足自身个性化需求的总称。不同消费者对同一产品所期望的核心效用或效益通常是相同的。此外，不同消费者对产品所期望的其他效用往往表现出很大的个性化色彩，不同细分市场或不同个体消费者所追求的产品利益也富有个性。因此，个性化利益层也被称为期望产品层，即顾客在购买产品之前，对现有产品的质量、便捷性和特点有不同的期望。例如，网上聊天是人们追求社会需求的满足，但有些人是为了找朋友，而另一些人是为了宣泄个人情感，还有一些人完全是为了追求网上的社会体验，等等。

（3）附加利益层也称为扩展利益层。在网络营销中，附加利益层是指消费者在选择在线购物时希望获得的一些附加利益的总称。附加利益层是为了满足前两个级别产品利益的扩展需求，并帮助用户更好地利用核心利益，享受产品所带来的乐趣。它通常包括销售服务、折扣、信用、免费礼物等。网络产品丰富的附加利益还主要表现在网络产品所能够提供给消费者的信息价值、娱乐价值和顾客群体认同价值等。例如，一个网络游戏提供商或博客平台提供商，除了为网络消费者提供一个网络娱乐和网络信息沟通的平台之外，还为参与者提供了群体归属感和认同感，这也是网络产品的一种附加利益表现。而信息增值几乎是所有网络产品都能够提供的附加利益。

（4）潜在利益层是指整个网络营销的产物中可以满足消费者的潜在需求，除了核心利益、个性化利益、附加利益之外的，尚未被消费者意识到或不敢期待的产品利益。潜在利益层和附加利益层的主要区别是，产品的潜在利益层的缺失仍然可以满足客户的实际需要，但获得潜在利益层之后，消费者会得到极大满足，消费者的忠诚程度将大大加强。

（5）产品形式层是指凭借产品的核心利益、个性化利益和潜在利益传递给消费者的产品具体形式。实物类产品的产品形式主要包括产品的质量情况、组成材料、外形设计、包装等，服务类产品形式主要包括服务系统的流畅度、服务人员素质、服务时间地点等。

在现代信息技术的支持下，网络所能够提供的实际产品是异常丰富的。对于知识和信息类产品，如软件产品，其产品形式表现为：当它存储在实体中时，其实际产品形式是光盘；当它存储在网络里时，其实际产品形式是比特流。对于那些客户购买前不能体验的产品，营销者可以通过网络广告或包装宣传来提供有价值的信息担保，对于在网络上提供的这些信息产品，产品的视觉表达和描述就等于产品的包装。它也可以表现为一种在线服务，那些高度依赖储存的信息且能够分解成良好结构的客户交互的服务最适宜于通过网络进行交付。目前，旅游咨询、心理咨询、法律咨询和医疗咨询等在线服务发展势头迅猛，正是基于网络信息服务强大的资源优势和提供更多附加价值的优势。

二、网络营销产品和服务的品牌化管理

对于品牌管理的各种手段和方式，归根结底，都是为了改善外界对企业品牌的认知和评价，塑造良好的企业品牌形象，通过良好的品牌形象不断强化消费者对品牌的忠诚度，为企业创造价值。企业要建立和管理数字品牌，塑造良

好的网上企业品牌形象，应根据网络营销的特点做好以下四个方面。

（一）选择性做出企业承诺

企业承诺必须是真实、独特的价值建议，从而吸引目标客户，可以通过以下五点来构建企业承诺。一是企业要更快更好地完成企业的产品交付或者服务提供，给客户带来便利性；二是企业要在客户参与企业活动时体会到赢家的感觉，为客户带来成就感；三是企业要设计具有趣味性的游戏或者其他互动来吸引客户，为客户带来愉悦感；四是企业要使客户在消费过程中体验个性化，为客户带来独特性；五是企业要营造好企业的客户群体社区，为客户带来归属感。

（二）履行好企业承诺

数字品牌的承诺并非互联网独有，但互联网作为一种新媒体的独特之处在于其无与伦比的交互能力，以传统竞争对手无法抗衡的规模快速履行企业承诺。为了建立成功的数字品牌，企业必须充分满足客户的需要，这样才能将承诺转化为自身独有的交互模型。例如，企业利用互联网可以克服传统交易在时间、空间和记忆上存在的弱点，可以改善客户的购物流程，可以促进客户之间的交流与沟通。最好的经营商将为消费者提供一个完美的"终端对终端"的购物经历，将产品或服务的承诺直接送抵消费者手中。

（三）重新思考商业模式

当数字品牌经营者调整承诺和设计时，必须同时调整支持其业务的经营模式。对大多数成熟品牌的管理者而言，要想将业务移至网上，就必须首先对业务进行重新评估。在传统经济中，品牌是指消费者对某一产品或服务的特性、形象以及性能的总体认识和好恶度，而在互联网中，顾客的经历就是品牌，在消费者首次光顾网站、购物、送货以及售后服务的整个过程中，消费者网上购物经历的每个细节都有可能对数字品牌产生重要的影响。与传统意义上的品牌相比，数字品牌有能力获得更庞大的收入和利润来源，并且能够获取比传统商家更多的利润。要成功地创建数字品牌，品牌管理者需要重新审视互联网和品牌概念。传统品牌通过提供有限的解决方案来满足有限的客户需求，并已获得了长期的繁荣。然而在网上，客户已学会要求他们所光顾的企业能满足自己更加广泛的需求和欲望。想要在网上获得成功，企业必须创建全面成熟的互联网业务或数字品牌，以满足客户的这种期望。

（四）做好企业形象维护工作

企业品牌形象管理必须强调对公众评论、舆论的反应速度以及与公众保持最大的接触面，达到公众和企业之间建立起相互信任的关系的目的，并积极做好品牌危机管理，在品牌形象受到不利信息的冲击时，可以及时获得事件信息，对其做出快速反应并做好善后处理，重塑品牌形象。

在实践中，企业可以通过以下手段塑造并维护好企业形象。企业可以通过网络倾听公众对企业声誉的议论，尤其要留意欠佳的口碑，对声誉问题能防患于未然；也可以通过网络的有效表述，向公众传播有关公司的信息，阐述公司对公众所关心的问题的看法，增进公众与公司的感情交流。企业要慎重、从容地面对媒体，尤其在涉及暴露于公众面前的问题时，要与记者积极配合，并开诚布公，同时避免对不适合暴露于公众面前的问题进行公开讨论。

同时，企业要充分利用多种交流手段，如广告、BBS、E-mail 等，加强对外宣传和沟通。在瞬息万变的网络世界中，消费者将面对越来越多的选择，消费偏好也在不断变化，只有树立良好的品牌形象，牢牢地把握住消费者，企业才能建立起永续经营的基石。维护企业的声誉、树立一个良好的品牌是企业的一项长期而艰巨的任务。

三、网络营销新产品和服务的开发策略

与传统新产品开发一样，网络营销新产品开发策略也有下面几种类型，现分别予以分析。

（一）开发新产品

新产品策略通常由创新公司采用。在互联网时代，市场需求发生了根本变化，消费者需求和消费者心理也发生了巨大变化。因此，如果企业具有良好的产品理念和服务理念，即使没有资本，它也可能成功，因为许多风险投资人都愿意将钱投入互联网市场。例如，阿里巴巴由于其为商家提供免费在线中介服务的独特概念而迅速发展并获得了巨大的成功。新产品策略是网络时代最有效的策略，网络市场上只有第一没有第二，通常是赢者通吃。

（二）建立新产品开发线

互联网技术的普及速度非常快，使用互联网快速模仿和开发新产品是一种捷径，但是由于新产品迭代速度太快，企业不可能在产品遭淘汰后一次次被动开发新产品，企业要形成新产品开发线，主动快速开发新产品，与之前的产品形成产品线。

（三）现有产品线外的新增产品

现有产品线外的新增产品是现有产品线的一个补充，由于市场的不断细分和市场需求差异的加大，这种新产品策略是一种更有效的策略。一方面，它可以满足不同层次的不同需求；另一方面，由于在已经成功的产品上进行重新开发，因此可以开发风险较低的新产品。

（四）现有产品的改进或更新

现有产品的改进和更新即改进功能或改善感知价值并替换现有产品的新产品。在网络销售市场上，消费者可选择范围广，选择量大。在不断增长的消费者需求驱动下，企业必须不断改进其现有产品并对其进行升级，否则它们很容易被市场所抛弃。

（五）低成本产品

低成本产品是为新产品提供相同的功能，但成本较低的产品。尽管消费者在互联网时代关注个性化需求，但他们的消费更加理性，更加关注产品的价值和成本。在网络营销中，产品价格普遍呈现下降趋势，功能相同、成本较低的产品可以更好地满足日益成熟的市场需求。

（六）重新定位产品

重新定位产品是现有产品通过面向新市场或细分市场重新选择目标人群的策略。这种策略可以在网络营销的早期阶段考虑，因为网络营销面临着更广阔的市场空间，企业可以突破时间和空间的限制，以有限的营销成本占领更多的市场。在全球市场上，企业可以重新定位产品并获得更多的市场机会。例如，家用中档电器在通过互联网进入某个国家或地区之后，可以重新定位为高端产品，以扩大市场。

第二节　网络营销产品的定价

网络营销定价目标指的是企业通过制定、调整产品在网络营销中的价格所要达到的目标。企业网络营销定价的目标有很多，主要包括实现维持生存、当期利润最大、产品质量最优、市场占有率最大化等。不同的定价目标，要用不同的含义去定义，它们的运用条件也各有不同，这些都是企业制定价格的依据。

一、网络营销产品定价影响因素

许多因素都会影响企业的定价。这些因素来自方方面面，例如国家的政策、企业自身的生产效率、当下消费者承受的能力、企业制定的定价目标、市场供求关系变化、竞争对手的情况和水平等。从市场营销理论来看，产品价格的上下限分别取决于需求水平和成本。在这个上下限范围内企业制定价格的方式则与市场上同种产品的价格以及买卖双方的议价能力等因素有关（胡建宏和刘雪梅，2007）。所以，市场需求、同种产品价格、成本、交易方式等都会对企业制定产品价格产生重大影响。

（一）需求因素

从需求方来看，影响企业制定价格的主要因素有市场需求规模及与消费者有关的消费心理、收入水平、价格敏感程度、感受价值以及议价能力等。需求弹性即为因价格和收入变动而变动的相应变动率，一般分为需求价格弹性、价差价格弹性、顾客议价能力以及需求收入弹性几个类型。

（二）供给因素

从供给方来看，影响企业制定价格的主要因素则是成本费用，即生产成本和营销费用。其中，成本是价格的下限，因为价格必须保证盈利，即在补上生产分销和促销过程中产生的支出之外还要有所盈余。根据成本与销量之间的关系可以将成本分为固定成本和变动成本两类，固定成本与变动成本加起来就是总成本。固定成本是一定限定成本中不随产量变化而变化的部分；变动成本则正好相反。产品的最低定价应该高于总成本，即总成本要能收回。能对企业定价产生影响的成本费用主要是总固定和总变动成本、总成本、单位产品固定和变动成本以及单位产品总成本等多种因素。

（三）供求关系

从营销学的理论来看，这既是一门科学也是一门艺术。经济学上定价大体上还是遵循价值规律。这样一看，供求关系也是影响企业产品价格的一个基本因素了。由价值规律可知，当市场上这种产品供不应求，即处于卖方市场时，企业可以制定一个相对较高的价格，并随之调整策略；当市场上该产品供大于求时，企业则要实行更低的价格策略；而当供求均衡时，价格处于均衡价格处。所以价格不能偏离均衡价格过远。

（四）竞争因素

竞争因素主要考虑商品供求关系和它的变化趋势、竞争对手的定价策略目标和它的变化趋势。以竞争对手为导向的定价方法有低于他、与他同价、高于他三种。所以，企业制定价格策略的过程中一定要进行充分的市场调查，而且要树立一种既合作又竞争并且共同发展的健康竞争观念，从而达到双赢的目的。

二、网络营销产品定价策略

价格关系着业绩并直接影响利润。互联网时代，决策者为了使价格合理且具有强竞争力，必须站在一定的高度制定价格，这也是顾客的个性化需要和信息获取的便利所促成的。在企业的整个目标计划中定价的决策都处于一个很重要的战略位置。为了更好地实现企业目标，价格策略必须迎合整体的营销组合策略。

（一）低价渗透性定价策略

以一个较低的价格打入市场的目标是在短期内加速市场成长，这样牺牲了高毛利，但可以获得较高的销售量和市场占有率，企业可以取得更好的成本经济效益。在网络营销中，产品通过互联网渠道进行销售比传统渠道更加节约成本，所以价格比传统市场价格低。

具体来说，低价渗透性定价策略分为以下三种：

（1）直接低价策略，即在公布时价格就比同类产品低。这种情况下制造商一般在网上直销。例如戴尔的电脑产品定价比同类同性能的价格还要低上10%~15%。只有开展网络营销、电子商务的情况下企业才可以使用这个策略。

（2）折扣低价策略，是指公司发布的产品价格为在线销售和线下销售的统一价格，并且在线用户享有一定折扣的策略。这种定价方法使客户可以直接了解产品价格并阐明在线购物的好处，以吸引和促进用户购买。这种定价策略通常用于某些在线商店的营销活动中，通常以市场折扣价出售。例如，在Amazon上出售的图书通常会从折扣中受益。返利可分为现金返利、数量返利、功能返利、季节性返利、促销津贴等。为了鼓励消费者购买更多产品，卖家采用饥饿营销策略，通过折扣低价策略鼓励消费者提前支付。

（3）促销低价策略，尽管公司以市场价格向用户出售产品，但要达到促销目的，企业还必须为用户提供一定的利益，并变相降低销售价格。如果公司希望实现在线市场快速扩展，但是产品的价格没有明显的竞争优势时，则可以考虑采用在线定价策略。最常用的促销定价策略是诸如销售奖品和销售奖金等策略。

（二）个性化定制生产定价策略

定制产品定价策略是一种利用网络交互的特性根据消费者的特定需求确定商品价格的策略。网络互动使个性化营销成为可能，并使个性化定价策略成为在线营销定价策略的重要策略。

（1）定制生产内涵。作为个性化服务的重要组成部分，量身定制的生产是满足网络时代客户个性化需求的基本解决方案。定制生产可以根据客户对象分为两类：一类是面对工业组织市场的定制生产；另一类是面对大众消费者的定制生产。第一类工业组织市场上的生产主要需要通过产业价值链控制下游公司对上游公司的需求和成本，该产业价值链与下游公司合作进行设计、开发和生产零部件，以满足下游企业的需求。第二类面向消费市场的定制生产，由于消费者的个性化需求差异性大，加上消费者的需求量少，必须在管理、供应、生产和分销等环节都要适应小批量的生产和销售变化。

（2）定制定价策略。定制定价策略是企业在能实行定制生产的基础上，利用信息技术帮助消费者选择配置或者消费者自行设计能满足自己需求的个性化产品，同时消费者承担相应价格成本的一种策略。例如，美国汽车定制网站Local Motors 挂出了网站社区中所有汽车的设计链接，网民设计了自己想象中的汽车，吸引了 5000 多人参与之后的生产和限量销售。目前，这种允许消费者个性化定制订单的尝试仍处于起步阶段，消费者只能在有限的范围内进行选择，企业尚不能满足消费者所有需求。

（三）使用定价策略

所谓使用费，是指客户在通过互联网注册后可以直接使用公司的产品，他们必须根据使用次数付费，而不必完全购买产品。在传统的商业关系中，产品的购买和销售是完全产权式的，并且客户在购买产品后拥有对该产品的全部所有权。但是，随着经济的发展和人民生活水平的提高，人们对产品的需求越来越广，产品生命周期越来越短。许多产品在初次使用后便不再使用，多次购买是相当大的浪费。这限制了许多客户对这些产品的需求。要改变这种情况，消费者可以在互联网上使用类似的基于使用情况的定价方法。这减少了公司为了全部出售产品所进行的不必要的大规模生产和包装浪费，同时吸引了希望使用该产品来增加市场份额的客户。客户每次只支付使用费用，这意味着他们不必购买产品、安装产品、丢弃它们并避免其他不必要的费用。例如，淘宝卖家使用的许多软件都是基于使用价格的。通过基于使用量的定价，该产品通常被认为适合通过互联网传输，并且可以进行远程呼叫。以前，最合适的产品是软件、音乐、电影和其他产品。对于软件，例如用友软件公司在中国推出的网络管理软件，用户可以在网上注册后直接处理在线账户，而无须购买软件，也不必担心升级、维护等在线下载或使用特殊软件；对于电影，用户可以使用当前的视频点播（VOD）系统进行远程点播遥控，而无须购买录像带。如果WLAN 的带宽不足，将影响数据的传输，不可避免地影响客户的消费。

（四）拍卖定价策略

在线拍卖是一个快速发展的领域，也是最合理和面向市场的方法。经济学家认为，要形成最合理的价格，拍卖是最合理的方式。随着互联网市场的扩大，越来越多的产品将通过互联网进行拍卖。鉴于当前的购买群体主要集中在消费市场，因此个人消费者是当前拍卖市场的主要参与者。因此，在线营销定价策略不是当前业务的主要定价方法，因为它可能会损害公司最初的网络营销渠道和价格策略。公司的后期产品以及公司的一些新产品，通过展示投标起到促销作用，更适合于在线拍卖。比如国外拍卖网站 http：//www. eBay. com，可以在线公开拍卖这些商品。竞买人仅需在线注册，拍卖师即可向 eBay 提供有关拍卖品的相关信息，审查成功后即可在线拍卖。根据不同的报价方式，在线拍卖分为英式拍卖、荷式拍卖、最高报价密封拍卖、维克雷拍卖（也称为第二高价密封拍卖）、低价拍卖、线性拍卖等。英式拍卖等同于维克雷拍卖（Vickrey），荷兰拍卖等同于最高报价密封拍卖。根据拍卖品的不同类型，在线拍卖分为个人拍卖和组合拍卖；根据参与人数分为单边拍卖和多边拍卖；根据买方对商品的偏好，将其分为单值偏好拍卖和多值偏好拍卖。根据供求关系，在线拍卖方法如下：

（1）竞价拍卖：最大的金额与 C2C 交易有关，包括二手商品、收藏品或拍卖中出售的普通商品。例如，惠普发布了在线库存积压品以进行拍卖。

（2）竞价拍买：买方提供希望得到的产品信息、需要服务的要求和可以承受的价格定位，由卖方之间以竞争方式决定最终产品提供商和服务供应商，从而使买方以最优的性能价格比实现购买。该报价可以是公开的也可以是隐藏的，并且消费者与报价最低或最接近的商家进行交易。例如，在美国，与Groupon 和 LivingSocial 模型不同，新的 C2B 特价商品网站 offerby. me 要求用户为特定服务或产品类别设置自己的消费上限，该网站将提供适合其需求的价格。中国聚想要网也基于 C2B 平台，建立在用户消费需求的基础上，是新的 O2O 定向电子商务模型和 C2B + O2O 电子商务模型。该网站和模式致力于逆转数百万用户的传统消费习惯，并反向促进消费模型的平台更加透明和简化。

（3）集体议价：在互联网出现之前，国外许多零售商联合使用这种方法与批发商（或生产商）用数量交换价格。互联网的出现允许普通消费者以这种方式购买产品。

（五）声誉定价策略

声誉定价意味着，对于某些品牌产品，公司经常利用消费者心理来欣赏品牌并设定比同类产品更高的价格。例如，国际知名的欧米茄手表在中国的售价为一万至数十万元人民币。消费者购买这些品牌产品时，会特别注意品牌声誉，因为其极高的价格会给他们带来极大的心理满足感。

在网络营销定价策略发展的最开始，消费者仍然对在线购物和订购存有很多疑问，包括是否能保证在线订购的产品质量以及是否可以按时交付产品。因此，享有较高声誉的公司实施在线营销价格策略时价格可能会更高，反之价格则低一些。产品质量和公司形象最终凝结在品牌上，并以品牌形象表达。价格是品牌价值的有形象征。知名品牌产品的附加值较高。在网络营销中，良好地利用声誉来提高产品价格可以吸引客户并增加业务利润。由于在线营销出现得较晚，对于已经具有品牌效应并被人们认可的产品，在在线定价中，品牌效应可以得到扩展，并且网络推广和传统销售相结合可产生整合效果。

（六）差别定价策略

所谓的价格差异是指公司以不反映成本和费用比例差异的价格出售某种产品或服务。英国经济学家皮古（Pigou）首先提出了差别定价的概念，根据定价方式将价格分为三个层次：

一级差异价格（也称为全差异价格）是根据每个客户每单位商品商定的最高价格计算的。这种定价方式导致消费者无法享有任何消费者剩余，即消费者在购买产品时愿意支付产品的最高价格，而生产者获得了全部的消费者剩余。

二级差异定价，也称为间接差异定价，是指制造商将不同的购买分组在一起并对不同的组收取不同价格的定价方法。由于有关客户个人喜好的信息不完整，因此生产者只能通过消费者的自我选择来不完全地获取消费者剩余，这可能涉及同一客户或不同客户。

三级差异定价，也称为直接差异定价，是指基于不同客户所属市场细分的供应商定价。由于生产者可以观察到与消费者喜好有关的某些信息，例如年龄、职业、位置等，因此该信息可用于区分价格。二级和三级差异定价区别在于，后者使用直接的按需信息，而前者通过消费者自己的选择间接区分消费者。

差别定价在我们的在线营销中非常普遍，例如，淘宝"双十一"、反季节促销、预购折扣等。在现代营销定价策略中，差异定价已成为一种流行的定价方法。当不同的消费者购买商品时，他们的需求有强有弱，他们的支付能力有大有小，并且其他因素之间可能存在差异，因此不同价格的付出意愿不同。通过为不同的消费者设置不同的价格，可以最大化不同类别的客户的利益。实施差异定价比统一定价可产生更多的收益。网络营销公司由于网络的交互性而更容易获得有关消费者的信息，并据此设置不同的价格，这意味着网络营销对比传统营销而言更具有实施差别定价的条件。

网络营销可以通过采用差异定价来产生更大的利润，但是如果存在某些基本条件，在线营销就不能应用。

网络营销市场必须细分，每个细分市场必须具有不同的需求水平，即需求的价格弹性不同。对需求价格弹性较低的客户，企业可以制定较高的价格，对需求价格弹性较高的客户，企业可以制定较低的价格。细分方式多种多样，可以按地理区域、消费者职业、收入等进行细分。

以较低价格购买产品的客户不太可能以较高价格转售给他人。转售是消费者的一种套利交易形式。如果可以在购买者之间转售产品，那么即使是具有完整信息的提供者也无法为消费者实施差异化定价。

当网络营销人员针对产品的销售采用差异化定价策略时，竞争对手不太可能以低价竞标该市场。如果竞争对手能够以较低的价格在这个市场上竞争，那么客户将转向他们的竞争对手。

在网络营销中实施差异化定价时，市场细分和成本的控制不得超过引入差异化定价所产生的额外收入。同时，不能引起客户的不满和敌意。否则，客户可能会放弃购买，从而给企业造成损失。此外，也不能违反《中华人民共和国价格法》。

（七）免费定价策略

免费定价策略是为客户提供零价格形式的公司产品和服务，以满足客户的需求。免费价格策略是网络营销中常用的一种营销策略，主要用于产品的促销。此策略通常是临时和短期的。在网络营销实践中，免费价格策略不仅是促销策略，还是产品和服务的有效定价策略。

免费价格策略具有以下主要形式：第一，它是完全免费的，即产品（或服务）在购买、使用和售后服务的各个方面都是免费的。例如，《人民日报》的电子版可以在线免费使用。著名的因特网服务提供商美国在线（American Online，AOL）从创建之初，就为贸易展览地点、杂志封面、广告邮件甚至飞机提供了 AOL 免费软件。第二，限制式免费，即产品（或服务）可以有限次地使用，在一定时间后，免费服务将终止。例如，金山软件公司分发了 99 次WPS2000 软件。一旦使用次数用完，客户必须付费才能继续使用该应用程序。第三，部分免费，这意味着整个产品的某个部分或整个服务过程的某个部分的消费是免费的。例如，在著名研究公司的网站上发布的某些搜索结果是免费的，如果要获得所有搜索结果，则必须付费；在线视频网站将免费播放电影或VCD 片段，但需要付费才能观看所有内容。第四，捆绑式免费，这意味着用户在购买产品（或服务）时可以享受其他产品和服务的好处。例如，中国的一些互联网服务提供商发起了一项运动，免费发送 PC 以吸引用户。但是，实际上，这种业务模型等效于传统的市场营销模型，即分批使用在线账户付款的 PC。

网络营销中对产品实施免费策略受某些环境限制，并非所有产品都适用于免费策略。作为开放的全球网络，互联网可以在全球范围内快速交换信息。只有适用于互联网的产品才适用于免费定价策略。通常，免费产品具有以下特征：

（1）易于扫描。互联网是基于数字传输的信息交换平台。对于易于数字化的产品，可以在互联网上实现零成本分配，这与需要大量资金才能在运输网络上进行物理分配的传统产品有很大的不同。公司只需要将这些免费产品放在公司的网站上，用户可以在互联网上免费下载和使用。公司可以以低廉的价格进行产品促销，从而节省了资金。例如，思科在其网站上放置了一些升级软件，它的客户可以免费下载该软件，从而大大降低了原始免费升级服务的成本。

（2）无形。大多数免费策略通常都是非物质产品，只能通过某些媒体传播，例如软件、报纸、杂志、广播电台、电视频道、音乐产品、书籍等。这些无形资产可以通过数字技术在线传输。

（3）零制造成本。这里提到的零制造成本主要是指在产品开发之后，只需复制就可以实现无限量产品的生产。这与受设施、设备和原材料等因素影响的传统有形产品的生产形成鲜明对比。诸如上述软件之类的无形产品易于扫描，也可以通过软件和网络技术用于无限量的自动复印生产。通过对这些产品实施免费策略，公司只需投资开发成本，后期可以通过互联网进行产品的生产、促销以达到零成本。

（4）成长。采用免费策略通常旨在使用高增长产品来鼓励公司进入更大的市场并为未来的市场发展奠定坚实的基础。例如，为了占领日益重要的浏览器市场，Microsoft 使用免费策略来分发其浏览器以对抗 Netscape 浏览器，Netscape 浏览器逐渐失去一半的市场，最后它只能被收购。

（5）影响。免费定价策略的主要目标是促进市场增长，开拓新领域并对原始市场产生影响，具有免费价格的新产品很难培养未来的市场。例如，3721 网站制定中文域名标准解决中国人对英文域名不熟悉的问题，并采取了在品牌计算机上免费下载和免费预安装的策略。1999 年，在短短六个月的时间里迅速占领了市场。这对过去由外部世界控制的域名管理产生了巨大影响。

（6）间接收入是指企业在市场运作中使用价格免费的产品或服务而获得的收益，即可以帮助企业通过其他渠道获得收入。例如，雅虎通过免费搜索引擎和信息服务吸引了用户的注意力，该产品和信息服务已经改变了雅虎的在线媒体功能，并且雅虎可以通过发布在线广告来增加间接收入。这种收入也是大多数 PIC 的主要经济模式。

三、网络营销产品定价方式

在网络营销中，价格决策过程可分为几个不同且相互关联的步骤。

（一）确定定价目标

定价目标是指公司必须通过设置产品价格来实现的目标。公司选择定价方法并设定价格。不同的公司具有不同的定价目标，甚至同一家公司在不同的时间也具有不同的定价目标。因此，公司的价格目标不是单个目标，而是多个组成部分的组合。在网络营销中，公司的价格目标主要包括：以网络公司的生存作为价格目标，获得当前最大利润作为价格目标，占领最大份额的市场作为价格目标，建立并改善网站作为价格目标，尊重和防止竞争作为价格目标。

（二）分析与测定市场需求

对于想要确定市场价格策略的公司而言，分析和衡量市场需求是一项重要任务。首先，我们需要确定目标市场：谁是我们的客户？谁是潜在客户？可以通过细分来确定目标市场，然后分析市场总需求、客户需求（客户行为分析、心理、地理位置、消费习惯、消费频率、价格弹性、潜在客户规模等）。

（三）计算或估计产品成本

在线产品的初始成本直接影响产品的价格，并且是定价的最低经济限制。与价格相关的成本可以分为社会成本和商业成本。产品的社会成本是生产或经营该产品的所有类似公司的平均成本，或者是典型代表企业或地区的成本。社会成本是在线营销定价的直接基础。在竞争激烈的市场环境中，社会成本在市场价格形成中起着关键作用，因此必须作为企业定价的重要参考。商业成本是指企业在生产经营过程中发生的实际成本。商业成本应尽可能接近社会成本或低于社会成本。成本分析包括五个部分：第一，确定产品的成本组成部分。可以使用 ABC 成本分析方法，也可以使用价值链方法。第二，评估生产和销售对成本的影响，例如是否存在规模效应。第三，分析产品的成本优势。与竞争对手相比，成本优势在哪里。第四，分析经验曲线对生产成本的影响。经验曲线表明，在一定时期和一定范围内，平均成本随生产经验的积累按一定比例下降。第五，检查公司控制成本的能力。公司在控制研发能力、成本削减能力和供应商的议价能力方面能达到的程度。

（四）分析竞争对手的价格策略

对竞争对手的分析和了解是公司制定战略和策略的基础。为此，营销人员需要了解和分析以下问题：谁是竞争对手？它们的营销目标是什么？它们的优点和缺点是什么？它们采用哪种定价策略？实施效果如何？对公司有何影响？这样，公司可以有效地抵御竞争对手的攻击，并选择合适的时间攻击竞争对手，为其生存和发展腾出空间。

（五）选择定价方法

定价方法主要包括成本导向的定位方法、需求驱动的定位方法和竞争性定位方法。不同的定价方法有其自身的优势和劣势。

（六）确定最终价格

需求和成本限制了价格弹性的延伸。在最高和最低限制之间，与竞争有关的法律和道德因素也将影响给定价格的选择。在产品正式投放市场之前，公司可以进行"测试销售"以确定市场反应并根据消费者需求进行最终产品改进，并就价格咨询消费者的建议。一切准备就绪后，产品的最终价格将形成。

（七）价格信息反馈

产品的销售价格必须根据市场状况、竞争对手的价格和替代品的情况进行调整，因此，公司必须经常收集有关价格的反馈意见，以便调整产品的价格使产品符合消费者对产品的价格期望。这样更有利于企业维持该产品的市场占有率。

传统营销定价的基本原理也适用于网络市场，但是网络市场与传统市场之间存在很大差异，这使得网络市场定价方法与传统市场定价方法有很大不同。在网络市场中，基于成本的定位方法将逐渐被淡化，以需求为导向的定位和竞争性定位方法将得到不断加强，并将成为确定网络营销产品价格的主要方法。网络营销定价方法主要有以下三类：

1. 成本导向定价法

成本导向定价法包括成本加成定价法、盈亏平衡定价法和边际贡献定价法。

（1）成本加成定价法是基于产品的单位成本，加上与产品的单价相对应的某个预期的利润确定产品单价。其计算公式如下：

产品单价＝产品单位成本×（1+加成率）

其中，加成率为预期利润占产品单位成本的百分比，即成本利润率。

（2）盈亏平衡定价法，即保本定价法，指企业暂时放弃了对利润的追求，只求保本。这种方法主要适用于企业为了开拓网络市场谋求市场占有率和保证实现一定的销售量目标的情况。其计算公式如下：

单位价格＝总成本/预计保本销售量

（3）边际贡献定价法，即仅计算可变成本，不计算固定成本，而以预期的边际贡献补偿固定成本，获得相对收益的定价方法。所谓边际贡献，是指价格中超过变动成本的部分。例如，某企业生产10000件商品，全部变动成本为6000元，固定成本为4000元，每件商品的平均变动成本为0.60元，若按一般规律定价，商品的最低售价至少为1元，（6000+4000)÷10000＝1（元/件）。如果再加上一部分利润，商品价格就要超过1元。现在我们假设该企业考虑到特殊市场环境或出于网络营销的需要，在确定商品价格时，仅计算可变成本，不考虑固定成本，则商品的单价只要大于0.60元，就能获得边际贡献。如果商品单价能定为0.70元，企业就可获得1000元的边际贡献，固定成本损失将减少至3000元；如果能定价为0.80元，则边际贡献是2000元，用于补偿固定成本后，固定成本损失则减少至2000元。

2. 需求导向定价法

根据现代营销概念，公司的所有生产和销售活动必须集中在消费者需求上。需求导向定价是一种基于消费者对产品差异和市场需求状况的感知的定价方法，而不是直接基于成本的定价方法。需求导向定价包括购买者认知价值定价法和需求差别定价法。

（1）购买者认知价值定价法。买方的认知价值定价方法是一种基于买方对产品价值的了解和理解的定价方法。实施认知价值定价方法的过程：第一，公司通过网络向消费者展示产品，使消费者对产品的性能有第一印象，即产品的用途、质量、品牌、服务和其他要素；第二，进行广泛的市场研究，以了解消费者对商品价值的了解，以此作为定价标准，以确定商品的初始价格；第三，在比较成本和收入、销量和价格的基础上，分析定价方案的可行性并制定最终价格。

（2）需求差别定价法。需求差别定价法是将同种产品确定出不同的价格销售给同一市场上的不同顾客。这时的价格差别是销售者根据顾客的需求差异实行差别定价的结果。其主要定价方式包括以下四种：

1）因顾客而异的差别定价。即同种产品针对不同职业、收入、阶层或年龄的消费者群制定不同的价格。

2）因产品式样而异的差别定价。对样式不同的同种商品制定不同的价格。

3）因时间而异的差别定价。根据产品季节、日期及时长需求的差异制定价格。

4）因空间而异的差别定价。企业根据自己产品销售区域的空间位置来制定商品的价格。

3. 竞争导向定价法

这种定价方法主要针对于竞争，以竞争对手的价格为定价基础，以成本和需求为辅助因素。其特点是，只要竞争对手的价格保持不变，即使成本或需求发生变化，价格也不会改变，反之亦然。竞争导向定价法主要有流行水准定价法、竞争投标定价法和拍卖定价法。

（1）流行水准定价法。流行水准定价法即企业以同行企业的平均价格水平为基准定价。在竞争激烈的情况下，这是一种与同行企业和平共处、比较稳妥的定价方法。

（2）竞争投标定价法。也即竞争性拍卖定价法，其中招标单位通过网络发出招标书进行招标，选择其中最优的单位。对于投标单位，竞争投标定价方法的选择范围从呼叫单位扩展到投标单位，因此企业可以在更大范围内以更高的价格选择优秀的招标单位。对于投标人而言，竞争性投标定价方法不仅增加了产品的营销机会，而且还使公司能够实现更公平的竞争环境并创造业务发展机会。竞争投标定价法的定价程序包括三部分：①招标，由买方发布招标公告，提出所需产品或劳务的具体条件，引导卖方参与竞争；②投标，卖方或承包者根据招标公告的内容和具体要求，结合自己的条件，考虑成本、利润和竞争者可能提出的报价，在买方规定的截止日期内，将自己愿意承担的价格密封提出；③开标，买方在规定期限内，积极认真地选标，全面认真地审查卖方提出的投标报价、技术力量、工作质量、生产经验、资本金情况、信誉高低等，以此为基础选择卖方或承包商，并到期开标。

（3）拍卖定价法。拍卖定价法是指卖方强制拍卖行（或网站）公开销售到特定位置（或网站）以指导拍卖。买方报价，并运用买方的心理来竞争购买并选择最高价格。当前，许多拍卖行已经在互联网上进行了有益的尝试，并取得了快速发展。

商品的价格有广义和狭义之分。狭义的商品价格是指交易完成后支付的金额；广义的商品价格除一般商品价格外，还包括在谈判产品价格时的特殊条件，例如价格优惠、付款、分期付款、售后服务和其他促销措施。消费者受益于优惠条件的可能性反映了商品价格的水平。市场上大多数产品的需求是分散的，目标客户群的消费概念和消费心理各不相同，因此对于给定的产品，价格必须因地制宜。营销组合策略是一系列营销决策的核心，包括产品、价格、渠道和促销四个要素。其中，价格是最敏感的因素。网络营销定价策略必须与营销组合策略的应用相关联。结合营销组合策略的多价定价模型，可以为不同的消费者提供不同的服务，其目的是最大化消费者群。

第三节　网络营销渠道

销售渠道是以最具成本效益的方式将产品从生产者传递至最终用户所经过的、由各种中间机构连接所组成的渠道系统，也即公司内部营销部门和外部的各种中间商构成的销售网络，是使产品或服务能被使用或消费而配合起来的一系列独立组织的集合（于红和张巍，2013）。

一、网络营销渠道概述

网络营销渠道是指在电子商务环境下，企业利用互联网技术和方法将产品从产品生产者传递至最终用户所经过的各种网络分销商的结合。

（一）网络营销渠道的功能

不论是传统的还是网络的分销渠道，其主要功能都是把产品从生产者转移到使用者，克服产品和服务的生产和使用在时间、地点和所有权上的不一致。为了执行此任务，"渠道"不仅负责交易功能，还承担许多其他重要功能。

1. 传统分销渠道的一般功能

分销渠道以转移产品为主要职能，同时具有产品或服务所有权的转移、信息沟通、谈判、融资、分担风险、付款、实体服务等功能。分销渠道功能简单介绍如下：

（1）信息沟通。因为分销系统离客户很近，所以它可以访问和传达有关潜在客户和实际客户、竞争对手和其他参与者的信息，同时为客户提供有关产品沟通的令人信服的信息。因此，分销渠道传递的不仅是产品或服务，还包括各种有用的营销信息。

（2）融资。生产商和各层次中间商互相提供资金方面的支持，以及有业务往来的各公司之间相互提供资金支持，有助于降低资金使用成本，提高资金的使用效率，形成双赢的局面。

（3）谈判。就产品的价格和其他条件与顾客进行谈判，以达成一致，实现所有权的转移。

（4）风险分担。营销渠道承担其经营过程中的风险，它分担了一部分生产商的风险，当然也会分享一定的收益。

（5）实体服务。产品从生产商到用户的转移需要一系列的运输、存储甚至加工服务，通常由分销渠道提供，并且比制造商自己的处理效率更高。

2. 网络分销渠道的功能

由于基础设施的不同和消费者行为的变化，传统的分销渠道已对环境变化做出了积极反应。新的基于互联网的分发渠道不同于传统的分发渠道，并且其功能发生了一些新变化。它与信息经纪人、交易中介、直接交易、商业服务组织和技术支持集成在一起。

（1）中间信息服务。即满足用户特定信息的需求和相关交易中各种信息的收集和发布。尽管制造商和消费者可以通过网络工具获得大量信息，但是需要对该信息进行分析和分类，以使其成为有价值的信息，否则会加重双方的负担。在具有大量信息的互联网上，中间信息服务可以响应买卖双方对有效信息的需求。

（2）交易中介功能。即构建专门的网络平台以构成虚拟市场，为生产者和消费者提供交易场所。由于对安全性、经济性、商业惯例等敏感，生产者和消费者希望建立网络空间认可的类似于传统交易平台的虚拟市场，网络分销商可以独立为生产者和消费者提供服务。

（3）直接交易功能。即传统网络交易模式下的分配交易功能的扩展，而分销商则充当交易活动的直接参与者以执行商品交易。尽管电子商务促进了直销模式的发展，但通过网络分销渠道进行的间接交易仍在许多领域占有一定份额。

（4）商业服务功能。即为参与电子商务的买卖双方提供一系列的金融、保险、物流和补充法律服务。专业分销商提供的辅助服务可能会产生规模效应和经济利益，从而提高公司的整体竞争优势。商业服务已成为所有商业活动的重要竞争领域。

（5）技术支持功能。快速、便捷和交互式互联网功能增强了网络的分销渠道与消费者和供应商之间的通信，同时提高了他们的技术支持能力。通过网络提供在线技术支持将成为未来网络渠道增值服务的重要领域。与传统的分销渠道相比，所有交易活动的交易和融资功能逐渐减弱，而信息服务功能（如支付、保险、物流协调和法律服务）则被削弱。由于电子市场不断发展、虚拟市场和信用体系的不完善等，由网络分销商承担的市场风险也更大。网络分销渠道提供的增值服务和集中交易功能通常可以有效地汇总全球分散的资产，降低交易成本，并产生规模经济，真正体现了电子商务的竞争优势。

（二）网络渠道与传统渠道的比较

由于网络技术的广泛应用，网络分销渠道与传统分销渠道在许多方面都有所不同，下面从渠道的作用、结构和费用等方面对两者进行比较。

1. 作用比较

菲利普·科特勒认为分销渠道是指使产品或服务能被使用或消费而配合起来的一系列独立组织的集合。除了生产者和消费者之外，传统的分销渠道通常还有许多独立的中间商。在许多情况下，商品或服务都不能直接由生产者销售给消费者，而是必须通过中间商才能实现所有权的转移。传统的分销渠道在实现了商品所有权转移的同时，完成了结算和分配功能，解决了产品生产与需求在时空方面的矛盾。在网络营销渠道方面，产品制造商可以直接与最终用户打交道，与传统渠道相比，网络渠道的作用发生了很大变化。

（1）网络渠道提供了一种双向的信息传递模型，可以促进生产者和消费者之间的通信。对于产品生产商，网络是传播信息的主要渠道。生产者可以使用网络发布公司简介、产品信息（如产品类型、规格、型号、价格等）以及促销信息。利用网络的视频、音频和文本传输功能以及不受时间和地理位置限制的特性，生产者可以为网络的理性用户提供更多有针对性的信息和相关产品信息以帮助消费者做出购买决定。同时，生产者还可以及时依靠产品和客户数据，在短时间内根据消费者的个人需求生产和购买商品，并有效地控制库存。对于消费者而言，在线渠道允许最终用户直接向生产者下订单，从而改善了生产者与消费者之间的沟通。最终，在线渠道导致业务活动和信息流的紧密集成，使其更加高效。

（2）网络渠道是公司销售产品和提供服务的快速途径，进一步加强了所有权转移。消费者可以直接在网上选择和购买所需的产品，然后直接通过互联网支付所有权费用，这比传统渠道更快、更方便。网络渠道的在线支付功能也加快了资金的流通速度，其效率得到了极大的提高。

（3）公司可以通过网络提供技术培训和为用户提供售后服务。基于互联网的在线服务是企业为客户提供咨询、技术培训和消费者教育服务的平台。它在建立公司网络形象方面起着重要作用。产品流通过程包括信息流、业务流、资金流和物流的传输，而在网络相对发达的情况下，信息流、业务流和资金流可以直接完成，实体移动必须始终通过传统渠道进行存储和运输来完成。但是，每个公司不一定都需要在自己的业务领域中建立完整的物流配送系统，也可以通过物流在不同区域和不同链接中进行货物的物理配送。因此，更有效地协调物流系统成为了关键。从这个角度来看，如果网络分销商可以与物流供应商建立有效的协调机制，那么他们仍然比传统分销商更高效。

（4）网络渠道虽然为企业进行业务洽谈提供了场所，但由于虚拟网络自身存在的不安全因素和网络技术限制等，通过网络进行的业务谈判在其可操作性、可信度、成功的概率等方面都不如传统的面对面谈判，尤其在复杂购买情况下，网络渠道明显地处于劣势。

2. 结构比较

在传统营销渠道中，除去处于渠道起点的生产者和处于渠道终点的最终用户，商品在流通中经过的每一个直接或间接转移商品所有权的中间机构就称为一个流通环节或中间层次（如代理商、批发商、零售商等）。传统的营销渠道可以根据中间环节分为直接分销渠道和间接分销渠道。生产者将其产品直接出售给最终用户，这是直接的分销渠道，即直接销售。包括一个或多个中介的其他营销渠道称为间接分销渠道。

根据中间商的数量，营销渠道可以分为几个级别。直接分销渠道没有中间商，可称为零级渠道。间接分销渠道根据其包含的中间环节的个数分为一级、二级、三级，甚至多级渠道。在传统营销中，直接分销渠道更多地适用于产业市场分销，如大批量的原材料和零部件都通过直接分销渠道抵达用户。间接分销渠道在消费者市场营销中占主导地位，这主要是由消费者购买的特点决定的。根据是否通过中间商，网络营销渠道也可以分为直接分销渠道和间接分销渠道。但是，过去在互联网上有效的信息交换改变了传统营销渠道的复杂关系，简化了渠道结构。

3. 费用比较

无论是直接分销渠道还是间接分销渠道，网络分销渠道的结构都相对简单，大大减少了流量，降低了交易成本，缩短了销售周期，提高了营销活动的效率。当公司使用传统的直接分销渠道（即直销）时，通常会采用两种方法：单层次直销和多层次直销。单层次直销是指企业招聘业务员，直接把产品销售给用户；多层次直销是形成一个一个销售小组，把产品销售给用户。

商店中没有直接销售意味着公司不创建任何商店，而是通过向每个用户派出推销员来直接销售产品。卖方出售产品后，收到的订单将退还给公司，公司将产品提供给用户。这样，公司必须支付卖方的薪水、每日销售成本和相关的产品流通成本。直销是指消费者通过展示柜或柜台直接销售，企业不仅要支付员工的薪水，还要支付租金、装修成本和相应的库存成本。采用传统的间接分销渠道销售产品，中间商参与得越多，流通成本就越高。

公司还必须通过电视、广播、报纸和期刊等媒体开展大量广告活动，每年的广告投入也相当可观，并开展各种促销活动。这些都是在不同的时间和场合完成的。与传统渠道相比，网络渠道可以通过使用功能强大的互联网有效地减少人员和站点成本。通过网络的直接分销渠道销售产品，网络管理员可以替换大量的供应商，直接在互联网上接受世界各地的订单，然后将产品直接发送给买方。在此过程中，公司仅需支付网络管理员的薪水和不昂贵的互联网接入费，即可为卖方节省大量空间和销售成本。由于网络的间接分销渠道仅包含一级分销商，因此完全消除了传统间接渠道的弊端。通过互联网强大的传输功能，商品交易中心可以完全担当信息中间人的角色，并将中间商的数量减少到一个，同时为使用分支机构或网络的批发商和零售商提供其他物流配送系统，效果是降低了商品的交易成本。

互联网的双向信息传播功能还为企业提供了更方便的发布信息和开展促销活动的方式，从而降低了广告成本。

二、网络营销渠道分类

在传统的营销渠道中，中介机构占有非常重要的位置。因为使用中介机构可以在产品供应和进入目标市场方面获得最大的效率。中介机构依靠其贸易关系、经验、专业知识和大规模运营来产生通常比自家商店的业务利润更高的利润。但是，互联网的发展和应用已经通过网络代替了传统中介机构的优势，从而在网络环境中创造了新的发行渠道。根据不同的标准，可以对不同的网络分销渠道进行分类。具体的分类标准和类型如下：

（一）网络直接销售

网络直接销售是指生产商通过互联网直接向客户出售产品的分销渠道，通常适用于商品和工业市场中的企业对企业交易。在网络化的直接销售中，生产公司可以创建电子商务网站，让客户直接从该网站订购，然后与某些电子商务组织（例如网上银行）合作，直接在网上结算付款，这大大简化了支付流程。在分销方面，数字产品可以选择使用网络技术直接将产品传输给用户，对于非数字产品，可以通过与物流公司合作建立高效的物流系统。

目前，许多公司都有自己的网络直销网站。因为网络直销不仅打开了进入全球市场的大门，还为中小型企业提供了与大公司竞争的平台。首先，生产者可以直接联系消费者，获取第一手信息并开展有效的营销活动。其次，网络直接销售减少了流通量，既节省了买卖双方的成本，又产生了经济利益。网络直销大大降低了公司的营销成本，并使它们获得了价格优势。同时，消费者可以节省决策时间，并购买低于现货市场价格的产品。最后，网络直接销售使企业可以使用在线工具（例如电子邮件、公告栏等）直接接触消费者，快速了解用户的需求和意见，向客户提供技术服务以满足这些需求、解决问题并改进产品以及公司的管理质量。

当然，网络直销也有其弊端。随着互联网的发展，越来越多的公司创建了自己的网站。面对大量参差不齐的域名，消费者很难有耐心地一一访问，大多数在线访问者只是快速浏览一下。对于中小型企业，网站的访问数量很少，并且无法实现预期的效果；互联网允许企业直接与所有客户打交道，但这仅是一种可能性。多如牛毛的商业网站，不是所有网站都能获得有效访问。只有那些真正具有独特功能或者市场需求大的产品网站才会有更多的访问者，直接销售才可能更多。互联网给企业带来的最现实的问题是"赢家通吃"。要解决此问题，首先需要创建一个专门从事网络业务活动的网络信息服务中心。其次是利用网络销售渠道，能够提供直销的机会，实现更少的环节、更快的速度和更低的成本。买卖双方确定产品信息，然后签订在线协议以进行在线交易。最后，通过物流运输、配送系统运送货物，并为买方提供售后服务完成商品的最终交易。

网络直销过程分为六个步骤：

（1）消费者进入企业网页查看企业信息；

（2）消费者通过购买对话框填写购买信息，包括名称、地址，所购买产品的名称、数量、规格、价格；

（3）消费者付款，可以通过信用卡、电子货币、第三方支付平台等支付方式；

（4）公司或商家的客户服务器确认付款是否被批准；

（5）客户服务器在确认消费者付款后，通知主管部门将货物出库；

（6）银行等在线结算机构负责将发票传输给消费者。

（二）间接网络销售

间接网络销售指生产商通过集成了网络技术的中间商将产品出售给最终用户的销售方式。通过网络进行间接销售克服了直接网络销售的弊端，网络成为了商品交易的中间商。首先，由于这些专业的网络中间商机构具有良好的声誉，能降低买卖双方的风险，保证双方的利益。其次，网络中间商收集了大量的产品信息，当消费者访问中间商网站时，消费者可以获取不同生产商类似产品的信息，而生产商能通过相同的交易平台与消费者进行交易，极大地简化了交易过程，加快了交易速度，方便了生产者和消费者。尽管在这类机构中仍有许多问题需要解决，但是它们在未来虚拟网络市场中的作用很难被其他机构取代；尽管网络的发展使直接网络销售得以充分发展，但间接网络销售仍具有生存空间，许多中小型中间商仍具有生存空间。

网络间接销售主要通过在线商品交易机构进行商品销售。在此交易过程中，网络产品交易中心使用先进的通信技术和软件将供应商、买方和银行紧密联系在一起，以向客户提供有关市场、产品交易和结算的信息，付款结算、物流和分配等服务。网络间接商品交易的过程可以分为四个阶段：

（1）买卖双方在网上商品交易中心发布各自的供求信息，为参与者提供大量的交易数据和市场信息；

（2）买卖双方选择合适的贸易伙伴，并在在线交易中心指示下签订合同；

（3）买方在网上交易中心指定的银行进行付款结算；

（4）网络交易中心负责通过分销中心将卖方的货物交付给买方。

三、网络渠道的建设与管理

（一）网络分销渠道的建设

网络分销渠道的建设具体遵循以下三个步骤。

1. 确定产品要求的服务水平

美国戴尔公司通过网络直接销售每天可创造超过 400 万美元的销售额。这种认识使信息技术行业的巨头 IBM、HP 等非常尴尬。最明显的原因之一是它们的市场价值远远低于戴尔。戴尔之所以能够迅速形成网络直销的良性循环，是由于以下原因：首先，计算机产品本身的价格相对较高，因此其分销成本相对较低。其次，虽然戴尔组件由产品制造商定制，但它本身也是生产者，并已经形成了知名品牌，因此它赢得了忠实的客户并形成巨大的销售规模。尽管有一些类似戴尔公司的成功案例，但是由于各种产品的自然属性和用途，并非所有产品都适合网络销售。如果供应商盲目地破坏了原有的经营系统，跨过所有分销商并直接与经销商和最终用户打交道，那么负担就会加重。因此，在设计网络分销渠道时，必须首先分析产品特性，确定产品是否适合网络销售，以及需要哪种类型的网络交付系统。

在进行产品因素分析时，主要考虑产品的性质、产品的模式、产品和服务的标准化程度、产品的价值、产品流通的特征，以及产品市场的生命周期等。例如，信息产品和软件可以启用在线分发、培训和在线服务，从而降低营销成本，以更适合网络销售。此外，某些产品目前不适合在线销售，但随着网络技术的发展，消费观念和消费水平的变化，在线销售也可能在未来实现。

2. 选择网络分销商

在网络营销中，大多数公司不仅创建了自己的网站，而且还使用网络间接渠道（例如来自信息服务提供商或商业中介的信息）销售产品并提高业务影响力。因此，对于网络营销公司，有必要根据其产品的特性、目标市场的定位以及企业的总体战略目标来适当选择网络分销商。选择不当的话就很有可能给企业造成巨大的损失。在筛选网络分销商时，企业应充分考虑服务水平、成本、信用和特色等。

（1）服务水平。网络分销商的服务水平包括独立进行促销活动的能力、与消费者进行交流的能力、收集信息的能力、物流和分销能力以及售后服务能力。例如，对于中小型企业而言，重点是研究和开发产品，而在销售网络中，则需要高级分销商来帮助它们与消费者沟通，收集市场信息，提供良好的物流体系和良好的售后服务。一个强大、成熟的公司通常仅通过网络信息服务提供商接收需求信息，它不需要网络中介来执行特定的营销活动。

（2）成本。此处的成本主要涉及公司从网络分销商服务中受益的成本。这些费用包括商品贸易中介机构的降价、促销支持成本，在中介服务网站上创建首页的成本，维持正常的运营成本，以及获取信息的成本等。不同分销商成本差异是不同的。

（3）信用。此处的信用是指可用于网络分销商的信用量。由于网络的虚拟性质和交易的远程性，买卖双方不确定在线交易的安全性。在当前无法有效认证不同网站的情况下，网络中介的偿付能力至关重要。在虚拟网络市场中，信誉是质量和服务的保证。在网络分销中，生产公司应通过信誉更好的中介机构建立品牌和为消费者服务。缺乏信誉的网络分销商将对品牌塑造产生负面影响，并增加不安全感。因此，选择网络分销商时要注意信用等级。

（4）特色。网络营销本身体现了个性化服务，可以更好地满足在线消费者的个性化需求。由于受文化素质、经营理念和运营商经济实力的影响，每个网络营销网站在设计和更新过程中应体现不同的功能。在选择分销商时，制造商必须选择一个与其目标客户群的消费特征相匹配的典型网络分销商，以便充分利用网络销售并产生经济利益。

（5）网站流量。网站流量的大小反映了网站客流量的大小，其是实现网上销售的重要前提。选择网络分销商时，应尽量选择网站流量大的网络分销商，以促进网上销售，并扩大公司在网上的知名度。

3. 确定渠道方案

企业在进行产品定位、明确目标市场后，应对影响网络分销渠道决策的因素进行分析，进而进行渠道设计，确定具体的渠道方案。

（1）选择渠道模式。选择渠道模式就是对直接分销渠道和间接分销渠道的选择。公司可以根据产品的特性、公司战略目标的要求以及其他各种决定因素选择直接网络销售或在线间接销售。公司还可以在使用在线直销的同时在其网络上打开间接销售渠道，在线直销是许多西方公司采用的混合销售模式。在买方市场情况下，通过多种渠道"进入市场"要比通过多种渠道销售产品容易，这增加了销售额。可根据企业产品对网络分销的适应性和网络分销渠道承担分销功能的多少，选择辅助促销型、简单销售型、服务分销型或战略分销型渠道模式。

（2）确定中间商数量。确定中间商的数量即确定分销渠道的中介的数量。在网络分销中，分销渠道大大缩短，公司可以通过选择一些中间商（例如信息服务提供商）来弥补信息覆盖范围的缺口并扩大渠道宽度。可以从以下三种策略中选择并确定网络代理的数量：

1）密集性分销渠道策略，即选择尽可能多的分销商来销售自己的产品，从而使客户随时随地购买产品，一般适用于廉价的日用品。

2）选择性分销渠道策略，是指在一个地区仅选择有限数量的经过精心挑选的分销商来销售其产品，分销商之间的竞争是有限的，这为客户提供了安全性和信心。它通常适用于笨重耐用的消费品。

3）独家分销渠道策略，是指仅选择一个精心挑选的分销商在给定区域内销售其产品，它提供独特、昂贵且稀有的产品或服务。

（3）明确渠道成员的责任和权利。在渠道设计过程中，还必须明确每个渠道成员的责任和权利，以限制每个成员在交易过程中的行为。如果生产公司向网络中介提供了供应保证，如产品质量保证、退货保证、降价信息、广告促销帮助等，则分销商会提供市场信息、各种统计数据并应用生产者价格政策，确保服务水平及渠道信息流通等。在确定连锁成员的责任和权利时要谨慎，要考虑各种因素，并与有关方面积极合作。

（二）渠道管理

在选择了信道分布模型并确定了特定的信道平面之后，信道进入了一个相对成熟的阶段。目前，制造商还有很重要的工作要做——渠道管理，渠道管理一直是制造商面临的严重问题。在网络营销中，由于使用互联网，企业大大缩短了渠道的长度，减少了中间环节，互联网的开放性和自由性也加强了成员之间的沟通。因此，与传统渠道相比，网络条件下的渠道冲突已大大减少，但是渠道冲突也是不可避免的。

1. 渠道冲突的主要表现

通常，网络渠道冲突可分为四种类型：水平冲突、交互冲突、垂直冲突和多渠道冲突。水平冲突发生在渠道中同一类型的渠道之间，交互冲突发生在不同类型的代理之间，垂直冲突发生在不同级别的渠道成员之间，如制造商之间的中介，多渠道冲突发生在不同渠道之间。网络渠道冲突主要有以下形式：

（1）当制造商选择销售网络中多个分销商的产品时，由于时间和地理条件的限制，每个分销商可以同时在线与所有用户进行交易，从而引起冲突以增加销售量，分销商将以折扣价出售，减少每个人的利润。

（2）不同的中介机构对定价政策、折扣服务和激励政策的满意度不同。

（3）当制造商要求中介机构提供某些服务时，中介商实际上并没有实施特定的服务，也没有展开促销、信息收集和反馈工作。

（4）当制造商进行直接和间接销售时，其直销活动可能会影响中介机构，从而导致生产商与制造商之间以及中间层的冲突。

2. 渠道冲突的根本原因

（1）角色不一致。渠道成员的角色是每个渠道成员可接受行为的范围。每个成员应在"链"中发挥良好作用。当渠道成员的行为超出其他成员的可接受范围时，角色不一致的情况会发生，这可能导致冲突。例如，如果制造商延迟交货，分销商将非常不满意。

（2）意见分歧。意见分歧指的是渠道成员对某事物的不同理解和不同反应。例如，不同的中介机构对与制造商的合作广告计划可能有不同的看法。一些分销商认为这可以促进产品的销售，从而使他们获得更大的折扣。一些信息服务提供商考虑使用其网页做广告的机会成本，因此可能对该计划不感兴趣。

（3）决策差异。主要问题是制造商或分销商是否有权决定产品的最终价格，以及分销商是否有权转售产品。

（4）目标位置错误。渠道的不同成员的目标可能无法实现。例如，分销商希望获得更大的折扣、更快的交货速度、更低的付款额和更多的佣金以获取最大的利润，而生产商希望分销商要求更少的折扣和佣金，投入更多的促销费用等。

（5）资源稀缺。资源稀缺是指由有限的资源分配引起的冲突。例如，当采用间接销售方法时，制造商仍然保留较多的客户作为直接销售客户。

（6）成员信用。尽管互联网加强了沟通，但渠道成员的信誉尚未得到验证，网络条件下的渠道成员信用问题也可能导致渠道冲突。目前，关于渠道冲突的利弊存在许多争议。一方面，某些渠道冲突会刺激竞争并导致渠道成员产生危机意识。例如，尽管跨多个渠道销售同一产品会造成渠道冲突，但这可能会增加销售额、扩大产品覆盖面并迫使渠道成员进行创新。另一方面，过多的渠道冲突会降低效率。

3. 管理与解决冲突

从生产者的角度来看，有必要管理渠道并协调渠道成员之间的关系，以使每个渠道成员都满意。生产者可以通过四种通用方法来管理和解决渠道冲突：说服、解决问题、谈判和法律。

（1）说服。生产者通过修改链中其他成员关注问题的观点或决策标准来管理冲突，以激励整个渠道为同一目的而工作。

（2）解决问题。生产者正在努力寻找所有成员都可以接受的解决方案。采用这种方法是基于各方的高度信任与合作。

（3）谈判。谈判是一种调整现有利益并进行重新分配的方法。卖方通过与每个渠道的成员进行谈判以达到解决渠道冲突的目的，从而平衡每个成员的利益。

（4）法律。事实表明，当采用这种方法时，渠道成员为达成可接受的计划所做的努力都失败了。可以通过争端仲裁或中间调解解决冲突。

除了上述方法外，还有许多方法可以管理和解决渠道冲突，例如敏感性培训。敏感性培训是指渠道成员了解潜在冲突区域并找到方法以在底层退化之前消除它们的能力。敏感性培训要求渠道成员相互信任和合作，以实现消除渠道成员之间障碍的目标。在管理和解决渠道冲突时，供应商可以根据特定情况选择一种或多种方法来有效地管理渠道。

第四节　网络广告与促销

网络广告和促销借助网络技术传递产品和服务的存在、性能、功效及特征等信息，其建立在计算机和通信技术基础之上，并且随着计算机和互联网技术的不断发展而不断完善。

一、网络广告

网络广告，通俗地说就是在网络这种媒介上所进行的广告活动。谈到网络广告，一定要知道一个网站，那就是美国 1993 年开始发行的平面杂志《连线》（*Wired*）旗下的"热线"（Hot Wired）网站。1994 年 10 月，"热线"开始在网站上招收广告以支付其开销，这是网络广告最早的雏形。经过多年的发展，目前网络广告已经衍生出多种类型，也有众多优势。

（一）网络广告的类型

1. 付费搜索

付费搜索广告（Search Engine Ads）主要指搜索引擎及其细分产品的各类广告，包括排名类产品（竞价排名和固定排名内容定向广告，如百度精准广告）、品牌广告等多元广告。

2. 品牌图形广告

品牌图形广告具有多种形式和多种显示方式，引人注目并引起了公众的关注。它们一直是中国网络广告市场的主要形式之一，但准确性不高。主要包括按钮广告、带鼠标检测的弹出窗口、浮动广告、图像广告、摩天大楼广告、横幅广告、全屏广告、配对广告、窗口广告、导航栏广告、焦点地图广告、弹出式窗口、后盖投资广告和其他形式广告。其中，横幅广告更为常用，例如原尺寸广告等，它们是在 GIF 等格式中创建的图像文件，主要用于表达广告内容。同时，您可以使用 Java 和其他语言来使其具有交互性，并使用 Shockwave 等插件工具来提高表达能力。横幅广告是最早的网络广告形式，最常用的是 486×60 像素的标准标志广告。

3. 富媒体广告

富媒体广告（Rich Media Ads）主要包括插播式富媒体广告、扩展式富媒体广告和视频类富媒体广告等。富媒体是由英文 rich media 翻译而来，是一个技术名词，而且是一种压缩、传输、把表现形式标准化的技术。富媒体不是网络媒体的一种特定形式，而是一种具有动画、声音、视频和交互性信息的传递方法，包括以下一种或多种常见形式：流媒体、声音、Flash 和编程语言（例如 Java、Javascript 和 DHTML）。除了在线视频的即时回放之外，富媒体还可以包括其他资源，例如网页、图像、超链接等，并与音频和视频同时传播。这样，阅读内容在网络上的表现和呈现效果就大大丰富了。

常见的富媒体广告形式有浮层类、下推类、扩展类、视窗类、覆盖类、潜水游、摩天楼等各种灵活多变的产品形式，以适应各种产品、创意、网站的投放需求。

4. 视频广告

视频广告是一种基于在线视频的在线广告，包括丰富的视频补丁加载广告、实时插页式视频、创意视频组合广告、浮动广告视频、海绵和画中画广告、暂停广告、扩展字幕等。视频网站是广告的主要营销工具，营销方法多种多样。在广告格式方面，各种视频网站已经推出了各种广告格式，例如前插页、插页，视频播放器上的广告、暂停视频时播放的广告、视频内广告，甚至是可以与视频广告互动的广告。与传统的互联网媒体相比，网络视频显示了视频的"声、光和电"特性。与互联网的互动优势相比，在线互动视频营销是在线视频营销的一个特色功能，也是一种优势。目前，业界已开始对以 Engagement 为创意点的网络互动视频营销产品进行探索。

5. 文字链广告

文字链广告的广告形式是一行文字，用户可以单击以访问相应的公告页面。主要广播文件格式是纯文本广告格式。文字字符串中的广告是影响力较小但最有效的在线广告形式之一。整个在线广告社区都在寻找宽带广告的新形式，有时甚至是最小的带宽，最简单的广告形式也是最好的。国家文本字符串的布局非常灵活：它可以出现在页面上的任何位置，可以是垂直或水平的。

6. 电子邮件广告

根据调查，电子邮件广告是互联网用户最常用的互联网工具。每天不到30%的互联网用户会上网，但每天有70%以上的用户使用电子邮件。对于企业领导者尤其如此。电子邮件广告具有针对性、廉价的功能和无限的广告内容。特别是它的针对性很强，可以将特定的广告发送给特定的人，这是其他在线广告所不能及的。电子邮件广告是直接营销中使用最广泛的。

7. 分类广告

分类广告（Classified Ads）严格来说不能称为网络广告的一种新类型，早在传统媒体中，分类广告就已经出现了。只不过在今天它也搭上了网络这趟快车。分类广告是指广告客户按不同类别的内容对广告进行排名，并将其分类为详细目录，以针对具有明确目标的消费者。由于分类广告带有明确的目的性，所以受到许多行业的欢迎。

8. 互动游戏式广告

互动游戏式广告（Interactive Game Ads）应该可以看作交互式广告的一种，但它也有自己的一些特点。通过使用 Macromedia、Sbockwave 和 Flash 插件等动画软件进行广告宣传，可以用更少的文件字节来表达动态矢量形状和渐变。这项技术正在被越来越多地使用，缺点是浏览器必须安装插件。Flash 文件的尺寸非常小，使其成为减少带宽情况下的最佳动画载体，同时，它也是允许尽可能多的互动游戏广告的有力工具。除了 Flash、Macromedia，另一种产品 Shockwave 也被广泛用于在线广告，Shockwave 的功能比 Flash 更强大、更具交互性。

9. 下载软件广告

相信使用 QQ 的用户会在聊天框窗口中找到一个广告横幅，它会自动旋转。QQ 软件的注册用户数已超过中国互联网用户总数，实际用户数约为互联网用户总数的 80%（假设某些用户已经注册了多个号码），我们可以说 QQ 是除 Internet Explorer 之外中国互联网用户最常使用的网络软件。这种具有大量用户的软件自然已经成为一种出色的广告媒介，并且它是基于互联网的应用程序软件，并具有普通在线广告的所有优势。除 QQ 外，所有与网络相关的软件都可以成为广告媒体，例如快速下载工具、网络蚂蚁等。如果未注册，则横幅将显示在软件界面的顶部。软件和广告的结合甚至被认为是将来软件分发的重要渠道。软件作者通过加入广告网络来赚钱，用户通过观看广告来节省购买软件的费用。随着在线软件广告的发展，人们越来越意识到它的优势。通常，人们对软件的忠诚度要高于对网络的忠诚度。例如，QQ 的忠诚用户几乎每天要使用 QQ 进行社交，他在这个过程中可以看到由 QQ 提供的不同页面。因此，从某种意义上说，在线软件广告比 Web 广告具有更好的前景。

10. 其他形式的广告

其他形式的广告主要指数字杂志类广告、P2P 软件类广告、游戏嵌入广告、IM 即时通信广告、微博营销广告、社区口碑营销广告等形式。

（二）网络广告的优势

网络广告的优势有很多，主要体现在以下几个方面：

1. 互动性和纵深性

信息以在线广告的形式交互传输，用户可以主动搜索有用的信息，可以直接在线填写和提交表单信息，广告主也可以随时获取有价值的信息，从而缩短了广告商之间的距离。同时，用户可以通过链接获得更详细的广告信息。

2. 实时性和速度

互联网本身反应非常快，基于网络的媒体在线广告更快。通过在网络上发布广告，广告投放者可以根据需要更改广告内容，并且可以快速实施和促进对业务决策的更改。另外，在线广告的制作周期比传统广告短，这也是一个相当大的优势。

3. 准确监测和衡量广告效果

通过使用传统媒体进行广告宣传，很难确切地知道有多少人正在接收广告信息，并且在互联网上，可靠、权威的流量统计系统可以准确地计算出被访问的用户数量，这有助于广告客户正确评估广告效果并验证广告投放策略。

4. 扩散范围广

在线广告的传播不受时间和空间的限制，可以一天 24 小时挂在网站上，一旦用户访问互联网，随时可以看到这些广告。

5. 重复性和搜索能力

用户可以主动检索在线广告，定期制定和发布传统广告，而公众则无法检索。

6. 有针对性

因为在线广告是在特定网站上发布的，并且这些网站通常具有特定的用户组，所以广告商通常能够根据目标受众的特征来定位这些广告。可以针对不同的人群投放符合不同兴趣和品位人群的广告。

7. 强烈的感官性

在线广告支持本质上是超文本格式的多媒体文件，允许公众获得某些感兴趣产品的更详细的信息，以便公众可以发现产品、服务和品牌。这种以图像、文本、声音形式的信息被传递给公众，让他们获得关于商品式服务沉浸式的观看体验。它们可以被在线预订、交换和结算，从而大大提高了在线广告的有效性。但是，对目前的互联网媒介来说，由于长期缺乏相对准确、全面、系统、客观的媒介监测、广告投放等相关数据，现有一些机构提供的数据，质量也往往参差不齐，统计方法、研究框架千差万别，缺少行业的统一性、系统性和规范性。

二、网络促销

(一) 网络促销特点

网络促销是指使用现代网络技术为虚拟市场的产品和服务提供短期利益，

激发消费者需求并带动消费者购买欲望和购买行为。与传统促销相比，网络促销的基本手段是提供各种短期利益，以吸引消费者的注意力和兴趣，鼓励他们认识产品，激发他们的购买欲望并最终导致购买行为。但由于互联网强大的通信能力和覆盖面积，网络促销在时间和空间、消费群体和消费行为、具体的促销手段上都与传统的促销有一些差别。

在时间和空间上，传统的促销活动通常都是针对某个特定的地区市场设计和实施的，甲地的促销活动既可能与乙地的促销活动是类似的，也可能是完全不同的。例如，在上海派发试用品，而在南京则可能是打折，两地顾客不会发生互相攀比的现象。但是网络促销活动则要求在时空上保持相对一致性，否则很可能引发顾客的相互攀比，甚至有意模糊自己的居住所在地。

在网络环境中，消费者的概念和消费者的消费行为发生了很大的变化。在线购物者是特定的消费群体，其需求与普通消费者的需求不同。这些消费者直接参与生产和商业流通周期，通常会激发消费者合理地选择和购买。这要求促销活动的设计者和实施者必须考虑促销所提供的短期利益的连续性。

传统环境中的许多促销手段是建立在实物流动的基础上的，显然，这些促销手段对网络促销是不适用的。相反，互联网也提供了诸如免费信箱、免费下载、免费参与、积分、抽奖等一系列新的促销手段。

（二）网络促销形式

网络促销是指在互联网市场上开展的促销活动，如以价格折扣、有奖销售、拍卖销售等方式来宣传和推广产品，目前主要的形式有以下几种：

1. 网上折扣促销

打折是目前网上最常用的一种促销方式。由于目前国内网民网上购物的理念还没有完全形成，再加上网络支付手段和物流配送的整体落后，导致目前网民网上购物的消费额偏低，购物热情不高。为促使消费者进行网上购物的尝试并做出购买决定，采用幅度比较大的折扣可以在一定程度上减少网上购物的不足之处，吸引消费者眼球。此外，网络营销由于销售渠道的减少，可以以较低的价格销售产品，因此网上商品的价格一般都要比传统方式销售时要低。抽奖促销是网上应用较广泛的促销手段之一。抽奖促销是通过一个或多个人获得的商品或服务的促销，这些个人或会员获得的奖品超出了参加活动的费用。在线竞赛主要用于调查、产品销售、扩大用户群、庆祝活动、活动促销等。消费者或访客可以填写调查表，注册和购买产品。

2. 积分促销

与传统的营销方法相比，在网络上推广积分促销的应用越来越容易。在线积分很容易通过编程和数据库来实现。结果是高度可信的，并且相对容易利用。积分的提升通常会设置具有更高价值的奖品，消费者通过多次购买或多次参加一项活动来增加获得奖励的积分数量。

3. 网上联合促销

不同商家共同开展的促销活动称为联合促销，联合促销的产品或服务可以产生一定的互补作用，并相互促进。如百事可乐与雅虎、搜狐与可口可乐、新浪与乐百氏等都是比较成功的网上联合促销活动，并提升了彼此的品牌价值。

4. 赞助促销

赞助促销一般可分为栏目赞助（如安踏运动系列赞助搜狐体育频道）、活动赞助等形式，在赞助期间与网站举行促销活动。

5. 竞赛和推广

竞赛与推广是广告主和网站一起举办双方均感兴趣的促销推广活动。如《商务周刊》和《网易商业报道》联合进行的首届中国市场最具领导力 EMBA 评选活动。

6. 游戏促销

游戏促销是指广告主和网站通过游戏的形式来宣传产品或服务的特点与功能，在与消费者的互动游戏过程中达到教育消费者、传达产品和服务特点的目的。

（三）网络促销运营

根据内部和外部网络推广的广泛实践，网络推广策略的实施过程包括四个方面，即确定网络推广目的、设计网络促销组合、选择预算计划以促进网络发展、衡量网络促销的有效性。

1. 确定网络推广的目的

网络推广的目的是由可能在虚拟网络市场上产生购买行为的消费者群体决定的，并且随着网络的迅速扩展，该群体也在不断扩大。该群体主要包括三个部分。

（1）产品使用者。这关系到实际使用或消费产品的人。实际需求是这些客户购买的直接动力，如果抓住了这部分消费者，网络销售就有了稳定的市场。

（2）购买产品的决策者。在许多情况下，产品的用户与决策者集成在一起，尤其是在虚拟市场中。因为大多数互联网用户具有独立的决策能力，所以他们也有一定的经济收入。但是在其他情况下，产品的决策者和用户是截然不同的。例如，中小学生在在线 CD 市场上看到有挑战性的游戏渴望购买，但是否购买的决定权通常在学生的父母手中。因此，在线促销还应将购买决策者置于重要位置。

（3）购买商品的影响者。这是指可能会对意见或建议产生最终购买决定影响的人。在决定购买低价消费品时，影响者对产品购买的影响很小，但在决定购买高价消费品时，对购买产品的影响很大。买家通常对购买昂贵的耐久商品持谨慎态度，并希望在进行多次磋商后做出决定。这部分消费者不容忽视。

2. 设计网络促销组合

这是一个非常复杂的问题，可以使用上面的常见促销方法进行在线促销。但是，由于产品类型不同和销售目标不同，促销方式、产品类型和销售目标之间存在多种在线促销组合。公司必须根据市场情况，基于在线促销折扣、积分促销、常见在线促销、免费下载、推荐等促销的功能和优势，以及它们的产品、销售条件、优劣势、合理组合，才能获得最佳的促销效果。通常，在线广告的推广主要实施"推"策略。它的主要功能是使公司产品商业化并获得消费者的认可。网站的推广主要是实施吸引战略，其主要功能是牢固地吸引客户并保持稳定的市场份额，特别是对于化妆品、食品等消费类产品，还有饮料、书籍、消费电子产品、软件等，使用在线促销组合的效果更好。

3. 选择预算计划以促进网络发展

实施网络推广时，预算计划的制定使业务更加顺利。在互联网上进行促销对于每个人都是一个新问题。网络运营商必须在实践中不断学习，比较和体验所有价格和条件，并且必须不断总结经验。

（1）有必要弄清在线促销的方法和组合。如果你选择不同的信息服务提供商，则促销的价格可能会大相径庭，从而迫使公司仔细比较每个站点的服务质量和价格，并选择适当的信息服务站点。

（2）必须确定网络推广的目标。树立品牌形象，推广产品或提供售后服务。着眼于这些目标来计划输入的数量，包括份数、图形数量、颜色的复杂性、交货时间的长度、频率和密度、打印件的位置、内容替换间隔和效果检测方法。

（3）由于服务对象的站点之间存在很大差异，所以有必要指定受影响的组合和类别，无论是外国的还是本国的。一些网站针对年轻人和中年人，一些网站针对学术界，一些网站针对产品消费者。通常专注于大学交流站点的服务较便宜，新产品营销站点中的专门服务则较昂贵，而某些完整的网络站点则最昂贵。在广告方面，单纯使用中文促销的费用较低，而使用中英文促销的费用较高，业务宣传人员必须了解其目的及其产品的商业范围，并根据自己的产品选择合适的促销形式。

4. 衡量网络促销的有效性

在线促销的实施过程到了这个阶段，有必要评估实施的促销内容，以确定促销的实际效果是否达到了预期的促销目标。促销效果主要取决于两个方面：一方面，必须充分利用互联网上的统计软件，及时编制有关促销活动质量的统计数据。此数据包括访问首页的次数、点击次数等。另一方面，销售量的增加、利润的变化和促销费用的减少有助于确定促销决定是否正确。同时，我们还应注意分析促销对象、促销内容、促销组合与促销目的等之间的因果关系，并对所有促销工作做出正确的判断。

第五章 网络营销方法

第一节 搜索引擎营销

伴随着我国信息化进程的不断加深,搜索引擎用户大规模增长,搜索引擎对网络信息资源的整合功能不断完善,搜索引擎营销(Search Engine Marketing)被视为投资回报率高的营销方式之一。2007 年之后,越来越多的大品牌开始在中国搜索引擎上投放广告,搜索引擎营销也成为营销中的一个重要概念。

一、搜索引擎营销概述

(一)搜索引擎的定义

搜索引擎是指根据给定策略在互联网上收集信息,使用特定计算机程序,组织和处理信息并将其显示给用户以提供搜索服务的系统(李凯等,2014)。从用户的角度来看,搜索引擎提供了一个搜索区域页面,输入要搜索和提交的关键字后,搜索引擎将返回与输入内容有关的信息列表。搜索引擎是一个系统,它收集和组织互联网上的信息资源,然后查询它们以查找有关用户的信息。

(二)搜索引擎的工作原理

搜索引擎的工作原理包括两部分:一部分是搜索引擎的内部工作流程,即利用"蜘蛛"程序抓取网页和处理网页;另一部分是用户的使用界面,即提供的搜索服务。两部分通过搜索引擎建立的索引库连接,共同完成对网页的搜索服务。

二、搜索引擎营销基本原理

了解了搜索引擎的定义及其工作原理之后，本书将进一步介绍利用搜索引擎进行营销工作的相关概念和知识。

搜索引擎营销（SEM）基于用户如何使用搜索引擎来检索信息，以便尽可能向目标用户提供营销信息。简而言之，它基于搜索引擎平台的网络营销，利用搜索引擎的用户习惯并在人们检索信息时将营销信息传输给目标客户。

搜索引擎营销的基本过程如下：公司在网站上发布信息，以网页形式成为信息源；搜索引擎将网站/网页的信息保存在索引数据库中；进行级别目录查询；搜索结果中列出相关的索引信息及其链接；根据用户对搜索结果的判断，选择其感兴趣的信息，然后单击以访问信息源所在的页面。

搜索引擎营销的特点：

（1）受众广泛准确。除了庞大的潜在客户群，搜索引擎营销最大的特点还是受众的准确性。搜索引擎营销是用户主动搜索相关的信息，他们比传统营销中的用户更有可能转化为消费者，这种关注正是搜索引擎的价值所在，也是搜索引擎营销存在和成长的关键。

（2）方便快捷。搜索引擎营销的方法是编辑好相关的广告内容并选择好关键词后，为这些关键词购买排名，在向搜索引擎提交竞价广告时只需要填写一些必要的信息进行促销信息的发布，然后添加一个全新的页面，在人气和流量较高的页面中添加指向该页面的链接即可。

（3）投资回报率高。搜索引擎营销的投资回报率高还体现在竞价排名按照每次点击付费，这种付费方式基于用户的兴趣，以及实际发生点击行为之后发生的费用。

（4）可控性较强。搜索引擎营销的可控性主要体现在三个方面：首先，广告内容是由搜索引擎广告商自己控制的，广告商有自己修改和优化广告内容的权限；其次，广告商可以选择最合适的时间投放自己的广告；最后，对广告成本的控制主要采用每次点击付费（Cost Per Click，CPC）的方式。

三、搜索引擎营销主要模式

（一）竞价排名

竞价排名是一种服务，客户可以在该服务中为自己的页面购买关键字排名，并为每次点击付费。客户向网站付款后，关键字将显示在搜索结果页面上，付款越多，排名越高。客户可以通过调整每次点击支付的价格来控制自己页面的关键字在特定关键字搜索结果中的排名，还可以通过定义不同的关键字来捕获不同类型的目标访问者。

目前影响竞价排名的主要因素包括质量度（其中又包含一些具体的相关因素）加出价。详细的内容包括：

（1）竞价关键词的设定。企业应该尽量多地设置一些关键词，最大限度地扩大覆盖范围，以达到最好的效果。

（2）竞价排名的先后。据 CNNIC（中国互联网络信息中心）调查，有60%~70%的网民只访问搜索结果的第 1 页，20%~25%的网民访问第 2 页，只有 3%~4%的网民访问所有的结果。

（3）网页的描述。用户在看到搜索结果后，对网页的描述也是很关注的，如果不感兴趣就不会打开链接。

（4）网站网页的打开速度。用户在浏览网站的时候存在一个"8 秒钟原则"，即网站如果在 8 秒内还没打开，用户就会选择关闭。如果企业的网站上有大量的动画效果，或者其他原因导致网页打开速度过慢，就会导致竞价排名产生了费用却没有效果。

（5）联系方式是否明确。联系方式必须要在醒目的位置，而且每个网页上都要有。

（二）关键字广告

关键字广告是付费搜索引擎营销的一种形式，也可以称为搜索引擎广告、付费关键字广告等。简而言之，当用户使用某个关键字进行搜索时，与关键字关联的广告内容会出现在搜索结果页面上。不同的搜索引擎以不同的方式对待关键字广告信息，有些会在搜索结果列表的顶部显示付费的关键字搜索结果（例如当前的拍卖排名广告），而有些则会显示在搜索结果页面的专用位置。

关键字广告有许多优点，首先，关键字广告的点击率高于横幅广告的点击率。使用关键字广告推广网站不仅易于使用，而且点击率很高。其次，关键字广告的价格相对较低。通过按点击付费，在线广告的成本大大降低并且可以完全控制。这改变了一个事实，即只有大公司才能发布在线广告，它已成为小企业也可以掌握的网络营销工具。再次，没有最低点击率，并且广告预算是自我监控的。无须"最低消费量"即可直接将关键字广告投放到搜索引擎上，也不必担心所选关键字太受欢迎而超出财务预算范围。最后，操作简单。投放关键字广告的操作过程简单，任何个人或企业都可以根据网站说明完成广告投放。

关键字广告也存在许多缺点，最大的缺点就是广告主可能会面对恶意点击。竞争对手有时会进行恶意点击，以消耗当天广告客户的预算，使网页不再显示他们的广告，间接提高自己的排名。还有一个缺点来自搜索引擎广告网络站点，这些站点以广告点击数为依据获取每次点击的广告佣金。

（三）搜索引擎优化

搜索引擎优化（SEO）是近年来流行的在线营销方法，其主要目的是增加特定关键字的展示率，以提高网站的知名度并增加销售机会。SEO 的主要工作是通过了解各种搜索引擎如何浏览网页、如何建立索引以及如何确定特定关键字的搜索结果来提高搜索引擎排名，以此来增加对该网站的访问次数，并最终改善该网站的销售或宣传能力。

搜索引擎优化工作流程分为三步：

（1）关键字确定。由申请者向搜索引擎网站提供所需要的关键字，对所要优化的网站进行受众分析；根据申请者提供的网站情况，搜索引擎进一步分析浏览对象的搜索习惯和搜索心理；搜索引擎确定网站主要营销关键字及辅助营销关键字。

（2）竞争网站分析。包括网站优化结构分析，搜索引擎优化情况分析，网站优化情况分析，搜索引擎数据情况分析。

（3）网站结构优化。遵照国际 Web 标准，通过对网站结构的调整提高自身网站的整体环境，使企业网站更符合用户的浏览习惯和搜索引擎的收录标准，使网站具备良性的独立"造血功能"，长期保持网站在所属领域内处于领先位置。

（四）搜索引擎广告

搜索引擎广告涉及多种方式，但基本原则都是广告商付费换取在搜索结果页面上的优先排名或显著位置。通常在针对特定客户的搜索引擎营销活动，其至全部在线营销活动中占有很大的比重。搜索引擎广告通常有付费排名、付费收录及上下文广告三种。

(1) 付费排名 (Paid Placement) 是广告商被保证出现在搜索结果的显要位置或顶部，通常对应某些指定关键字或引申关键字。付费排名广告的排列次序不一，一般包括三种形式：搜索结果页面顶部、页面一侧 (通常是右侧)、页面底部，一般显示在赞助商列表 (Sponsored Listings) 的标志下。点击付费是付费排名的主要收费方式，固定收费 (通常是溢价总额) 方式保证付费排名网站的赞助商在特色列表领域内的位置。

(2) 付费收录 (Paid Inclusion) 是站点付费加入搜索引擎的人工编辑目录。付费收录有两种方式：一种是付费提交程序，网站通过付费保证人工编辑对网站的复核，检查是否适合收录进目录 (可自己选择类目，也可由编辑人员代为选择)。雅虎及 Bussiness. com 这两大分类目录搜索引擎提供这种付费提交程序。另一种是单独网页提交，这种方式保证被该搜索引擎及它的合作伙伴索引到该提交网页。lnktomi、AlltheWeb、Teoma、AltaVista 提供该项提交程序。定价标准有两种，对于较少量的提交通常是按单位 URL 计费，数量较多的提交按点击计费。付费收录不保证网页显示在顶部位置，所以通过这种方式提交的所有网页都应该进行优化。

(3) 内容定位广告，也称为上下文广告 (Contextual Ads)，是一种新兴的方案，搜索结果出现与搜索内容相关的广告。广告的定向在于网页的内容，而不单单显示在搜索结果中。广告商必须参加搜索引擎的付费关键字列表并开通后，上下文广告才能生效。

(五) 网站链接策略

高质量的链接包括搜索引擎目录中的链接和添加到目录中的网站、与公司网站相关的或互补的网站、PR 值①至少为 4 的网站、高访问量网站、可见性中优先频繁更新 (例如来自搜索引擎的新闻摘要) 的网站，还有仅包含少量导出链接的网站、搜索结果中按关键字排名的网站 (前三个) 页面、内容质量高的网站等。通常具有上述条件的链接是高质量的链接。

与高质量链接相比，垃圾链接包括对网站排名不起作用或起反作用 (如留言簿、评论或 BBS 中大量发帖夹带的网站链接) 的网站，已经加入太多导

---

① 网站的 PR 值，称为 Page Rank，是 Google 搜索排名算法的一个元素，级别介于 1~10。PR 值越高，排名越高，搜索排名中的页面很重要，也就是说，在相同条件下，在 Google 搜索排名具有较高公共关系值的网站。

出链接的网站，加入链接基地、大宗链接交换程序（Bulk Link Exchange Programs）、交叉链接（Cross Link）等链接程序，与大量会员网站自动交换链接，被搜索引擎视为典型的垃圾链接，极有可能受到惩罚或牵连。

获得高质量导入链接的方法有五种：

（1）在网站上提交搜索引擎目录。

（2）找到交流网站的链接，即友谊或相互链接。相互链接的基础是网站的内容的高质量。因此，请求链接很难成功。交换链接的对象包括：①已经加入搜索引擎分类目录的相关网站。主要搜索引擎中与行业相关的目录下的网站，都是理想的链接对象。②与竞争对手链接的相关网站。要找到这些网站，可以在搜索引擎中输入"link："，接着输入竞争者的域名，如"link：theirdomain. com"或"link：www. theirdomain. com"，这样还可以在获得链接的同时与对手竞争目标客户。③供应链中的对象竞争对手与本企业的主题最相关，但交换链接不大可能，因此可以考虑与供应链中的上下游合作伙伴，包括分销商、代理商、供应商等的网站交换链接。④容易找到的相关网站。如那些做搜索引擎广告的网站或其他大力宣传推广的网站，以及排名靠前的相关网站。

（3）网站被主动链接或转载。这是搜索引擎最重要的链接，也是搜索引擎重视外部链接的根本原因。如果网站内容丰富、质量高，其他相关网站会主动链接到该网站，特别是当网站提供很多相关免费资源、知识库时，被其他网站链接和转载的机会就很大。

（4）在重要网站发表专业文章。围绕目标关键字在一些重要站点发表文章，在文章中或结尾处添加网站签名，或在简介中加入链接和围绕关键字的网站描述。这样既可以获得高质量互惠链接，也可以获得目标客户，但应该注意发表的每篇文章标题都应该包含关键字，另外，可以利用网站的关键字在主流搜索引擎订阅新闻，那些作为新闻源的网站都被搜索引擎看作重要网站。搜索引擎每天对这些新闻源检索一次，更新频繁，这些网站上的链接自然也成为更新的对象，效果极佳。

（5）在所在行业目录上提交网站。尽可能向更多的相关网络目录、行业目录、商务目录、黄页提交网站，加入企业库。

（六）分类目录

分类目录是互联网上查找信息的在线指南。分类目录的编辑把所有的中文网站资源整理后组织起来，按不同的主题放在相应的目录下，形成网站分类目录体系。分类目录是以图书分类编码为检索标志的目录体系，卡片按分类号的顺序排列，比如搜狐分类目录（http：//dir. sohu. com）先按主题分成 18 个大类目，再进一步细分为二级、三级子类目。网站分类目录是指利用人工或系统把所有网站分开放到各个相应的目录下。

分类目录和搜索都是用户查找网站信息的工具，区别在于查找信息的方式不同。分类目录是把同一主题的网站信息放在一起并按一种顺序排列，通过主题目录层层找到信息，如新浪的分类目录。分类目录拥有可供浏览的树状结构，并可按主题层层点击，例如，想找有关游戏"天堂"的信息，可以通过分类目录"娱乐休闲—游戏—网络游戏—多人在线游戏—天堂"找到有关"天堂"的多条网站信息；也可以不通过目录，直接在搜索框中输入关键词"天堂"，点击搜索，即得到有关"天堂"的所有网站信息。

两种查找方式的结果有所区别。首先，通过目录查找得到的 100 多条网站信息都是经过编辑审核确认后推荐的，信息量少而精。其次，通过搜索得到的结果是互联网上所有与"天堂"相关的网站信息（但不一定是游戏"天堂"，也可能是"天堂"饭店等），信息量大，但相关性较差。目前全球比较大的分类目录有亚马逊分类目录和搜啊分类目录等。

四、搜索引擎优化策略

（一）搜索引擎优化基本策略

1. 丰富网站内容

网站实际内容的丰富是网络优化策略的重要因素。如果广告投放方希望站点在搜索结果中突出显示，则必须在站点上显示实际内容。搜索引擎的"蜘蛛"程序只能根据网页的内容来判断网站的质量，而不能根据图像和 Flash 动画来判断。搜索引擎和访问者希望看到更多最新信息，这要求网站收集大量信息并关注域的动态。

2. 增加关键字的密度

搜索引擎会对页面上的单词数进行计数，重复的单词或短语被认为很重要。搜索引擎使用自己的算法来计算页面上每个单词的重要性：关键词数量与页面上单词数量之间的比率称为密度，这是最重要的因素之一。为了获得更好的排名，网站的关键字应该在页面上多次出现，但必须在搜索引擎的允许范围内。

3. 突出关键字

通过将关键字放置在有价值的位置，搜索引擎将注意力集中在页面的特定部分。以下网页部件中的文字似乎比其他各方的文字更重要，包括：

（1）标题标签。标题标签是网页上最重要的标签。因此，必须将关键字放在标题标签中。一些搜索引擎特别注意"说明"和"关键字"标签。标题标签告诉网站访问者网站中最重要的内容。标题标签中关键字的存在对于提高站点排名具有很大的优势。

（2）文本超链接。它是基于 Web 的文本，使用超链接将文本信息组织在各个空间中。超文本是一个显示文本和与文本相关的内容的用户界面。超文本当前以电子文档的形式存在，包含可以链接到其他位置或文档的链接，因此可以直接从当前阅读位置转到超文本链接指示的位置。

（3）统一资源定位器 URL 的文本。网站名称和网页中关键字的存在会对搜索引擎排名产生重大影响。这些关键字称为" URL 文本"。在网站之间创建链接时，请尝试使用关键字作为链接文本，这有助于提高网站的重要性，从而影响页面的排名。

（4）页面顶部的文字和每个段落的开头都很重要，在这些位置包含关键字可以很快吸引潜在用户。

4. 提高点击流行度

在某些搜索引擎中，影响排名的因素是点击的受欢迎程度，对搜索结果中页面点击的次数进行计数，经常被点击的页面的受欢迎程度更高。当访问者从搜索结果中点击网站时，搜索引擎会以一定的分数奖励网站。如果该网站获得高点击率，则该网站将来会获得更多积分。不要尝试多次单击一个网站，它会被搜索引擎删除。

5. 提高链接流行度

链接流行度被认为是搜索引擎优化的主要因素。搜索引擎认为具有更多外部链接的网站也很重要。并非所有链接都是公平的，指向高质量网站的链接将为该网站带来更多积分。链接的文本必须包含优化的关键字，这也将提高网站的排名。链接流行度不受站点的控制，但是可以通过执行以下操作来提高链接流行度：

首先，建设一个高质量的网站，如果人们发现它有趣，他们将与该网站建立有效的链接。其次，方便了链接的交换，将交换链接代码放在交换链接页面上，并将交换链接的联系信息放在显眼的位置，以方便合作伙伴与网站之间的交换。最后，在重要网站上刊登广告或在付费目录中提交网站。

此外，还可以将网站提交到许多目录、黄页并添加指向工作的链接等。

（二）搜索引擎优化的技巧策略

搜索引擎优化的实施步骤一般包括：基本状况分析；关键字分析；网站内部优化实施；网站外链建设；排名效果跟踪，流量分析；根据排名效果，重回第一步，进行调整；关键字排名维护或培训客户。在实施搜索引擎优化的过程中，需要采取适当的策略和技巧，提高搜索的效果。

1. 运用归类总结策略

互联网上浩如烟海的资源可以按照某种分类或者归类方法，直接列出一个清单，表明相关数据等。这样的文章很容易组织，也容易被作为权威数据而大量引用。例如："中国10大公认知名导航网"，即建立一个知名导航网列表，然后列出导航网列表顺序；"豆腐制作方法大全"，即详细列出常用的制作豆腐的方法；"生活中应该注意的×××十大细节"。从表面上看，做出来的列表很简单，但是非常实用。

2. 巧妙利用新闻站点和 RSS 聚合

撰写高质量的文章，然后在对应的行业新闻网站上发布。这些权重高的网站排名高、人气旺，浏览量非常大，能在这里发表文章除了能增加网站的反向链接外，还会带来意想不到的流量。如果研究的是 SEO，就要在 SEO 方面的网站和论坛上发表，同时可以提交到新闻门户网站。利用互联网上的 RSS 聚合，把文章发送到 RSS 网站上，便于人们阅读和收藏。

3. 利用网址站、目录站和社会化书签

根据自己网站的情况，可以将网站提交到网站开放目录或者其他免费目录中，如 hao123、百度网址大全等。这些目录站的人气非常旺，如果能被这些网站收录，带来的不仅仅是流量，更重要的是能够为网站带来源源不断的网络"蜘蛛"，这对网站被搜索引擎收录、网站关键字的排名非常有利。同时企业把自己的网站内容添加到百度收藏、雅虎收藏、QQ 书签等社会化书签中，让用户通过阅读器、RSS 等订阅，不断扩大网站的影响力及知名度。

4. 充分利用合作伙伴和链接交换

企业充分利用与合作伙伴或商业伙伴之间的关系，尽可能地让对方为自己的网站添加或者互换一个链接。管理好自己的友情链接，尽可能从权重高的网站上获得链接的支持。利用某些网站提供交换链接的地方，留下自己的网站链接。有条件的可以采取提供开源程序或者模板等方式，让采用者留存链接。企

业也可以给内容管理系统（Content Management System，CMS）或博客系统等开源网站系统提供免费的精美模板，为开源网站程序开发插件，并留存作者链接。

5. 利用互动平台巧妙留下链接

企业积极参与问答平台，如百度知道、雅虎知识、搜搜问问等，这些问答平台不仅能提供解决问题的方案，同时也留下了相关站点的链接；参与相关论坛如安全杀毒论坛等，可以为站点添加链接；参与社会化平台如百度百科、维基百科等的编辑，利用一些交易平台或者交换平台，巧妙地留下自己的链接。

五、典型搜索引擎产品

利用搜索引擎宣传产品已经非常普遍，在中国，众多的搜索引擎网站中，百度、雅虎知名度较高，是用户群体较大的两大搜索引擎产品。

（一）百度搜索

2000 年 1 月，李彦宏携风险资金从美国硅谷回到中关村，创建百度。2000 年 6 月，百度正式推出全球最大、最快、最新的中文搜索引擎，并且宣布全面进入中国互联网技术领域。随后，百度开始为搜狐、新浪、263、TOM网、雅虎中文、网易提供服务。

百度是世界上最大的中文搜索引擎，致力于为人们提供最便捷的信息获取方式。百度拥有世界上最大的中文网页图书馆，每天处理 100 多个国家/地区超过 1 亿人的查询。网民对其简单而强大的搜索功能十分信赖，每天有超过 7 个用户将百度定义为其主页。同时，百度还为企业提供了一个获取潜在客户的平台，以及为大型公司和政府机构提供的大规模提取和信息管理解决方案。在信息过多的时代，百度凭借其"简单可靠"的使用体验，使"百度"成为研究的代名词。

百度在中文互联网上具有天然的优势，并支持搜索超过 8 亿个中文网页，使其成为世界上最大的中文搜索引擎。同时，百度每天都在增加几十万个新网页，对重要中文网页实现每天更新，用户通过百度搜索引擎可以搜到世界上最新最全的中文信息。百度在各地分布的服务器能直接从最近的服务器上把搜索到的信息返回给当地用户，使用户享受极快的搜索传输速度。

百度深刻理解中文用户的搜索习惯，开发了自动关键词提示功能，即用户可以使用拼音获得正确的中文关键词提示。百度还开发了中文搜索自动纠错功能，即用户如果误输入错字，百度可以自动给出正确的关键字提示。百度搜索引擎可以预览每个网站，为网络拍摄快照，并为用户存储大量紧急网页。即使用户连接不上网络，百度为用户暂时保存的页面也可以使用。通过百度快照进行数据搜索比传统方法快得多。此外，百度还具有普通用户感兴趣的许多其他功能，包括相关搜索、中文名称识别、简体中文和繁体中文自动转换以及网页预览。此外，百度还增加了专业的 MP3 搜索、图像搜索、新闻搜索、发布栏、搜索云列表，并迅速开发了其他搜索功能。

（二）雅虎搜索

雅虎（Yahoo!）曾经是世界上第一个门户信息网站，遍布 24 个国家和地区，并为全球 5 亿多独立用户提供多样化的网络服务。2005 年 8 月，中国雅虎被阿里巴巴集团完全收购。

雅虎是最古老的目录索引之一，目前是搜索服务最重要的网站，占网络搜索应用程序的 36%。除了主站（雅虎母站）外，还有美国大都市变电站（雅虎城市，例如芝加哥变电站）、国家变电站（例如，雅虎英国）和国际变电站（例如 Yahoo Asia），在其数据库中注册的网站在形式和内容上都是高质量的。

雅虎属于目录索引类的搜索引擎。用户可以通过两种方式查找信息：常规关键字搜索和图层搜索。通过关键字搜索时，雅虎会根据类别目录和网站信息的相关性以及关键字（包括关键字目录和目录下的相应网站）罗列搜索结果。按目录搜索时，网站的布局按字母顺序排列。

雅虎依靠手动选择网站，并制定了严格的标准，因此被认为是最困难的搜索引擎。雅虎对网络营销的作用举足轻重，尤其是对商业网站而言，因为它不仅是全球范围内最著名的互联网品牌，而且是最具影响力的企业资料库。

第二节　传统网络营销

随着电子邮件技术的不断推广和广泛应用，许可式电子商务营销的方式越来越受到人们的认可和接受。本节将着重介绍许可式电子邮件营销的相关概念、方法和过程。

一、短信营销

(一) 短信营销的概念

短信营销就是通过发送手机短信的方式来达到营销目的的一种营销手段。就国内来说，它通常是基于中国移动、中国联通和中国电信直接提供的短信端口与互联网连接的，以此实现与客户指定号码进行短信批量发送和自定义发送。它的结构分为软件客户端 CS 结构和网络共享版 B/S 结构。

但需要注意的是，短信营销并不等于群发短信。首先，短信营销是一个系统和整体概念，包括短信群发、号码数据筛选、管理系统、短信内容以及整个活动内容的策划和编辑及效果反馈处理等，而群发短信只是一种方式；其次，短信营销的前提是提供用户需要的或者用户允许和愿意接受的信息，而盲目地进行短信群发只是寄希望于短信快速获益的商业行为。

(二) 短信营销的特点

(1) 成本低廉。任何形式的营销，成本考虑都是第一位的，短信群发每条短信低至 4 分，相对于地铁广告、电视广告等，成本极低。

(2) 精准发送。短信营销是一对一、点对点式发送，通过短信平台智能筛选目标用户，强制阅读，时效性强。

(3) 蔓延性快。短信营销具有很强的散播性，速度快，可以同一时间发送大体量短信信息，达到即时轰动效应。

(4) 灵活性高。短信群发根据行业不同，可以选择相应的渠道资源，发送时间可控，触达用户群体可控，反应迅速，可缩短营销周期。

(5) 互动性强。短信群发可以实现与终端用户的及时互动，企业即时推送信息，用户及时反馈状态。

(6) 保密竞争性较强。

(三) 影响短信营销效果的因素

1. 市场分析

只有了解了产品的潜在市场和竞争对手的信息，掌握了市场脉搏，才能做到有的放矢，降低风险。充分而正确的市场分析能给短信营销指明方向，而失败的市场分析则不能，会让短信营销从开始就注定失败。

2. 用户分析

了解用户要从很多方面考虑，比如客户的属性、特点、分类等，找到重点客户习惯的方式、喜欢的场景是重中之重。正确的用户分析可以帮助企业区分目标用户，以此针对不同的用户群体采取不同的营销策略，短信的文案也要依据用户分析而做出修改。而错误的用户分析则会让短信变成垃圾短信，无法达到营销目的。

3. 产品分析

要深刻理解产品的各种使用场景，以及其给用户带去的价值和产品特性。在营销短信过程中，如果不能紧扣产品或者平台本身会让用户感觉不踏实，因为用户最终是通过产品和企业发生联系的，七讲八说的营销没有太多的意义，只能招来用户的反感。要记住营销的目的是让消费者了解产品的优势并最终购买产品，而并不是宣传本身。

二、E-mail 营销

（一）E-mail 营销的概念

E-mail 营销是在用户事先许可的前提下，通过发送电子邮件的方式向目标用户传递有价值信息的一种网络营销手段。E-mail 营销具有三个基本因素：基于用户许可、通过电子邮件传递信息、信息对用户是有价值的，这三个要素缺一不可。

（二）E-mail 营销的优点

E-mail 营销的优势除具有 E-mail 高灵活性的特点外，还有以下几点：

（1）转换率高。电子邮件群发可以在邮件里添加公司名、官网、电话、QQ、微信、二维码等，页眉可添加广告语，邮件内容可添加外链。多种特效让流量直接导入企业官网、商城等，实现精准高效的流量转换率。

（2）成本低。E-mail 营销的花费相较于广告等其他营销形式显然更少，不需要大量的员工，如设计师、数据分析师、执行人员，只需要通过专业的模板，就可以轻松设计出一款时尚的电子邮件。并且更低廉的花费可以使企业更频繁地与客户接触。

（3）精准植入。电子邮件群发内容可以由企业来深化，换句话说就是给客户想看的，让客户看到自己喜欢的，让客户喜欢上你，便于传播与展示企业文化、简介等基础信息，提升企业知名度、公信力，能让用户充分了解企业产品和服务等信息。

（4）表现多样。E-mail 营销平台给营销人员提供了丰富的模板功能，营销人员可以在模板中插入超链接、视频、音频、动画等元素，拖曳编辑图片非常方便，图文并茂丰富了邮件的表现力，同时还可以轻松复制、粘贴、修改已有的模板。

（5）覆盖面广。传统营销手段受限于时间和空间：传统营销手段受地域限制严重，并且具有时效性，而 E-mail 营销显然并不受这一限制，使用电子邮件通过互联网跨越地域限制，并且保存在邮箱里，时效性并不明显。

（6）非强迫性。不同于电视广告、广播广告，邮件营销不会强迫用户去接收、消化广告信息，用户可以根据自己的需求在任何时间、任何地点，以任何方式进行阅读。

（7）保密性。邮件直接发送到用户的电子邮箱中，不会像传统广告那样大张旗鼓造势，因此不容易引起竞争对手的注意。

（8）E-mail 营销可实现营销效果监测。

（三）E-mail 营销的缺点

E-mail 营销的劣势也同样不可忽视：

（1）E-mail 营销的最大缺点就是垃圾邮件的泛滥和困扰。E-mail 营销是网络中最早受到重视的营销工具之一，但是如果应用得不恰当，就会被用户当成垃圾邮件。

（2）电子邮件退定率不断上升。

（3）邮件的可信度不足。任何人只要具有一个电子邮件就可以发布营销信息，导致网上虚假广告越来越多，垃圾信息成灾。

（4）E-mail 营销反馈有难度、效果评估困难，用户对电子邮件的要求越来越高。

（四）E-mail 营销的基本步骤

E-mail 营销主要包括以下四个步骤：

（1）制定 E-mail 营销的目标。E-mail 营销的目标必须和企业整体的营销、品牌策略相一致，因此企业必须评估许可式 E-mail 营销在完成企业营销目标中担任的角色。它的主要目标应是开拓消费市场、维护客户关系、展示企业品牌形象。

（2）决定目标受众。为了达到目标，企业要决定 E-mail 营销的目标客户群，依托已有的理想受众，同时使用兴趣、人口统计、地理统计等指标定向开发潜在 E-mail 列表。为了达到保持顾客的目的，企业须对客户数据库进行细分，使它与企业的营销目标相一致。

（3）设计较好的创意。评估企业受众和营销活动目标，以决定应建立哪种形式的 E-mail，企业在设计 E-mail 时，建议不用文本形式，而是用 HTML 及富媒体，这样才能更好地体现品牌的内涵，从而达到吸引消费者的目的，如缺乏这方面的人才，不妨请专业公司设计制作。

（4）选择邮件列表服务商。选择高质量的邮件列表就等于许可式 E-mail 营销活动取得了成功。邮件列表质量、提供的服务水准、强大的定向能力、追踪和报告反馈的能力、市场信誉等都是需要考虑的因素。

第三节　网络会员制营销

在线会员营销的英文是"Affiliate Program"，也称为"连接网络营销"和"会员计划"。在线订阅营销是一种在线营销方法，其中网站所有者在自己的网站上推广另一个专业网站的服务和产品，并根据相关内容获得一定比例的佣金。在线会员的营销计划应包括提供此类计划的商业网站以及通过各种协议和计算机程序连接到每个会员网站的多个会员网站。

一、网络会员制营销系统的构成

加盟网络会员制营销网站实际上是一种广告渠道和产品分销渠道，网络会员制营销系统涉及网上销售商、会员、在线客户和会员制解决方案提供商四方的参与：

（1）网上销售商。即网络会员制营销计划的提供商。

（2）会员。即会员制计划的加入者，通过在自己的网站放置网上销售商的各类广告链接赚取费用。

（3）在线客户。指连接到会员网站并通过会员网站上的链接访问在线卖家网站以购买产品或服务的在线浏览者。

（4）会员解决方案提供商。这是一个第三方组织，向在线供应商提供在线会员营销解决方案。

二、网络会员制营销的基本原理

如果互联网通过电缆或电话线连接所有计算机，从而共享资源并减少物理距离，会员计划则包括通过兴趣关系和计算机程序连接无数网站，分销渠道遍布世界的各个角落，同时为会员站点提供一种简单的赚钱方式。成功的会员计划包括技术支持、会员招聘和资格、会员培训、佣金支付等。简单来说，亚马逊在 1996 年 7 月的"联合"行动描述了会员进行营销的基本原则。

一方面，为了扩展分销渠道，网上销售商采用在会员网站放置链接程序等方式，将自己与会员网站联系起来，从而使无数个会员网站成为自己的分销渠道；另一方面，用户点击了广告链接后，会员网站也能根据点击的情况获得相应的佣金，这也为会员网站创造了赚钱的机会。成功的会员制营销需要网站技术作为支撑，需要处理好会员管理、佣金支付政策、争议解决方案等多方面的问题，另外还涉及会员的选择问题，这些问题都有一定的难度。

通过计算机程序和利益相关者连接无数网站，扩展全球商人分销渠道，并为会员提供一种简单的赚钱方式。网站注册为电子商务网站的成员（会员计划的成员资格），然后将各种产品或徽标广告的链接放置在自己的网站上，并且提供搜索功能。访问者单击网站时，将看到由电子商务网站提供的产品。这些访问者在电子商务网站上注册并购买了某些产品后，支付给会员网站的佣金的金额取决于销售量。

从会员制营销的基本原理可以看出，网络会员制营销的基本构成要素至少要包括提供链接程序的网上销售商和若干会员网站，这在实际实施过程中就涉及双向选择的过程。一方面，采用网络会员制营销的网上销售商要对想加盟为其会员的网站进行资格审查，衡量会员网站的内容、结构、客户群、流量等方面的指标，达到一定的标准才能使其成为会员网站，将其链接程序放到会员网站的相应页面；另一方面，会员网站根据自身的内容、主题、页面结构等来寻找合适的客户，为了获得较高的利润，会员网站在对自身进行考量的同时，也对各网上销售商采用的佣金支付机制等关键性问题进行对比。

三、网络会员制营销的佣金支付

网络会员制营销的佣金支付大体可分三类：

（1）按点击数付费（Cost Per Click，CPC）。网络会员制营销管理系统记录每位网上顾客在会员网站点击到网上销售商的链接（文字链接、图片链接、E-mail链接等）次数，网上销售商定期根据被点击次数向对应的会员支付广告费。

（2）按引导数付费（Cost Per Lead，CPL）。网上顾客通过会员网站上设置的销售商链接进入商家网站后，如果填写并提交了某个特定的表单（如订货单），网络会员制营销管理系统就会产生一条引导记录，网上销售商定期按累计记录数向会员支付佣金。

（3）按销售额付费（Cost Per Sale，CPS）。网上销售商只有在会员网站的链接带来的顾客在商家网站上产生了实际的购买行为后（一般是已经完成了支付之后）才会按照不同的比例支付佣金。

四、网络会员制营销的实施

（一）网络会员营销计划的主要内容

在制定会员计划之前，公司必须首先确定其建立会员计划的目标。目标成员在明确创建会员计划的目的之后，确定公司网站应吸收哪些网站作为会员，并制定有吸引力的会员协议，之后确定支付给会员的佣金标准，制定并实施会员计划的总费用，同时确定建立会员计划的时间表。会员计划一旦建立，就必须得到推广并吸引足够的会员。为了在竞争中获胜，公司需要知道对手在向会员提供什么，然后向其会员提出更具吸引力的条款。公司需要注意与其他营销渠道的关系以避免冲突。

（二）有效实施网络会员制营销的步骤

（1）了解现状。了解竞争对手和所在行业的网络会员制营销现状，包括会员计划、佣金制度、推广措施等。

（2）设计佣金制度。根据企业的实际情况和市场状况，设计具有吸引力的佣金制度。

（3）多渠道推广会员制计划。应对会员资格进行控制，只有具有一定规模和资质的商家才能成为会员。如果不加以控制，可能会产生虚假广告、商标侵权等问题。

（4）为会员提供良好的服务。包括最大程度的支持，帮助会员成功销售产品，快速响应会员的电子邮件，提供销售提示和建议，向会员发送电子邮件以及加强会员培训等。

（5）准确跟踪会员的销售情况。及时跟踪企业整体的销售情况和会员的业绩，并对主要会员进行相应的业务指导。

（6）奖励优秀会员。可以根据会员的销售情况，定期或不定期地奖励优秀会员。

第四节　Web 营销

一、Web 营销的概念

Web 营销就是以互联网络为主要传播手段和工具平台，实施一系列针对目标客户和市场的营销活动与步骤，以期达到满足消费者需求、实现企业业务目标的营销模式。Web 营销作为 CRM 系统的重要功能之一，它与业务操作流程中的销售及客户服务形成了一个互动的循环过程，彼此之间具有极强的相互依赖性；它作为企业前端业务的关键流程，与客户发生直接的接触和交流，因此对于企业整个业务的开展具有重要的意义。

2005 年，蒂姆·奥雷利（Tim O'Reilly）在发表的文章中对 Web 2.0 进行了定义：Web 2.0 是互联网的一个跨设备平台。它的应用程序充分利用了平台的固有优势，并且软件会不断更新。通过传输，各个用户通过"组"的形式提供自己的数据和服务，同时允许其他用户聚合，以达到用户更多、服务更好的目的，通过"参与架构"创造出引发更好用户体验的网络效应。

维基百科指出：Web 2.0 是对公认的万维网的一般更改，也就是说，WWW 被转变为一组网站，成为一个计算平台，向最终用户提供 Web 应用程序。我们可以看到 Web 2.0 不是特定的工具，只是一个阶段，是一个通用术语，是促成这一步骤的不同技术以及相关产品和服务。

Web1.0 的主要功能是用户通过浏览器获取信息，而 Web2.0 则更注重用户交互：用户既是网站内容的使用者也是网络的创建者，Web2.0 将社会化和网络个性化的理想付诸实践，使个人成为真正意义和实现变革的主要对象。

Web 2.0 营销是指 Web 2.0 应用程序、技术和理论的全部性能，例如博客营销、RSS 营销和 SNS 营销。其主要目的是关注用户之间的交互，使他们既是网站的查看者又是网站的内容创建者。由于用户可以轻松表达他们对所消费产品的意见，因此他们自然得到企业的重视，可以帮助企业再次推广产品。

二、Web 营销的种类

网络本身的特征和客户网络需求的个性化是网络营销的基本点，必须从网络特征和消费者需求的演变出发，用网络整合营销、"软营销"及网络直复营销等营销理论，进行再创新营销策略。

（一）网络整合营销

"网络整合营销"是指在线营销信息的双向交互功能，使客户能够真正参与到业务的整个营销过程中，客户参与的主动性和选择性较强，与传统营销相比，客户在整个营销过程中的地位得到了加强和改善。

（二）软营销

"软营销"是指在网络营销环境中，公司向客户传输的信息和采用的促销手段更加合理，更易于被客户接受，从而实现信息共享及共享与营销整合。网络的发展基于信息交互和传播，信息交换成本的降低和网络访问者的积极参与，限制了网络上信息的提供。网络礼节是所有在线行为的规范，它反映了在线社区是一个由社会、文化和经济组成的三重群体，它是根据某些行为计划进行组织的，在线营销也不例外。"软营销"概念的特征主要体现在对网络标签的尊重上，通过巧妙地使用网络标签来留住客户并提高对产品的忠诚感，以便获得最佳的营销效果。

（三）网络直复营销

网络直复营销是指制造商通过直接分销渠道直接销售其产品。一般有两种常见的做法：一种是在互联网上创建一个独立的网站，请求域名，创建一个主页并销售一个网页，而网络管理员则专门从事产品的销售；另一种是公司控制的信息服务提供商将相关信息发布在网站上，公司使用该信息与客户联系以直接向他们销售产品，虽然有信息服务提供商参与其中，但主要的销售活动总是在买卖双方之间。

三、Web 营销模式

（一）RSS 营销

RSS（Really Simple Syndication，简易信息聚合）是一种描述和同步网站内容的格式，是使用最广泛的 XML 应用。RSS 营销是指利用 RSS 传递营销信息的网络营销模式。RSS 营销的特点决定了它比其他邮件列表营销具有更多的优势，是对邮件列表的替代和补充。然而，RSS 营销是一种相对不成熟的营销方式，即使在美国这样的发达国家仍然有大量用户对此一无所知。使用 RSS 的用户以互联网业内人士居多，以订阅日志及资讯为主，因此让用户订阅广告信息的可能性微乎其微。

要使企业网站发挥 RSS 营销的功能，首先需使网站具有 RSS 订阅的功能，这样用户在访问网站时就可以点击或订阅新闻，一旦有新内容发布，订阅者就可以打开阅读。网站要不断更新内容，还需对订阅者进行跟踪分析，收集用户的点击行为，分析他们的爱好、阅读习惯等信息，为制定网络营销策略提供数据基础，RSS 的营销步骤如下：

（1）制定 RSS 营销战略。RSS 营销战略包括将 RSS 的用途融入每一个营销职能定义中，然后进行营销组合，并为营销职能设置目标。

（2）收集商业情报资讯。用 RSS 管理商业情报是全面提升营销功能的第一步。RSS 商业情报系统包括选择适合的 RSS 阅读器、确定所需的商业情报、筛选相关的信息源。

（3）计划 RSS 全文输出内容。RSS 互动输出可以说是 RSS 营销最复杂的一部分。这一步需要定义互动的群体、目标、RSS 信息源模式、RSS 信息源内容以及 RSS 信息源内容源等。

（4）确定 RSS 营销要求，选择 RSS 营销代理。界定 RSS 营销技术，并据此要求选择合适的供应商，支持 RSS 营销战略。

（5）修饰 RSS 输出内容。当准备好 RSS 全文输出后，需要仔细策划 RSS 内容条目，即放置符合目标群的内容，并且设计文风、大纲以及设置随叫随到功能。

（6）站内优化 RSS 信息源。仅仅在网站上发布 RSS 还不足以吸引订阅者，还需确定如何发布 RSS，如何布置信息源的最佳位置，以及开发利用其他能提升订阅者数量的小工具。

（7）进行 RSS 信息源推广。还可以将 RSS 信息源进行网络推广。

（8）分析和优化 RSS 信息源。建立分析和优化 RSS 的战略，包括定义合适的标准、组建分析和优化内容的技术团队，靠他们分析、优化订阅集成策略。

（9）用 RSS 供稿传播内容。使用 RSS 发布到相关媒体。RSS 联合供稿需要确定目标媒体、RSS 内容、供稿工具以及优化自身供稿能力。

（10）使用 RSS 推广网站和品牌。通过 RSS 增加用户的内容体验，并通过读者的聚焦提升品牌。

（二）博客营销

简单来说，博客营销就是利用博客这种网络应用形式开展网络营销。博客具有知识性、自主性、共享性等基本特征，可以理解为个人思想、观点、知识等在互联网上的共享。正是这些性质决定了博客营销包括思想、体验等个人知识资源，并通过网络形式传递信息。因此，企业开展博客营销时，就需要通过对某个领域知识的掌握、学习、有效利用，通过对知识的传播达到传递营销信息的目的。

与博客营销相关的概念还有企业博客、营销博客等，它们从博客的具体应用角度描述，主要用于区别以个人兴趣甚至个人隐私为内容的博客。不论是企业博客还是营销博客，博客都是个人行为，只不过在写作内容和出发点方面有所区别：企业博客或者营销博客具有明确的企业营销目的，博客文章中或多或少会带有企业营销的色彩。

无论是企业自己建立博客平台，还是委托博客托管服务商或某一类自组织的博客主，其博客营销都无法跳过以下基本步骤：制订博客营销计划，选择博客服务平台，选择优秀的博客，坚持博客的定期更新及完善，协调个人观点与企业营销策略之间的分歧，博客的推广以及效果的评估、深化或调整。

（1）制订博客营销计划。计划的制订需要围绕公司业务与目标市场、目标客户群体、推广对象等方面进行，包括博客营销主题、博客服务平台名单与选择、人员计划、写作领域与信息整合领域的选择、博客文章的发布周期、博客营销的监控、其他博客资源的利用思路、效果跟踪与评估指标等。博客营销计划包括博客营销的主题、执行以及监控与评估的过程。博客营销主题具有关键作用，即博客本身的定位以及博客日志选择的话题，是针对产品体验做文章，还是从企业自身找话题，抑或写足够多的原创内容等。拥有鲜明特点的主题，博客营销计划就已经成功了一半，无论是跨国公司还是以管理咨询、法律服务为主营业务的中小型企业，在实施博客营销前都需制订系统的计划。

（2）选择博客服务平台。在选择服务平台时，需要注意选择功能完善、稳定，适合企业自身发展的博客营销平台。选择博客托管网站时可以根据全球网站排名系统等信息分析判断，选择访问量较大且知名度较高的博客服务平台。对于某一领域的专业博客网站，同样需要考虑访问量和其在该领域的影响力，影响力较大的博客托管网站，其博客内容的可信度也相应较高。同时，企业可以依托自己的网站建立企业博客频道，发布企业动态与产品信息、研究成果、调研报告以及优秀员工日志等方面的内容，通过博客传播公司信息、加强同客户间的交流与沟通。

（3）选择优秀的博客。在营销的初始阶段，拥有良好的写作能力是利用博客传播企业信息的首要条件，要能根据目标客户群体的偏好，在发布自己的生活经历、工作经历和某些热门话题的评论等信息的同时，附带宣传企业，如企业文化、产品品牌等，特别是如果该博客是在某领域有一定影响力的人物，其发布的文章就更容易引起关注，会吸引大量潜在用户的浏览，这样就可以通过个人博客文章为读者提供了解企业情况的机会。

（4）坚持博客的定期更新及完善。要发挥博客长久的价值和应有的作用，企业应坚持不断地更新博客内容。因此企业需要创造良好的博客环境，采用合理的激励机制，促使企业博客们有持续的创造力和写作热情。

（5）协调个人观点与企业营销策略之间的分歧。网络营销活动属于企业营销活动，而博客写作属于个人，因此博客营销必须正确处理两者之间的关系。为了获得读者的关注，博客文章不能仅代表公司的官方观点而失去个性特色；同时，如果博客文章只代表个人观点而与企业立场不一致，就会受到企业的制约。因此，企业应该培养一些有良好写作能力的员工，他们写的东西既要反映企业特色，又要保持自己的观点和信息的传播性，这样才会获得潜在用户的关注。

（6）博客的推广。可以采用很多方式，如提示网友转载、提供交换链接、与各大博客网站主编或栏目编辑维持关系，为博客设置符合搜索引擎的要求，利用搜索引擎带来流量等。

（7）效果的评估、深化或调整。企业可根据事先制订的计划对博客营销效果展开评估，如博客访问量、所有博客访问总量、转载量、外部文章数量、针对媒体的影响状况、参与博客写作的非客户机构内部人员数量、客户咨询次数、销售转化率、博客营销计划的执行状况等多项指标，并根据评估结果予以深化或改进调整。

（三）SNS 营销

SNS（Social Networking Services）专指社交网络服务，包括了社交软件和社交网站。SNS 营销是一种随着网络全球化而出现的营销方法。SNS 营销是指利用 SNS 网站共享功能根据六级细分理论进行营销，并使用病毒式手段向更多人宣传公司的产品。

SNS 已成为互联网上最重要的应用程序之一，例如人人网、开心网、51.com 和 QQ 空间等 SNS 网站的巨大流量就证明了这一点。艾瑞咨询的调研数据显示，2009 年中国网络社区用户发帖积极性非常高，67.6% 的用户每天都会参与发帖，其中，26.6% 的用户每天发帖 1~4 篇，17.0% 的用户每天发帖 5~9 篇，12.8% 的用户每天发帖 10~15 篇，11.2% 的用户每天发帖 15 篇以上。SNS 营销价值主要体现在六个方面：

（1）在 SNS 用户的交互式支持中植入产品或品牌。现在可以将虚拟礼物发送到 SNS 网站，而虚拟礼物是现实生活中的物品，例如珠宝、衣服、化妆品和书籍。如果要促销某种服装，则可以根据衣服制作虚拟礼物，在礼物列表中，用户可以将其作为礼物发送。例如，礼物的接收者之一有机会获得真实的服装，而获得礼物的人则必须在网站组中发表评论。礼物本身给人的印象是彻底的。由于该活动可以引起人们的好奇心，即使没有人接收到礼物，礼物页面上的日常导航比例也很高，不仅起到广告的作用，而且还提供用户购买的入口。兰蔻试图在 Happy Online 上推广香水 "Magnifique"，用户每天可以接收此礼物 3 次，以获得高级礼物。

（2）建立产品和品牌组，以使用户接受产品和品牌的概念。例如，在 Happy Online 上创建的 Lancome Group 每月有一万多名用户，他们可以共享有关产品的信息，例如产品介绍、用户体验、购买、活动等有关实体店的信息。Lancome 使用虚拟元素页面将用户定向到公众，从而使他们可以直接访问产品的网站；从而为将来的促销和活动奠定了基础。建立用户群，增加用户互动，增强依从性，吸引更多人并同时识别用户属性，包括年龄、性别、学历、收入等，这些用户在线参加投票、参加游戏、参加测试等，也留下了许多行为特征。这些行为为企业提供了良好的用户数据库，从而提供了出色的产品营销甚至产品设计方向参考。SNS 网站的小组营销具有独特的优势：它是一群真实的人，在朋友、企业和用户之间进行交互，并且更容易看到广告的效果。首先，添加到每个组中的人数是真实的；其次，确定人数，计算出参加该小组活动的用户点数；最后，科目数答案的数量也很明显。当然，每个提供商都有不同的转化率要求：品牌和销售。公司可以根据自己的需求定义不同类型的转化率组和指标，还可以充分利用 SNS 网站的人际关系和实用的沟通方法，在公司产品和用户之间建立良好的沟通关系，从而使他们最终接受产品。

（3）SNS 游戏使营销变得容易。互联网上游戏的应用是 SNS 网站的重要组成部分，例如开心网在短期内成功推出了"奴隶交易"和"抢占停车位"游戏。因为游戏中汽车的品牌、产品形状、定位、价格以及拉力赛活动与现实中的实际情况匹配度很高，对此感兴趣的用户不用刻意营销就会被吸引，进入游戏。通过将营销元素添加到用户喜欢的操作中，并结合用户的兴趣，从而使用户更有可能接受产品，企业就更有可能脱颖而出并更轻松地指导他们的购买行为。公司还可以创建独家的产品和品牌营销游戏，例如阿迪达斯在人人网的"篮球巨星"游戏。

（4）组织活动营销。在 SNS 中使用人际关系以及用于事件营销的各种流行应用程序也是吸引用户参与的一种方式。例如，游戏"快乐农场"很受欢迎，农业领域的公司可以考虑通过这种方法进行营销尝试，如在 SNS 网站的给定区域中购买某种农作物的种子，也就是说，虚拟种子对应于现实中的种子。在游戏中，公司可以引入产品功能之类的信息，并鼓励用户进行互动以吸引尽可能多的朋友（例如，只有朋友可以浇水和施肥以生产更多的水果等）。成熟后，一些活跃的用户（如收获最多水果或与朋友共享最多水果的用户）有机会从制造商那里获取新鲜水果。共享这些虚拟工作成果可以增强用户之间的情感强度，也可以为企业带来更多的产品营销机会。

（5）使用数据挖掘技术来创建营销数据库。充分利用 SNS 网站上的大量用户数据，包括个人数据和交互式数据，例如投票、测试、共享信息（例如音乐、电影、书籍、有价值的地方等），分析并了解哪些用户是潜在用户以及他们的特征是什么。同时，通过礼物、团体、游戏、投票、测试等方式建立与用户的沟通关系，获得用户的意见和回报，不仅可以促销和销售产品，还可以在企业和消费者之间建立真正的联系，为公司带来长期的竞争优势。

（6）利用 SNS 分享的特点，促成病毒式营销。SNS 网站本身同样具备病毒式营销的可能。但要注意适当选择传播的人和内容。传播的人应是具有影响力的人，其影响力主要看其朋友数量和互动的情况，以及其意见直接传播的范围。传播的内容既可以产生自 SNS 网站，也可以源于第三方网站，但其关键是通过分享完成的。

第五节 其他网络营销

除了上面介绍的搜索引擎营销、E-mail 营销、网络会员制营销、Web 营销以外，网络营销的方法还有病毒式网络营销、移动互联网营销等。

一、病毒式网络营销

病毒式营销（Viral Marketing）也称病毒性营销，是指发起人发出产品、服务或者有创意的独特的信息给用户，再依靠用户之间的主动传播来达到企业网络营销的目的，是网络营销中的一种常见且非常有效的方法，它描述的是一种信息传递战略，因为这种信息像病毒一样通过用户的口碑传播快速地影响他人（张永锋，2011）。也就是说，通过提供有价值的或者有创意的产品或服务，"让大家告诉大家"，通过别人为你宣传，实现"营销杠杆"的作用。病毒式营销的首次实践，一般认为是 Hotmail 的免费电子邮件推广。2000 年，病毒式营销被引入中国后很快便进入沉寂阶段，直到 2004 年和 2005 年，借助腾讯 QQ 等即时聊天工具，病毒式营销才又逐渐被营销人员运用。真正引起人们对病毒式营销关注的，是伴随着 2006 年的个人博客和网络社区的蓬勃发展，病毒式营销在理论和实践的操作方法实现的一些本土化的创新。根据美国权威顾问公司 IMTS Strategies 公司的研究，病毒式营销已经成为美国营销人员的常用工具，高达 97%的受访者表示现在或者将来会采用病毒式营销的方法。随着网络成为人们生活中的一部分，以及病毒式营销的逐渐应用，它将越来越受到企业的重视。

（一）病毒式营销的一般规律

1. 病毒式营销的"病毒"具有临界点

病毒式营销本身并不是病毒，与病毒之间并没有任何直接联系。然而，在病毒式营销的实际操作中，如果忽略其本质（向用户提供有价值或有创意的产品或服务而使用户主动传播），病毒式营销就可能成为病毒传播。

2. 开展病毒式营销需要遵照的步骤和流程

病毒式营销并不是随便就可以做好的，应该从实用可行的角度设计一套步骤和流程。这样才能够有章可循，同时极大地提高营销的效率。

3. 设计病毒式营销方案、制作病毒式营销的"种子"需要成本

病毒式营销方案和病毒式营销的"种子"不会自动产生，在制作过程中需要一定的资源投入，并依据病毒式营销的基本思想进行设计。不能把病毒式营销理解成免费的网络营销，尤其在制订网络营销计划时，需要一定的人、财、物的支持。此外还应考虑到，并不是所有的病毒式营销都能获得理想的效果，这也可以理解为病毒式营销的隐性成本或沉没成本。

4. 病毒式营销信息不会自动传播，需要一定的传播渠道或者外部资源做推广

病毒式营销虽然依靠用户的口碑传播，但并不意味着信息会自动传播，还是需要借助一定的传播渠道或者外部资源，虽然这种推广方式可能并不需要直接费用，但依然需要以专业的网络营销知识为基础、合理选择和利用有效的网络营销资源。

（二）病毒式营销的一般流程

病毒式营销的"变种"很多，然而总结这些具体的实践活动，会发现一些共性，即病毒式营销的一般流程。

1. 确定病毒式营销的目的，制订病毒式营销计划

针对公司所处的环境，制订实施病毒式营销的计划，确定实施病毒式营销的策略以及要达到的目的。

2. 细分用户市场

虽然病毒式营销的人群覆盖面很广，但要达到病毒式营销的目的则要求策划者进行人群细分，知道最有价值的人是谁，以及他们有什么特征和共性。

3. 设计病毒式营销的内容

充分挖掘用户群体的兴趣点并认真分析。显然，各个年龄层的人群的兴趣点是不一样的，研究用户的兴趣点是"营销创意"的真正开始。

4. 采取合理的营销手段

设计好病毒式营销的内容后，企业应该采取合理的营销手段实施病毒式营销。现在的营销手段空前丰富，视频、邮件、软文等，让人目不暇接。

5. 及时跟踪反馈

及时跟踪病毒式营销活动的实施效果，适时调整企业的营销策略，并且在营销活动结束后，对营销效果进行分析总结，为下一次实施病毒式营销活动积累经验。

（三）病毒式营销的类型

按照病毒式营销信息的形式及其发布渠道，病毒式营销可以分为以下几类：

1. 即时通信类

即时通信类是指通过即时通信工具（比如 QQ、MSN、Skype、淘宝旺旺等）形成用户圈，并通过用户圈之间的互动进行信息共享传播。比如，在特定的 QQ 群内发布有价值的信息，群内的人就会将信息转发到其他群，这就实现了信息的病毒式传播。应该注意的是，由于各种即时通信工具在不同的年龄以及不同的群体中间有不同的流行程度，所以有必要有针对性地选择即时通信工具。

2. 在线服务类

一些知名的互联网公司都是通过电子邮件附加语的形式进行病毒式营销并取得成功的。电子邮件作为一种便捷且涵盖信息量较大的形式，对于发布较为私密性的信息和个性化的信息更为有效。不过要注意尽量避免向非目标用户发送垃圾邮件。

3. 信息发布类

通过互联网上的各种信息发布渠道，例如个人博客、论坛、视频网站、音乐网站等发布相应信息，利用各种网站本身的人气达到快速传播的目的。

4. 功能服务类

为用户提供免费的软件或者在线优惠券，在免费提供功能服务的时候，让用户主动传播。

5. 其他

如电子图书、网络动画等。设计精美的动画、电子书或者其他媒介会给用户带来惊喜，有些用户会在欣赏之余与好友分享，这样就达到了病毒式营销的目的。

（四）病毒式营销的策略

病毒式营销的策略一般有以下六种：

1. 提供有价值的或有创意的产品或服务

有价值或有创意的产品或服务是实施病毒式营销的关键要素，对营销目的的达成具有决定性的作用。要想让营销信息像病毒一样快速传播，就必须要有高质量、有价值或有创意的产品或服务作后盾。虽然有时候病毒式营销不能马上从短暂的营销活动中盈利，但是凭着积累的人气以及用户群，在以后会逐渐给企业带来盈利。

2. 设计病毒式营销方案

病毒式营销需要独特的、有创意的构思，并且需要精心设计病毒式营销方案（无论是提供有价值的产品或服务，还是提供创意）。在设计病毒式营销方案时，一定要将信息传播与营销目的合理地结合在一起，仅仅只为用户带来娱乐价值或优惠服务而不能达到企业营销目的的营销计划对企业并没有多大的价值；相反，如果广告气息太重，也会引起用户反感，而达不到企业的营销目的。

3. 设计病毒式营销的"种子"及其传播渠道

虽然病毒式营销的营销信息是靠用户之间主动的传播，不过只有精心设计的富有创意的"种子"才能引起用户的兴趣，并且促使用户主动推荐给别人。比如设计一个富有趣味的视频或图片，使其看起来更加吸引人，用户会更愿意主动传播。当然，好的"种子"只是病毒式营销的重要基础，还需要设计合理的传播渠道。比如可以通过在某个网站下载或查看的方式让用户传递网址信息，也可以通过电子邮件、即时通信工具直接传递文件，还可以通过社交网站的分享互动传递信息。

4. 策划和筹备原始信息的发布和推广

大规模信息传播是从小规模传播开始的，能否引起用户的兴趣使其主动传播信息是病毒式营销成功的关键与基本所在，因此，应该认真策划和筹备原始信息的发布与推广。原始信息可以发布在易于用户查看并积极共享的地方（例如活跃的在线社区），如果有必要，他们可以首先主动将信息传播给其他人，也可以在大的范围内主动参与推广。

5. 善于利用用户的积极性

我们现在正在进入一个崭新的时代，很多领域中大多数生产者都属于无偿贡献者，巧妙的病毒式营销方案会善于利用公众的积极性。互联网的快速发展使得信息传播更迅速、信息获取更快捷，在好奇心以及知识共享观念的驱使下，用户很容易就某一个兴趣或者事件展开交流。因此，巧妙的病毒式营销方案应该通过制造兴趣点来充分调动用户的积极性和行动力。

6. 实时跟踪和管理

病毒式营销的实施基于精心设计的病毒营销计划，在原始信息发布后，使用"种子"和精心设计的沟通渠道进行营销，尽管病毒式营销是基于积极传播用户之间的信息进行的，其营销效果不是直接可控的，但这并不意味着无须监视或管理病毒式营销。相反，必须及时了解病毒式营销导致的网站访问、公司产品或服务可见性的变化，发现问题并进行适当的调整。同时，一旦活动结束，必须正确地对其进行总结，以为病毒式营销的未来发展提供参考。

二、移动互联网营销

移动互联网是移动通信和互联网的结合。近年来，移动通信和互联网已成为世界上最具活力的两大业务，最大的市场潜力和最诱人的前景给营销带来了新的想法。

移动营销也称为"无线营销"。2003 年，美国移动营销协会（MMA）给出了移动营销的定义：移动营销是将无线通信媒体用作传递内容和通信的主要手段。毫无疑问，这里的无线通信方式是被称为"第五媒体"的移动电话。

阿莫·斯卡尔（Amo Scharl）认为，移动营销是指向消费者提供具有时间、价值和定制化的产品、服务或理念的信息，并以此获得收益的一种网络营销方式。综合这些定义，可以看出：移动营销的概念一方面强调了营销信息沟通渠道的独特性，另一方面也强调了它与其他营销渠道的共性，即促进产品或服务的销售。

移动营销是指使用手机和 PDA 等移动通信设备作为主要通信平台的品牌传播、客户传播等，可以将个性化信息直接传递给目标受众并与之互动。营销模型是传统营销方法和移动通信技术的结合。在这个定义中需要强调以下几点：首先，移动营销是整体的解决方案，而不是指某种营销方式，它是短信回执、短信网址、彩铃、彩信、声讯、流媒体等多种形式的集合；其次，移动营销的目的在于提升品牌知名度，收集客户资料数据库，增加客户参加活动或者拜访店面的机会，提高客户信任度和增加企业收入；再次，移动营销直接向目标受众传递信息，即直接面对已经事先定位的用户而不是大众；最后，移动营销具有强烈的个性化特征，因为其面对的是有鲜明个性的个体（伍锐，2018）。通过与移动运营商的合作，广告主可以深入了解每个手机用户背后的消费特性，对消费者群体进行划分和归类。并且以此为基础，精准地选择用户感兴趣的或者能够满足用户当前需要的信息，做到传播有的放矢，确保消费者所接收的信息就是他们需要的。

（一）移动营销的参与者

作为整体的营销方案，移动营销涉及多方面参与者，包括内容和应用服务提供商、门户和接入服务提供商、无线网络运营商、支持性服务提供商、终端平台和应用程序提供商以及最终用户。

1. 内容和应用服务提供商

包括内容创建者、内容集成者，为不同的客户群提供各种内容和服务，包括文本、音频、图像和视频。

2. 门户和接入服务提供商

门户有门户运营商和 Internet 服务提供商两种类型，它们共同为用户提供无线网络访问服务，从而使内容提供商和应用服务提供商提供的移动服务产品顺利地到达用户，从而实现移动资产的价值。

3. 无线网络运营商

包括无线网络基础架构运营商和无限服务提供商，他们共同在服务提供商和用户之间创建了信息通道，以确保信息的平稳交换。

4. 支持性服务提供商

它们主要为无线网络运营商提供各种支持服务，例如无线传输网络所需的硬件安装和软件的构建，以及支付支持和安全保证。

5. 终端平台和应用程序提供商

它们是一组致力于为用户提供优质服务接口的端到端平台供应商、应用程序提供商和端点供应商。

6. 最终用户

最终用户就是利用无线终端设备享受移动商务的个体。他们是价值链中价值分配的价值提供者，包括个人用户、企业用户等。

（二）移动营销的主要问题

由于手机等移动设备往往与消费者如影随形，因此移动营销的即时性和到达率是传统营销途径无法比拟的，这使其备受企业的青睐。但如果众多非经许可的信息发送到用户的手机上，会对消费者造成不必要的滋扰，在侵害用户权益的同时也影响了广告主的企业形象。以下将从手机用户、媒介和受众三个方面分析移动营销应用面临的主要问题。

1. 用户问题

从用户角度来说，移动营销主要存在两方面的问题：一是用户受侵扰问题。主要表现为有些企业为了追求信息的大量传播，不经用户许可就发送营销信息，众多非主动搜索的信息传递到用户的手机上，侵害了用户的权益。特别是垃圾信息，严重影响了人们的生活，带来严重的负面效应。二是用户隐私被泄露问题。由于掌握了丰富的用户信息数据库，企业可以向用户传递信息，与用户进行沟通，但有些企业把用户信息用于其他用途，用户隐私面临被泄露的风险，信息安全得不到保障。

2. 媒介接受能力问题

一些企业在进行移动营销时盲目追求形式的多样性，而忽视了媒介的接受能力，手机媒介的信息流量并非都完全支持多媒体信息的传播。另外手机媒介也是多样的，并非所有手机都能接收各种形式的营销信息，例如盲目群发信息而不是有针对性地发送信息，运用手机软件盲目营销而不对手机操作系统的市场状况以及软件的支持性进行调查。

3. 受众需求满足问题

由于受众的需求是多元化、个性化的，在没有调查用户需求之前就盲目地发送营销信息，会使各种营销信息与受众的需求无法很好地关联，不能满足受众需求，从而导致营销效果低下。"信安易"是一款专门为用户提供个性化来电过滤的软件，深受用户的喜爱。许多其他软件包包括呼叫筛选和多媒体播放，但它们在市场上的效率不及"信安易"，因为这些公司的营销诉求范围太大，他们想满足客户的不同需求，但是最终未能被用户广泛认可和接受。当然，移动营销的问题可能远不止这些，同时，随着技术的进步和市场的发展，移动营销暴露出来的问题可能还会更多。

第 二 篇

营销大数据

第六章　大数据概述

第一节　大数据产生和发展

互联网、移动互联网、云计算、物联网的快速兴起以及移动智能终端的快速发展，促使当前数据增长的速度比人类以往任何时期都要快。数据规模越来越大，内容越来越复杂，更新速度越来越快，数据特征的演化和发展催生出一个新的概念——大数据。

一、大数据的基本概念

大数据，也称为巨量资料，意味着所讨论的数据量太大，以致无法在合理的时间内获取、管理、处理和组织人类可以在数据库中解释的信息（雷翠玲，2017）。21 世纪，全球数据信息正在爆炸性增长，并已扩展到各个行业的各个领域，甚至已成为重要的生产要素，并且是各个行业增长和竞争的关键。互联网彻底改变了公司的运营方式、政府的管理方式以及人们的生活方式，信息爆炸式积累足以引发新的变化。世界比以往任何时候都拥有更多的信息，并且信息总量的大幅度增长足以触发信息的变化，并且出现了"大数据"的概念。此外，大数据不同于互联网，它以巨大的力量改变着世界。它的决策过程、分析、过程优化、高增长率和信息资产，在 IT、制造、零售、公共管理、技术等领域改变了它们的运营模式。因此，我们生活在一个充满大数据的新世界中。

早在 1980 年，著名的未来学家阿尔文·托夫勒（Alvin Toffler）便将《第三次浪潮》（*The Third Wave*）一书中的"大数据"称为"第三次浪潮的华彩乐章"。自 2009 年以来,"大数据"已成为通过互联网在信息技术领域流行的词汇。美国互联网数据中心研究表明,互联网上的数据将以每年 50% 的速度增长,每两年翻一番,并且近几年全球 90% 以上的数据都是由互联网生成的。此外,数据不仅指发布在互联网上的信息,还包括全世界工业设备、汽车和电表上无数的数字传感器,它们可以随时测量和传输位置、运动、振动、温度、湿度甚至空气化学物质,也产生了大量数据信息。2018 年 11 月,国际数据组织 IDC 发布了《世界的数字化——从边缘到核心》调研报告,指出全球数据量将从 2018 年的 33 ZB 增至 2025 年的 175 ZB。

海量数据伴随着网络普及而来,由相关服务和公司收集,并包含有关真实意图、偏好、非传统结构和数据生产者含义的数据。微软开发了一种基于大数据的软件,主要是为了节省资源并提高技术架构的效率。在此过程中,全球可以节省 40% 的能源。微软的史密斯说:"给我一些数据,我可以进行一些更改,如果您给我所有数据,我可以拯救世界。"

从大数据中"纯化"有价值的信息对于网络体系结构和数据处理能力也是一个巨大的挑战。经过多年的批评、质疑、讨论和媒体大肆宣传,大数据终于迎来了它的时代。2012 年 3 月 22 日,奥巴马政府宣布将投资 2 亿美元以促进大数据产业的发展,并将大数据战略转变为国家战略。奥巴马政府甚至将大数据定义为"未来的新石油"。

从技术角度来看,大数据和云计算之间的关系与硬币的正面和背面一样密不可分。大数据不应由单台计算机处理,而应使用分布式计算体系。它涉及提取大量数据,但必须依靠云计算进行分布式处理、建立分布式数据库、运用云存储和虚拟化技术。

大数据时代已经到来,它将引发许多领域的变革浪潮。但是我们必须冷静地看到,大数据的核心是为客户开发数据中的隐藏价值,而不是积累硬件和软件。因此,针对不同领域的大数据应用程序模型和业务模型的研究将是大数据行业健康发展的关键。作为国家计划和支持的一部分,地方政府需要根据当地情况制定大数据产业的发展战略。得益于本地和国外大型 IT 公司和许多创新公司的积极参与,该产业发展前景会更加广阔。

二、大数据的产生

大数据是在历史长河中一点一点发展演变而来的。上古时期的结绳记事、以月之盈亏计算岁月，到后来部落内部以猎物、采摘多寡计算贡献，再到历朝历代的土地农田、人口粮食、马匹军队等各类事项都涉及大量的数据。数据表示的是过去，但表达的是未来。

1890 年，美国统计学家赫尔曼·霍尔瑞斯发明了用来读取卡片上的信息的制表机，从而用 1 年时间完成了原本需要耗时 8 年才能完成的美国人口普查活动。由此在全球范围内开启了数据处理的新纪元。1961 年，美国国家安全局（NSA）已是拥有超过 12000 名密码学家的情报机构。在间谍饱和的冷战年代，NSA 面对大量数据信息，通过计算自动收集处理信号情报，并将仓库内积压的模拟磁盘信息进行数字化处理，仅 1961 年 7 月，该机构就收到了 17000 卷磁带。1980 年，美国著名未来学家阿尔文·托夫勒（Alvin Toffler）最早在《第三次浪潮》一书中提出了大数据（Big Data）的概念，并将其赞颂为第三次浪潮的华彩乐章。1989 年，英国计算机科学家蒂姆·纳斯·李提出通过开创一个叫作万维网的超文本系统，在全球范围内利用互联网实现共享信息。

1997 年，美国国家航空航天局（National Aeronautics and Space Administration，NASA）研究人员 Michael Cox 和 David Ellsworth 模拟飞机周围的气流时，对收集的数据他们认为无法进行处理，也很难可视化。大型数据集超过了主存储器容量，本地磁盘甚至远程磁盘的负载容量被称为"大数据问题"，这是人类历史上首次使用"大数据"一词。2009 年 1 月，印度政府成立了身份管理机构，该机构将 12 亿人的指纹、照片和虹膜数字化，然后为每个人分配一个12 位的识别号，并将其转移到世界上最大的生物特征数据库中，这将有助于提高公共服务效率并减少腐败。2011 年 2 月，原本要若干年扫描完成的页面上的信息被数字化，仅用了几秒钟。2012 年 3 月，美国政府发布了一份报告，要求每个联邦机构都有"大数据"战略。同时，美国政府还宣布了一项 2 亿美元的大数据研发项目。2012 年 7 月，美国国务卿希拉里·克林顿宣布，名为 Data 2X 的公私合营企业主要用于收集和统计有关世界各地妇女和儿童的经济、政治和社会地位的信息。2015 年 9 月，中国首个大数据国家行动计划——《促进大数据发展行动纲要》发布，全面推进我国大数据发展和应用，加快建设数据强国。该纲要提出从政府大数据、大数据产业、大数据安全保障体系三个方面着手，制定了未来 5~10 年我国大数据发展和应用应实现的目标，包括 2017 年底前形成跨部门数据资源共享共用格局、2018 年底前建成政府数据统一开放平台。

三、大数据的发展

计算机和网络已经成为当今社会不可或缺的重要工具，人们在各个领域中都需要计算机的帮助，人们利用计算机的高速度和大容量的特点完成了原来不能完成的任务，并且这种大容量的应用越来越广。例如，淘宝网站累计的交易数据量高达 100PB；百度网站总数据量已超过 1000 页，每天的网页处理页数已达到 10~100 页，它有 200 亿个数据块，总容量为 120 TB。根据世界领先的信息分析和信息咨询公司的研究报告，全球数据量将从 2008 年的 0.8ZB 增至 2020 年的 35ZB，并将在 10 多年内增长 44 倍。

云计算提供集中管理和对大数据的分布式访问所需的共享站点和渠道。大数据是云计算的灵魂，也是必然的升级。在云计算出现之前，数据大多散布在每个人的个人计算机和每个公司的服务器上。云计算，尤其是公共云，将所有数据集中在用户通过浏览器或专用应用程序访问的"数据中心"或"云"中。一些提供"云"服务的大型网站会积累大量数据，并实际上成为"数据中心"。"数据"是这些出色网站的主要资产。

物联网和移动智能设备继续产生大量数据并且数据类型丰富而鲜活，是大数据的重要来源。移动智能设备的普及为大数据带来了丰富生动的数据。苹果公司在 2012 年发布的一组运营数据反映了智能设备用户的活动水平。其中，iMessage 功能目前每秒为用户提供 28000 条消息，iCloud 为用户提供了超过 1 亿个文档，GameCenter 已创建了 1.6 亿个账户，iOS 应用程序已超过 70 万个，iPad 兼容用户达到 27.5 万。苹果的 AppStore 下载的应用程序数量已超过 350 亿次，分配给应用程序开发人员的份额总数已达 65 亿，iBooks 中的图书总数已达到 150 万，下载量超过了 4 亿次。

大数据的发展分为三个阶段：第一个阶段是"备份"，它包括大规模存储数据，可以使用的数据的多样性和价值。第二个阶段是"使用"。通过灵活地进行查询和调用数据，实现数据模型的建立和模型推理的实现。第三个阶段是"联接"。"联接"的特征在于，无论是工业数据、专业数据还是个人数据，大数据都是自组织和自发展的，它们会积累经验并不断改进自己的数据结构。

第二节 大数据结构与特征

对于大数据研究组织 Gartner 而言，"大数据"需要新的处理模型来加强决策，理解和优化流程，以适应大规模、高增长率和多元化的信息资产。

一、大数据的结构

数据是互联网发展的"产物"。在以云计算为代表的技术创新的背景下，这些难以收集和使用的数据已经开始易于使用。随着社会各阶层的不断发展，大数据将逐渐为人类创造更多价值。因此，要系统地识别大数据，必须将其彻底细致地分解。大数据主要由以下三个结构层次组成：

(一) 理论层面

理论是认识事物的必经之路，也是广泛传播的重要方法。这里的理论结构主要包括描述和定义该部门的总体数据、分析大数据的价值以及了解大数据的发展趋势。

随着信息技术与人类生活和生产的融合，大数据在各个领域的集成和应用不断加深。海量数据、市场需求分析、生产流程优化、供应链和物流管理、能源管理和智能客户服务可以适用于实体经济部门，是技术进步的重要引擎。此外，随着集成度和市场潜力的不断开发，大数据公司融合发展的好处和价值变得越来越明显。

根据中国信息通信研究院大数据行业地图《中国地图 2017》的统计，为金融、政府和电子商务领域提供大数据产品和解决方案的公司数量分别占 63%、57% 和 47%。

大数据的核心价值，从业务角度出发可以分为三点：

(1) 数据辅助决策。为企业提供基础的数据统计报表分析服务。分析师能够轻易获取数据产出分析报告，从而指导产品和运营，产品经理能够通过统计数据完善产品功能和改善用户体验，运营人员可以通过数据发现运营问题并确定运营的策略和方向，管理层可以通过数据掌握公司业务运营状况，从而进行一些战略决策。

（2）数据驱动业务。通过数据产品、数据挖掘模型实现企业产品和运营的智能化，从而极大地提高企业的整体效能产出。最常见的应用领域有基于个性化推荐技术的精准营销服务、广告服务，基于模型算法的风控反欺诈服务、征信服务等。

（3）数据对外变现。通过对数据进行精心的包装，对外提供数据服务，从而获得现金收入。市面上比较常见的有各大数据公司利用自己掌握的大数据，提供风控查询、验证、反欺诈服务，提供导客、导流、精准营销服务，提供数据开放平台服务等。

未来大数据除了解决社会问题、商业营销问题、科学技术问题之外，将更加详细地解决人们生活中的各种问题。例如，要建立一个个人数据中心，包括每个人的日常习惯、身体标志、社交网络、知识、性情、爱好、疾病、情绪波动等，这些数据可能被充分利用，如医疗机构将实时监控用户，教育机构更加关注于开发用户友好型的教育和培训计划，服务业为用户提供安全健康的食品和其他满足其需求的服务。社交网络可以为您提供合适的朋友。当用户出现精神健康问题时，政府可以进行有效干预，如防止自杀、刑事犯罪。金融机构可以帮助用户有效管理其财务状况，并为他们提供更有效的资金支持。通过建议和规划，交通、汽车租赁和运输行业可以为用户提供更便捷的旅行路线和道路服务设施。大数据不仅将改变公司的战略趋势，而且将渗透到人们生活的细节中。

（二）技术水平

大数据理论及技术体系构成了数据科学，包括数据获取、数据存储与管理、数据安全、数据分析、可视化等，此外还需要有基础理论和新技术，例如，数据存在性、数据测度、时间、数据代数、数据相似性与簇论、数据分类与数据百科全书、数据伪装与识别、数据实验、数据感知等。数据学的理论和方法将改进现有的科学研究方法，形成新型的科学研究方法，并且针对各个研究领域开发出专门的理论、技术和方法，从而形成专门领域的数据学。

（三）实践层面

实践是大数据最终价值的体现。大数据的价值在于能够预知未来的发展，展现美好景象及描绘即将实现的蓝图。实践结构通常包括四个方面，分别为互联网大数据、政府大数据、企业大数据和个人大数据。

1. 互联网大数据

互联网将计算机连接到每个人的桌面，从而改变人们的生活，并成为所有人访问所有类型数据的主要渠道。在互联网上获取数据的方案可以简单地概括为"请求"模式加上"响应"。

用户主动请求客户端（访问互联网的所有设备、软件等），服务器发送符合用户要求的数据。每个访问请求实际上都是鼠标单击。在服务器日志中，忠实记录了每个人的访问时间、请求的顺序和访问的 URL 的数据。这些访问记录就像人们在雪地上留下的足迹一样，通过链条相互连接，这就是人们在互联网上的行为。互联网记录并忠实地跟踪用户的轨迹，因为这些轨迹非常有用，因此各种服务器上的日志是非常重要的大数据类型。

2. 政府大数据

公共统计组织可以充分发挥大数据的积极作用，它们的使用不仅可以提高各个方面的效率，而且可以确保统计数据的准确性和科学性。大数据的主要功能是使用数据分析和解释各种经济指标，并根据相应的经济指标判断经济趋势，同时也可以提出相应的对策。因此，政府统计机构可以使用大数据来执行各种统计和分析工作。政府对社会主义市场经济的发展具有宏观调控的作用，必须通过数据分析来实施宏观调控的手段，以便对社会主义市场经济进行快速分析。使用大数据的业务流程分析经济发展的趋势，以及对经济发展可能面临的风险进行更深入分析，将有助于有关主管部门事先采取适当的风险防范措施，从而促进国民经济的持续增长。

3. 企业大数据

大数据可以帮助企业仔细了解其用户。通过特定的数据，公司了解客户对公司开发的产品的真实态度，以便从客户那里获得许多建设性意见，并重新定位新功能。公司根据这些评论定位制造的产品的新特征。大数据可以帮助公司开发潜在资源。作为公司实际活动的一部分，公司必须更有效地探索和使用潜在的数据资源，以实现对资源的准确控制。这些可以通过使用大数据信息技术最大限度地利用信息来实现。此外，大数据可以帮助公司更好地计划其产品生产，更好地管理公司并帮助其有效地开展业务。

4. 个人大数据

随着信息化时代的到来，每一个人都变成了"透明人"，个人的大部分行为已经转化为数据记录，这些数据记录经过各部门或者企业的整理而形成个人的大数据，用于判断个人的下一步行为意向或者作为金融机构的风控参照。个人大数据包括个人风险综合查询、违法犯罪记录、运营商授权数据、身份信息、个人资产信息、信贷模块数据、各种 APP 应用、浏览器的分析等。

二、大数据的特征

大数据的基本特征可以用 4 个 V 来总结（Volume、Variety、Value 和 Velocity），即体量大、多样性、价值密度低、处理速度快。

（一）体量大

到目前为止，人类生产的所有印刷材料的数据量为 200PB（1PB = 1024TB），而人类历史上所说的数据量约为 5EB（1EB = 1024PB）。目前，典型的个人计算机硬盘驱动器的容量级别仅为 TB，而一些大公司的数据量更接近 EB 级别。

人是移动互联网网络节点，每个人都是数据制造者。短信、微博、照片和视频都是数据产品。数据来自无数的自动传感器、自动记录设备等监控生产和环境设备；来自自动过程记录，对刷卡机、收银机、电子计费系统、互联网点击、电话拨号等进行流量监视、安全监视等设备；也来自自动流程记录，刷卡机、收款机、电子不停车收费系统，互联网点击、电话拨号等设施以及各种办事流程登记等。

通过互联网在特定站点上收集大量自动或人工生成的数据，包括电信运营商、互联网运营商、政府、银行、购物中心、企业、运输平台等数据，形成了大数据之海。

（二）多样性

随着传感器、智能设备和社交协作技术的飞速发展，组织中的数据变得越来越复杂，因为它们不仅包括传统的关系数据，还包括网页、互联网日志文件（包括点击流数据）、搜索引擎、社交媒体网络论坛、电子邮件、文档、系统传感器数据等原始的、半结构化和非结构化的数据。在大数据时代，数据格式已经多样化，涵盖了不同类型的文本、音频、图像、视频、模拟信号等，因为数据源不仅存在于所有类型的数据中，也越来越多样化；不仅来源于组织内部运作的各个方面，也可以从组织外部引入。

这种类别的多样性也让数据被分为结构化数据和非结构化数据。以往数据的记录多以文字为主，但是在社会生活的发展过程中，文字已经无法满足人们对数据的解读，从而相继出现了图片、视频、地理位置等信息。这些数据类别在直观表达数据信息的同时，对数据的处理能力提出了更高的要求。

过去，用户只能通过编程这种标准的计算机语言来发出指令，随着自然语言处理技术的发展，他们可以使用计算机来处理自然语言并建立文本到语音的通信，实现人与计算机之间有效交流，还出现了组织语言数据公司，专门研究结构化语言解决方案。自然语言无疑是一种新的数据来源，但同时也是更为复杂多样的数据，其中包括大量的语言现象，例如省略、参照、更正、重复、强调、逆序等，也包括噪声和歧义等语音现象，还包括含糊、口语和语调变化。

（三）价值密度低

价值密度的高低与数据总量的大小成反比。意思就是说，在大量数据中，不是所有数据都是有效的，真正有价值的数据不超过 10%。随着数据量以几何级数递增，隐藏在大量数据之后的有用信息并未显示出相应的增长比例，但是获取有用信息的难度却增加了。例如一段长达几个小时的监控视频，里面最有价值的信息可能也就几分钟甚至几秒钟的画面。

（四）处理速度快

在数据处理速度方面，存在众所周知的"1秒定律"，这意味着分析结果在秒级时间范围内给出，在此时间之后，数据将失去价值。

这是大数据与传统数据最显著的差别。在如此海量的数据中，企业或者商家想要在行业内生存，那么利用大数据进行高效的信息处理就显得至关重要，甚至处理信息的效率就是企业或者商家的生命。

大数据是一种以实时数据处理和实时结果定位为特征的解决方案。它的"快"有两个层面：首先，快速生成数据。一些数据具有爆炸性，例如，CERN 的大型强子对撞机在工作条件下每秒生成 PB 级数据，一些数据是如细流一般生成的，但是由于用户数量众多，生成的数据仍然非常重要，例如点击流、日志、射频识别数据、GPS 位置信息（全球定位系统）。其次，数据处理速度很快。正如水处理系统可以处理水库中的水一样，数据也可以直接处理。大数据还具有两个范例：批处理（"固定数据"变成"正使用数据"）和流处理（"动态数据"变成"使用数据"），用于快速数据处理。

三、大数据的数据类型

大数据的"大"不仅体现在体量大，也体现在数据类型多。按照不同的划分方式，大数据的数据类型是不一样的。

（一）按字段类型划分

按字段类型可以将数据划分为文本类（string、char、text 等）、数值类（int、float、number 等）、时间类（data、timestamp 等）。

文本类数据常用于描述性字段，如姓名、地址、交易摘要等。这类数据不是量化值，不能直接用于四则运算。在使用时，可先对该字段进行标准化处理（比如地址标准化）再进行字符匹配，也可直接进行模糊匹配。数值类数据用于描述量化属性，或用于编码，如交易金额、额度、商品数量、积分数、客户评分等都属于量化属性，可直接用于四则运算，是日常计算指标的核心字段。邮编、身份证号码、卡号之类的则属于编码，是对多个枚举值进行有规则编码，可进行四则运算，但无实质业务含义，不少编码都作为维度存在。时间类数据仅用于描述事件发生的时间，时间是一个非常重要的维度，在业务统计或分析中非常重要。

这种分类方式是最基本的。一是在系统设计时，需要确定每个字段的类型，以便设计数据库结构。二是在数据清洗时，文本类数据往往很难清洗，而且很多文本类数据也没有清洗的必要，比如备注或客户评论。数值类和时间类数据是清洗的重点，这类字段在业务上一般都有明确的取值范围。对于不合法的取值，通常用默认值填充。三是在建立维度模型时，数值类中的编码型字段和时间类字段通常作为维度，数值类中的量化属性作为度量。

（二）按数据结构划分

按数据结构可以将数据划分为结构化数据、半结构化数据、非结构化数据。

结构化数据通常是指用关系数据库方式记录的数据，数据按表和字段进行存储，字段之间相互独立。半结构化数据是指以自描述的文本方式记录的数据，由于自描述数据不用满足关系数据库中那种非常严格的结构和关系，在使用过程中非常方便。很多网站和应用访问日志都采用这种格式，网页本身也是这种格式。非结构化数据通常是指语音、图片、视频等格式的数据。这类数据一般按照特定应用格式进行编码，数据量非常大，且不能简单地转换成结构化数据。

结构化数据是传统数据的主体，而半结构化和非结构化数据是大数据的主体，后者的增长速度比前者快很多。而大数据的量这么大，主要是因为半结构化和非结构化数据的增长速度太快。在进行数据平台设计时，结构化数据用传统的关系数据库便可高效处理，而半结构化和非结构化数据必须用 Hadoop 等大数据平台处理。在进行数据分析和挖掘时，不少工具都要求输入结构化数据，因此必须把半结构化数据先转换成结构化数据。

（三）按描述事物的角度划分

按描述事物的角度，大数据可以分为状态类数据、事件类数据、混合类数据。

　　用数据来描述客观世界，一般可以从两个方面出发。首先，描述客观世界的实体，也即一个个对象及其特征，有些特征稳定不变，而另一些则会不断发生变化。因此，可以使用一组特征数据来描述每个对象，这些数据可以随时间发生变化，每个时点的数据反映这个时点对象所处的状态，因此称之为状态类数据。其次，描述客观世界中对象之间的关系，它们是怎么互动的，怎么发生反应的。我们把这一次次互动或反应记录下来，将这类数据称为事件类数据。例如，客户到商店买了件衣服，这里出现三个对象，分别是客户、商店、衣服，三个对象之间发生了一次交易关系。混合类数据理论上也属于事件类数据范畴，两者的差别在于，混合类数据所描述的事件发生过程持续较长，记录数据时该事件还没有结束，还将发生变化。以订单为例，从订单生成到完成订单整个过程需要持续一段时间，首次记录订单数据是在订单生产的时候，订单状态、订单金额后续还可能发生多次变化。

　　数据仓库需要保存各种历史数据，不同类型的历史数据保存方式差别很大。状态类数据保存历史数据的方式一般有两种：存储快照或者 SCD 方式。事件类数据一旦发生就已经是历史了，只需直接存储或者按时间分区存储。混合类数据保存历史比较复杂，可以把变化的字段分离出来，按状态类数据保存，剩下不变的则按事件类数据保存，使用时再把两者合并。另一个相关场景就客户画像，客户画像通常用状态类数据保存，对于与客户相关的事件类数据和混合类数据，也会转换成与状态类数据相同的形态。

　　（四）按数据是否处理划分

　　按数据是否处理，大数据可以分为原始数据、衍生数据。

　　原始数据是指来自上游系统的、没有做过任何加工的数据。虽然会从原始数据中产生大量衍生数据，但还是会保留一份未做任何修改的原始数据，一旦衍生数据发生问题，可以随时从原始数据重新计算。

　　衍生数据是指通过对原始数据进行加工处理后产生的数据。衍生数据包括各种数据集市、汇总层、宽表、数据分析和挖掘结果等。从衍生目的上，可以简单分为两种情况：一种是为提高数据交付效率，数据集市、汇总层、宽表都属于这种情况；另一种是为解决业务问题，数据分析和挖掘结果就属于这种情况。

　　（五）按数据粒度划分

　　按数据粒度，大数据可以分为明细数据、汇总数据。

　　通常从业务系统获取的原始数据，粒度比较小，包括大量业务细节。比如，客户表中包含每个客户的性别、年龄、姓名等数据，交易表中包含每笔交易的时间、地点、金额等数据。这种数据我们称之为明细数据。明细数据虽然包括最为丰富的业务细节，但在分析和挖掘时，往往需要进行大量的计算，效率比较低。

为了提高数据分析效率，需要对数据进行预加工，通常按时间维度、地区维度、产品维度等常用维度进行汇总。分析数据时，优先使用汇总数据，如果汇总数据满足不了需求则使用明细数据，以此提高数据使用效率。

在设计数据仓库时，如何对数据进行汇总，按什么方式进行汇总，才能达到使用效率和汇总成本的平衡？数据分析人员在分析数据时，在明细数据、各种汇总数据之间选择合适的数据，以提高分析效率。

（六）按数据更新方式划分

按更新方式，大数据可以分为批量数据、实时数据。

源系统提供数据时，不同的源系统有不同的提供方式，主要分为两种：一种是批量方式，这种方式每隔一段时间提供一次，提供的是该时段内所有变化的数据。批量方式时效较低，大部分传统系统都采用 T+1 方式，业务用户最快只能分析到前一天的数据，看前一天的报表。另一种方式是实时方式，即每当数据发生变化或产生新数据，就会立刻提供给用户。这种方式时效快，能有效满足时效要求高的业务，比如场景营销。但该方式对技术要求更高，必须保证系统足够稳定，一旦出现数据错误，容易对业务造成较严重影响。

第三节　大数据技术

大数据技术包括基础架构支持技术、数据采集技术、数据存储技术、数据计算技术、数据可视化技术。下面就各部分技术做一个介绍。

一、基础架构支持技术

大数据处理需要具有大规模物理资源的云数据中心和具有有效计划管理功能的云计算平台的支持。基于云的管理平台为大型数据中心和企业提供了灵活高效的部署、运营和管理环境，并支持异构的基础硬件和操作系统。通过虚拟化技术为应用程序提供了安全性、高性能、可伸缩性和可靠性。此外，高度可扩展的云资源管理解决方案降低了开发、部署、操作和维护应用程序的成本，并提高了资源效率。

作为一种新兴的计算机模型，云计算在学术界和行业中获得了可观的动力。政府、研究机构和行业领导者正在积极尝试应用云计算来解决互联网时代日益增长的 IT 和存储问题。除了中国的阿里云、腾讯云、华为云等外，还有亚马逊的 AWS（Amazon Web Services）、谷歌的 App Engine 和微软的 Windows Azure Services 云业务平台，以及开源云计算平台，例如 Open Nebula、Eucalyptus、Nimbus 和 OpenStack，每个平台都有其独特的功能。

AWS 云系统架构的最大特点是通过 Web 服务接口打开数据及其功能，通过 SOA 架构松散耦合，AWS 提供的 Web 服务堆栈可分为四层：

第一层是访问层，管理控制台、API，并提供了各种命令行；

第二层是通用服务层，包括身份验证、监视、部署和自动化；

第三层是 PaaS 服务层，包括并行处理、内容传输和消息传递服务；

第四层是 IaaS 服务层，包括 EC2 云计算平台、S3/EBS 云存储服务、VPC/ELB 网络服务、数据库服务等。

Eucalyptus 是一个为模仿 AWS 而设计和开发的开源云计算平台，其实现的功能类似于 Amazon EC2 的功能，以通过计算集群或工作站实现灵活且可用的云计算。它提供与 EC2 和 S3 存储系统的接口兼容性。使用这些接口的应用程序可以直接与 Eucalyptus 进行交互，支持 Xen 和 KVM 虚拟化技术，以及用于系统管理和用户计费的基于云的管理工具。Eucalyptus 包含五个主要组件，即 CLC 云控制器、Walrus 云存储服务、CC 群集控制器、SC 存储控制器和 NC 节点控制器。Eucalyptus 通过代理 IT 资源，各组件可以一起工作以提供所需的云服务。

Open Nebula 是欧洲研究协会于 2005 年推出的虚拟基础架构管理和云计算虚拟化管理层的开源实现。它用于创建私有、公共和混合 IaaS 云，以及可以实现多种云体系结构并与多种数据中心服务进行交互的模块化系统。Open Nebula 集成了存储、网络、虚拟化、监视和安全技术，通过分布式基础架构将多层服务部署到基于分布式的虚拟机中。

开放式星云分为界面层、核心层和控制层三层。界面层提供了本机 XML-RPC 接口，实现了多个 API，例如 EC2、开放云接口（OCCI）和开放星云 API（OCA），并提供了各种用户访问选项。核心层提供基本功能，例如统一插件管理、请求管理、虚拟机生命周期管理、虚拟机管理程序管理、网络资源管理和资源管理。控制层是包括与虚拟化软件（KVM，XEN）和物理基础结构交互的各种驱动程序的驱动程序层。

OpenStack 是一种开放源代码云计算体系结构，用户可以用来构建和运行其云计算和存储体系结构。用户通过与 Amazon EC2/S3 兼容的 API 来使用 OpenStack 提供的云服务，并且为 Amazon Web Services（AWS）编写的客户端工具也可以与 OpenStack 一起使用。OpenStack 尽最大努力使 SOA 组件和已处理的组件分离。OpenStack 是目前拥有最为传统工厂巨头支持的云架构开源项目，如 IBM、HP、Cisco 等，也是全球各个领域最主流的开源公司如 RedHat、RackSpace、Marantis 等的选择。

Nimbus 系统是一个开放源代码系统，提供了与 Amazon EC2 兼容的接口，能够快速轻松地生成虚拟机集群，因此该集群规划系统可以作为正常集群用于调度任务。Nimbus 还支持不同的虚拟实现（Xen 和 KVM）。它主要用于科学计算领域。

二、数据采集技术

大数据收集的是各种类型的结构化、半结构化和 RFID 衍生数据，传感器数据，实时摄像机数据，非实时历史视频数据，社交网络交互数据和移动互联网数据，非结构化海量数据。

足够的数据是大数据业务战略策略的基础。因此，数据收集已成为分析大数据的关键要素。采集是大数据挖掘的重要组成部分，后续的分析和提取基于收集的数据。大数据技术的重要性并不是真正地控制大量信息，而是智能地处理数据以分析和提取有价值的信息，仅当它包含大量数据时才如此。大多数公司仍在努力判断将来哪些数据将成为资产，以及如何在实际收入中完善它们。因此，即使是大型数据服务公司也很难给出确切的答案。但是有一点可以肯定：在大数据时代，拥有足够数据的人将能够抓住未来，而当前的数据收集是未来资产的积累。

数据收集基于物联网传感器和网络数据的收集进行。例如，在智能交通中，数据收集包括基于 GPS 的定位信息的收集、交通摄像头的视频采集、交通地图图像的采集以及在相交处采集线圈信号。互联网上的数据收集于各种网络媒体（例如搜索引擎、新闻网站、论坛、微博、博客、电子商务等），收集的内容主要包括文本、信息、URL、访问日志、日期和图像。之后，我们需要清理、过滤、称重以及收集、分类和存储各种其他类型的数据。

数据收集过程中的 ETL 工具负责从分布式异构数据源,例如文本数据、关系数据以及非结构化数据(例如图像和视频)中提取不同类型和结构的数据。在临时中间层中进行清洗、转换、分类、集成并最终加载到相应的数据存储系统(例如数据仓库或数据集市),成为分析处理的基础。大数据的 ETL 工具与传统的 ETL 过程不同,因为一方面大数据体量巨大,另一方面数据生成非常快,例如 CCTV 和智能电表每秒都在生成大量数据。数据预处理必须实时快速,在 ETL 的体系结构和工具选择中也会采用内存中的分布式数据库和流处理系统等。

现代企业中有各种应用程序、数据格式和存储要求,但是公司之间存在条块分割和信息孤岛。企业不允许企业之间数据交换和共享,而且受各种应用技术和开发环境的限制,也为企业数据共享设置了障碍,阻碍了企业对企业数据的交换和共享,并阻碍了企业对数据可控、数据管理、数据安全的需求。为了实现跨部门的数据集成,尤其是在智慧城市的建设中,有必要制定统一的数据标准、交换接口和共享协议,以便来自不同部门的数据、服务和格式可以统一查看、交流和共享。通过企业数据总线(EDS),可以将企业数据访问集成与功能集成分开,以实现对企业应用程序中不同类型数据的访问。

企业数据总线有效地创建了数据访问抽象层,该层允许业务功能绕过企业数据访问的细节。业务组件应仅包括服务功能组件(以实现现有的服务功能)和数据访问组件(使用企业数据总线)。通过企业数据总线,企业管理数据模型和应用程序系统数据模型之间形成了统一的转换接口,并有效降低了业务服务数据和应用程序系统数据模型之间的联系程度。在大数据场景中,企业数据总线上将存在大量同步数据访问请求。总线上任何模块的性能都会严重下降,这将严重影响总线功能,因此企业数据总线还必须同时具备大规模并发式和高可伸缩性的实现方式。

三、数据存储技术

大数据每年都会收到大量信息,而现有历史数据为整个行业中的数据存储和处理提供了巨大的机遇和挑战。存储管理技术的大数据挑战主要归因于可伸缩性。为了满足快速增长的存储需求,云存储必须具有高度的可扩展性、高度的可靠性、高可用性、低成本、容错性和分散性。常见的云存储形式可以分为分布式文件系统和分布式数据库。其中，分布式文件系统使用大规模的分布式存储节点来满足大量文件的存储需求，而分布式（NoSQL）数据库则支持大规模非结构化数据的数据处理和分析。

在 Google 存储和分析海量网页的最开始，Google 率先开发了 Google GFS 文件系统和基于 GFS 的分布式 MapReduce 分析模型。由于某些 Google 应用程序需要处理大量格式和半格式数据，所以 Google 开发了 BigTable 数据库系统，该系统的一致性要求很低，可以进行索引，查询和分析大数据。Google 系列产品为云计算时代的大规模数据存储、查询和数据处理开创了先例，已成为该领域事实上的标准，并始终保持技术处于领先地位。

由于 Google 的技术不向公众开放，因此 Doug Cutting 开发了 Hadoop 系统，该系统等同于 GFS 和 MapReduce 的开源实现。底层 Hadoop 文件系统 HDFS 和 GFS 的设计方法完全相同，并且还实现了开源 HBase Bigtable 分布式数据库。自 Hadoop 和 HBase 推出以来，已在全球范围内广泛使用，现在由 Apache Foundation 管理。雅虎的搜索系统可在数以万计的 Hadoop 集群上运行。

Google 的文件系统考虑了与在大型数据集群中运行分布式文件系统相关的非常困难的环境：

第一，必须充分考虑大量节点的故障，通过软件的集成容错和自动恢复功能反映在系统中。

第二，进行特殊的文件系统设置。文件大小通常为 G 字节，并且包含大量小文件。

第三，充分考虑应用程序的特性，增加文件添加操作，并优化顺序读写速度。

第四，某些特定的文件系统操作不再透明，需要应用程序的帮助。

为了应对大数据的挑战，一些商业数据库系统正在尝试将大数据需求与传统的 RDBMS 技术以及分布式和并行计算技术相结合。从硬件角度来看，许多系统都可以加快数据处理速度。典型的系统是 IBM 的 Netezza、Oracle 的 Exadata、EMC 的 Greenplum、HP 的 Vertica 和 Teradata。从功能上讲，这些系统可以继续支持操作语义以及传统的数据库和数据仓库分析模式。它们还可以使用大型群集资源来并行处理数据，从而大大加快加载、索引和查询处理的时间。Netezza 和 Exadata 是专门为数据仓库设计的一体机，是数据仓库设备的解决方案。它把软件与硬件紧密结合，无缝地整合数据库管理系统（DBMS）、服务器（Server）和存储设备（Storage），不需要复杂配置和调优就可以取得非常优异的性能。对于最终用户，可以通过标准界面和简单的操作快速轻松地安装多合一设备，并满足用户的需求。但是，这些多合一解决方案具有高硬件成本、高系统成本、高系统服务成本以及系统升级扩展时也需要整体购买等缺点。Oracle Exadata 的最大问题是 Shared Everything 体系结构，它限制了处理能力和可伸缩性。Exadata 存储层不能相互通信，中间计算的结果必须首先从存储层传递到 RAC 节点，再通过 RAC 节点传递到相应存储层的节点，最后进行计算。大量的数据移动会导致不必要的 I/O 和网络资源消耗。Exadata 在查询性能方面不是很稳定，并且需要大量的经验和知识来优化性能。

NoSQL 数据库打破了传统关系数据库的范式约束。从数据存储的角度来看，许多 NoSQL 数据库不是关系数据库，而是包含键值数据格式的哈希数据库。NoSQL 仅仅是一个概念，泛指非关系型的数据库，区别于关系数据库，它们不保证关系数据的 ACID 特性，具有易扩展、数据量大、性能好、数据模型灵活、可用性高等特性。在设计方面，研究人员非常关注大量的同时读写操作和大数据的存储。相对于关系数据库，它们在可伸缩性、竞争性和容错性方面具有巨大优势。现在，经典的 NoSQL 数据库包括 Google 开发的 BigTable、Facebook 的 BigTable 和 Cassandra 等 HBase 的开源实现。

由于某些 Google 应用程序需要处理大量的格式和半格式的数据，因此 Google 构建了 BigTable，这是一种对一致性要求较低的大型数据库系统。BigTable 应用程序包括搜索日志、地图、Orkut 在线社区、RSS 阅读器等。

BigTable 也是客户端和服务器的联合设计，因此性能可以更好地满足应用程序的需求。BigTable 使用 Google 的分布式文件系统（GFS）存储日志文件和数据文件，依赖集群管理系统来调度任务、管理共享的机器上的资源、处理机器的故障，以及监视机器的状态。Chubby 是 BigTable 非常健壮的粗粒度锁，用于持有指向根数据表的指针，这意味着用户可以首先从 Chubby Lock Server 获取根表的位置以访问数据。BigTable 集群通常运行在一个共享的机器池中，池中的机器还会运行其他的各种各样的分布式应用程序，BigTable 的进程经常要和其他应用的进程共享机器。除了元数据管理外，主服务器还负责远程管理和配置平板电脑的服务器负载（即一般意义上的数据服务器）。客户端通过编程接口与主服务器通信，并与 Tablet 平板电脑服务器建立数据通信。

在大型分布式数据库中，传统的 NoSQL 数据库（如 HBase 和 Cassandra）主要提供高可扩展性支持，并在一致性和使用方面做出相应的牺牲，例如对传统的 RDBMS 事务的 ACID 语义支持还不够。Google 的 Megastore 致力于将 No-

SQL 与传统的关系数据库集成在一起，并为一致性和高可用性提供了有力的保证。Megastore 使用同步复制来获得高可用性和数据的一致视图。简而言之，MegaStore 为"不同地理区域的低延迟数据副本"提供了完整的序列化 ACID 语义，以支持交互式在线服务。Megastore 结合了 NoSQL 和 RDBMS 的优点，可满足一致性保证原则的高可伸缩性、高容错性和低延迟性，可为数百个 Google 生产应用提供服务。

四、数据计算技术

为了满足数据处理等不同的大数据需求，催生了不同的大数据计算模式，例如离线批处理计算、实时交互计算和流计算等。

（一）离线批处理

云计算等技术的广泛运用使得基于开源的 Hadoop 分布式存储系统和 MapReduce 数据处理模式的分析系统得以广泛地运用在数据处理方面。Hadoop 的数据分块和自动恢复机制能够支持 PB 级的分布式数据存储，而基于 MapReduce 的分布式处理模式能够对海量数据进行分析和处理，MapReduce 的编程模式在 Hadoop 等开源软件的推广下被广泛运用在欺诈检测、网页搜索等实际应用当中。

Hadoop 拥有对海量数据进行分布式处理的能力，这种软件框架高效可靠而且可伸缩地对数据进行处理，通过增加更为低廉的商用型服务器这种横向拓展的方式提高计算机数据计算和存储的能力（王国胤等，2018）。Hadoop 有很多优点，在此简单列举四个：一是按位存储及其较强的处理能力使其具有很高的可靠性；二是 Hadoop 通过在可利用的计算机集群分配数据和任务，这种集群方便扩展的特性使其具有很高的拓展性；三是 Hadoop 能在保持节点的动态平衡前提下在各个节点移动数据，速度很快，具有很高的效率；四是数据副本自动保存，失败任务自动重新分配，具有很高的容错性。

MapReduce、HBase、HDFS、Zookeeper、Hive、Avro 和 Pig 等大数据处理平台技术已经形成了一个 Hadoop 生态圈。

MapReduce 通过集群并行编程很好地满足了大部分的应用需求，虽然其在分布式计算方面表现得很好，但并不能解决大数据领域的任何问题，有些应用需要实时获取计算结果，如基于付费的广告投放以及基于实时用户行为分析的社交推荐等，MapReduce 就不能满足这些应用的高效处理的需要，这些高效处理需要多轮作业、数据细粒度划分。

MapReduce 模型存在中间数据传输难充分优化、单独任务重启开销大、中间数据存储成本高、难以直接存储访问结构化数据等局限性。

除此之外，以 Swift 为例的工作流计算、以 Pregel 为例的图计算都能够处理内含大规模计算任务的应用流程和图算法。Swift 是科学工作流和分布式计算之间的通道，其可对大规模工作流实现快速可靠定义并执行和管理，是一种并行的编程方法。

PRegel 是面向图算法的分布式编程方法，被广泛地运用于最短路径、图遍历、PageRank 等计算。PRegel 采用的是迭代的计算模型：在每一轮中，每一个顶点在处理上一轮收到的消息的同时发出消息给其他顶点，并更新自身状态、拓扑结构等。

（二）实时交互计算

当今时代的数据量十分庞大，实时计算除了要满足计算结果准确的要求之外还需要实时响应计算结果，这种实时计算的要求一般是秒级，其应用场景有以下两种：

第一，既有的数据量十分巨大而且不能够提前计算出结果，但需要对用户需求做出实时性响应的数据分析处理情况。在这种场景下，数据量十分庞大，不能够穷举所有可能条件或者条件无用时实时计算就能够使计算过程推迟到查询阶段来进行。

第二，数据是实时不断更新，即面对流式数据的实时响应用户需求。在这种场景下将数据看作数据流，实时数据能动态对数据进行统计分析，能够广泛运用在系统调度管理、状态监控等实际应用中。

实时交互计算过程分为实时采集、实时计算、实时查询服务三个阶段。

实时采集不仅要求实时快速、低延迟地采集数据，还要求数据采集的完整性。现在互联网企业的大数据采集工具有很多，例如 Facebook 的 Scribe、Cloudera 的 Flume 以及淘宝的 TimeTunnel 等都能够很好地满足企业对数据的采集和传输需要。

实时计算一般采用并行处理 MPP 的分布式框架，将数据的存储和处理任务分配到众多节点上。这种计算不同于传统的通过 Query 和 DBMS 的交互技术，适合数据实时性强、数据量大、数据格式多样的需要。

实时查询服务的实现有全内存、半内存和全磁盘三种方式，全内存通过直接提供数据读取、定期进行持久化来提供服务，半内存通过数据库提供查询服务，全磁盘则使用以分布式文件系统为基础的 NoSQL 数据库来提供查询服务。

Google 的 Dremel 系统是实时和交互式计算技术中的突出表现，Dremel 是一种"交互式"数据分析系统，通过组建上千规模的集群来处理 BP 级的海量数据。Cloudera 的 Impala 系统，也是类似于 Dremel 的有效的大数据实时查询工具。Impala 能在 HDFS 或 HBase 上提供交互式、快速的 SQL 查询服务，Impala 使用统一的存储平台、Metastore 及 SQL 语法等，为批处理和实时查询提供一个统一的平台。

(三) 流计算

在众多实时诈骗分析、实时交易系统、实时监控等实时分析场景中，不仅数据量巨大、实时性要求高，数据源也是实时不间断的。这些不间断的数据要求处理速度水平高以避免数据堆积的情况，这就需要扩展性较高的流计算。

流计算针对实时连续数据，在不断变化的过程中进行实时分析，抓取可能有用的信息并发送出去，这种数据处理过程是一个主动处理的过程，用户则处于被动接受的状态。

Twitter 开源的 Storm 是类似于 Hadoop 的一个实时数据处理方法，其高可扩展性使得高频数据处理和大规模数据实时流计算能够应用在实时搜索、社交网络推荐、交易推荐等方面。Storm 不仅可以实时处理新数据、更新数据库，也可以连续查询并反馈结果，还可以进行密集查询。Storm 具有容错性和很好的可拓展性，其拓扑结构是一个等待信息调用的分布函数，Twitter 上的热门话题的发送就采用了 Storm 框架。

五、数据可视化技术

人的理解能力是有限且具有差异化的，计算结果要被用户理解，需要简单直观的展现，通过图片、表格等多种方式将错综复杂的数据和数据处理结果表现出来，才能应用到统计、分析、预测及决策过程中，才能应用到企业的生产经营中，这也体现了大数据交互技术的重要性。

Excel 表格和图形格式是众所周知的常用数据显示方法，而 Datawatch、SPSS、MATLAB、Stata 等软件也为日常的数据应用提供了便利。许多华尔街交易员也用 Excel 及其多年来积累和总结的公式来交易大型股票。微软和一些企业家也看到了开发大型数据处理平台的市场潜力，使用 Excel 演示和交互，并将 Hadoop 与其他技术结合起来。

　　比起文字，人脑更能理解和处理形状，可视化数据使人能够深入了解数据中的潜在或复杂关系。大数据的兴起使得我们应用许多新的方法来呈现数据，一些初创公司正关注这方面。这些新方法包括可在网页上呈现的交互式图表，例如可操作和控制的图标、动画和演示的交互式图表。此外，交互式地图应用程序（如 Google 地图）还具有动态标记、路径生成和全景航空地图覆盖范围等功能，其开放的 API 接口使得它可以与各种服务应用程序一起结合使用。Google 的图表工具 Google Chart Tools 还提供了多种灵活的方式来可视化网站上的数据。除了简单的折线图、地形图和比例图及复杂的树图等呈现方式，Google Chart Tools 还提供了许多设计良好的绘图工具。

　　由斯坦福大学创建的大数据初创公司开发的 Tableau 正在成为最好的数据分析工具之一，Tableau 将数据操作与图表完美地关联在一起。企业可以使用它将数据拖放到数字“画布”上创建图表。Tableau 的设计和实施理念是，界面上的数据易于操作，公司就可以更好地了解自己在业务领域的行为是正确还是错误。快速处理和易于共享是 Tableau 的另一个优点。Tableau Server 可在数秒内在线发布交互式控制面板。用户只需一个浏览器即可轻松筛选、选择和响应问题，这给予他们使用数据的动力。

　　Visually 是另一家大数据可视化公司，以其丰富的资源而闻名。这是一个社会信息地图的创建和共享平台，也是一个新的数据可视化平台，许多用户愿意将自己的可视化信息图上传到该网站，与他人共享，极大地刺激视觉性能并促进用户之间的相互学习和讨论。可以使用 Visually 探索和共享数据的可视化，因为这是一个自动化工具，它可以轻松快速地插入不同类型的数据，并以图形方式表示这些数据。

　　另一种可视化技术——3D 数字渲染技术，也广泛应用于数字城市、数字校园、仿真等诸多领域，具有很高的可操作性。现代 AR 技术通过计算机技术将虚拟信息应用于现实世界。真实环境和虚拟对象实时叠加在同一屏幕或空间上。虚拟 3D 数字模型与真实场景相结合，可以更好地感知场景。通过运用 AR 技术，用户可以与虚拟的物体进行交互，如虚拟眼镜、驾驶模拟飞机等。在德国，工程师可以使用头盔显示器来显示机器的内部结构和相关内容从而更好地完成机械安装、维护和调整任务。

　　现代传感技术，如 Microsoft Kinect 和 Leap 公司的 Leap Motion 体感控制器，可检测和感知人体运动和手势，将其转换为对计算机和系统的控制，并将人们的双手从传统的键盘、遥控器等解放出来，从而使设备直接在运动姿势中与计算机和数据产生交互。当今流行的可穿戴技术（如 Google 眼镜）就结合了大数据、增强现实和体感技术。随着数据的发展和技术的成熟，我们可以利用大数据搜索、计算和识别来实时感知我们周围的真实环境，包括周围的建筑物、企业、人、物体等的识别和数据收集。当然，这种新设备和技术的缺点也是很明显的，我们处于不断被监视、隐私被侵犯的状态。因此，大数据技术带来的安全问题不容忽视。

第四节　大数据与人工智能

人工智能的概念已经存在了 60 多年。近年来，由于算法模型的不断优化、数据量不断增大等，人工智能有了不同的发展水平和特征。探究大数据和人工智能之间的关系对深入理解大数据很有帮助，首先我们介绍人工智能的相关概念。

一、人工智能的概念

（一）人工智能的基本概念

人工智能简称为 AI（Artificial Intelligence），是模拟扩展人类智能的一门新的技术科学，是计算机科学的一个分支，它旨在了解智能的本质，并产生一种类似于人类智能的新型智能机器，包括机器人技术、语音识别、自然语言处理、图像识别和专家系统（王先庆和雷韶辉，2018）。

人工智能的概念起源于 1956 年在达特茅斯学院举行的"人工智能夏季研讨会"，在 20 世纪 50 年代末和 80 年代初，人工智能达到了两个发展高峰，但由于技术"瓶颈"和应用成本的限制陷入低潮。现今时代，新一代信息技术的指导使得数据的积累和计算能力得到了极大的提高，算法模型不断发展，工业应用正在迅速崛起，人工智能的发展环境产生了巨大的变化。自主智能系统和群体智能系统已成为新的发展方向，人工智能已经第三次跃居科学技术发展浪潮的最前沿。

（二）人工智能的发展历程

人工智能自诞生以来已有 60 多年的历史，经历了三个阶段：第一阶段是从 20 世纪 50 年代末到 80 年代初；第二阶段是从 20 世纪 80 年代初到 20 世纪末；第三阶段是从 21 世纪初至今。在人工智能发展历程的前两个阶段，由于技术突破的失败，相关应用一直难以达到预期的良好效果，无法支持大规模的商业应用。随着信息技术的飞速发展和互联网的迅速普及，深度学习的提出使得人工智能获得了第三次的高速增长。

1. 第一阶段

在第一阶段，符号主义盛行，并且人工智能迅速发展，1956~1974 年是人工智能发展的第一个黄金时代。科学家们将符号方法引入语义处理的统计方法中。随着基于知识的方法的出现，人机交互成为可能。科学家们开发出各种重要的算法，如用于深度学习模型的贝尔曼公式。除了算法和方法上的新发展，科学家们也制造出了初步具有智能的机器。如 1964 年出现的 STUDENT 可以证明应用问题，1966 年出现的 ELIZA 可以通过简单的人机交互实现对话。人工智能的发展如此之快，以至于研究人员普遍认为人工智能取代人类只是时间问题。

1974~1980 年，专家发现模型存在局限性，人工智能的"瓶颈"逐渐出现，逻辑证明、感性、强化学习的相关机器只能完成指定的工作，超出任务范围的任务则无法处理，智力水平较低，限制因素更加突出。造成这一局限性的原因有两个：一是人工智能所依据的数学模型和数学手段存在一定的缺陷；二是许多计算的复杂程度是指数型的，现有的算法没有办法完成计算任务。先天缺陷是人工智能在早期发展过程中的"瓶颈"，研究开发机构对人工智能的热情慢慢消退，人工智能资金减少，人工智能发展首次进入低谷。

2. 第二阶段

在第二阶段，数学模型有了重大突破，同时，专家系统得到了应用。20 世纪 80 年代，人工智能重新进入公众视野。与人工智能相关的数学模型已经有了许多重要的发现，例如 1986 年提出的多层神经网络和 BP 反向传播算法，这两种算法在 1989 年进一步产生了一个可以和人类下棋的高度智能的机器。其他成就包括人工智能网络，这个系统能自动识别信封上的邮政编码，准确率超过 99%，超过普通人。同时期，卡内基梅隆大学（Carnegie Mellon University）在 1980 年为 DEC 公司开发了一套专家系统，帮助 DEC 每年节省约 4000 万美元。受此鼓舞，许多国家，包括日本和美国等，再次投入巨大资金开发第五代计算机，这代计算机当时被称为人工智能计算机。

但是那时，一个不容忽视的问题是高昂的成本和维护人工智能的难度。为了促进人工智能的进一步发展，研究人员设计了 LISP 语言并为其开发了 LISP 计算机。这种计算机的执行效率高于普通计算机，但是成本高且维护困难。同时，1987~1993 年，IBM 和苹果公司开始推广第一代台式计算机。随着性能的不断提高和销售价格的不断下降，这些个人计算机逐渐占领了消费市场，计算机进入个人家庭，昂贵的 LISP 计算机由于过时和难以维护而逐渐在市场上惨遭淘汰，专家系统逐渐退出视野，AI 硬件市场明显萎缩。与此同时，政府投入资金开始减少，人工智能又跌至低谷。

3. 第三阶段

在第三阶段，新技术迅速出现，人工智能进入了一个新的阶段，但是人们对于未来的发展也有很多担忧。随着互联网的普及、传感器的广泛应用、大数据的出现、电子商务的发展、信息社会的崛起，数据在社会中和信息空间不断融合，信息环境、人工智能和数据库都发生了巨大而深刻的变化，这些变化形成了推动人工智能进入新阶段的外部力量。同一时间，人工智能的最终目标有了很大的调整，科学基础和载体有了新的突破，深度学习等一系列技术也开始出现。

由于快速增长的数据和计算能力的迅速提高，以及机器学习算法的不断优化，新一代的人工智能的能力已经达到或超过人类在某些任务上的工作能力。随着应用范围的不断扩大，人工智能与人类的生产生活的关系越来越密切。一方面，它给人们带来了极大的便利。另一方面，它也带来了一些潜在的问题：首先，机器代替人的速度加快，结构性失业可能会更加严重；其次，在隐私保护、许可权利等方面保护不足。

二、人工智能的驱动因素

目前存在着快速迭代的新一代的信息技术，如移动互联网、云计算、大数据等，人类社会和物理世界的二元结构转换成人类社会、物理世界、信息世界的三重结构，人、机器的交叉互动更频繁。人工智能发展所需要的信息和数据环境产生了重大的变化。数据越来越多、计算能力不断提高、算法模型不断优化，再加上各种场景下新应用的组合，形成了一个相对完整的闭环，这四大要素也推动新一代人工智能的发展。

（一）人机物互联，数据量呈爆炸式增长

近年来，随着互联网、社交媒体的普及，以及移动设备和传感器的不断推

广使用，全球范围内产生和存储的数据量大幅增加，为人工智能的深入学习和训练提供了良好的基础。

物联网将智能传感器、工业系统、移动终端、楼宇控制系统、视频监控系统、家庭智能设施等具有内在智能的终端设备和设施，通过各种无线、有线的长距离、短距离的通信网络形成应用集成，实现互联互通。在内网、专网、互联网环境下，提供安全可控乃至个性化的实时在线监测、定位追溯、报警联动、调度指挥、预案管理、远程控制、安全防范、远程维保、在线升级、统计报表、决策支持、管理和服务，实现对万物的高效、节能、安全、环保一体化。在这种人机物互联中，数据呈现指数级爆炸增长。

（二）加速进步的数据处理技术使得运算能力有了大幅度的提升

人工智能领域有很多数据，呈现高强度、高频处理的特点，而传统的数据处理技术是难以满足这些要求的。人工智能芯片的出现加快了神经网络的训练迭代速度，大大提高了大规模数据处理的效率，极大地推动了人工智能产业的发展。目前，GPU、NPU、FPGA 和各种 AI-PU 专用芯片应运而生。与传统 CPU 相比，NPU 和其他专用芯片只能同时执行较少的加减运算，能够使用数据驱动的并行计算体系结构，特别适合处理视频和海量多媒体数据，同时，其产生的功耗比 CPU 低。

传统的主流 CPU 架构，如 X86 和 ARM，通常需要数百甚至数千条指令才能完成一个神经元的处理。虽然它们的深度学习不需要太多的程序指令，但需要大量的数据操作，无法很好地进行匹配和适应。

（三）众多卓越的深度学习研究成果持续带动算法模型的优化

2006 年，加拿大多伦多大学的杰弗里·辛顿教授提出了深度学习的概念，极大地丰富了人工神经网络算法，也提高了机器自我学习的能力，例如谷歌大脑团队在 2012 年使用深度学习技术，成功让计算机从视频中"识别"了猫。当今时代，算法模型变得越来越重要，全球的科技公司特别是科技巨头都不断增加对这方面的布局力度和投入资金，通过成立实验室、搭建开源算法框架、打造生态体系等来不断推动算法模型的创新。

现在，深度学习等一系列算法不仅被广泛应用在语音处理方面，还在自然语言处理以及计算机视觉等领域有所实践，而且在某些领域有了很大进展，深度学习使得人工智能从监督式学习逐渐地演化为半监督式甚至是无监督式学习。

海量的数据、快速增长的运算力以及不断改进创新的算法不断引发人工智能的爆发式发展。与早期人工智能相比，现今的新一代人工智能在数据、运算力和算法方面体现出不断融合、优劣互补的特点。

（四）资本与技术的耦合程度进一步加强，推动行业应用

现今，人工智能的关键技术都有了较大突破，应用需求也随时代变化在不断增加，人工智能技术不仅应用于实验室，也在向各个产业各个领域不断渗透，同时，人工智能的产业化水平大幅提升。在这个应用过程中，资本发挥了重要的作用。一方面，跨国科技巨头拥有雄厚资本，以资本为杠杆从而展开投资并购活动，不断完善产业链布局。另一方面，各种资本都对初创型公司表现出极大的兴趣，它们对于这些初创公司的资金支持使得优秀的初创公司能够快速成长并站稳脚跟。美国的技术研究公司 Venture Scanner 曾经进行过一项调查，截至 2017 年 12 月，在全球范围，总计有 2075 家人工智能类企业的融资规模十分巨大，总额达 65 亿美元。目前，人工智能已广泛运用于无人机、教育、金融、国防、搜索等领域。

三、人工智能和大数据的关系

近年来人工智能的发展势头很猛，而其快速发展离不开机器学习，特别是深度学习，这是人工智快速发展的重要驱动因素。海量数据和不断进步的运算能力是深度学习的基础，因此，大数据是人工智能够快速发展并应用到实践的一个重要基石。

随着信息技术的迭代更新和发展，无论是计算机的计算能力，还是数据处理能力和速度都有了很大幅度的提升。机器学习算法的快速发展使得海量数据不再是数据垃圾，而能够通过数据处理分析挖掘其价值。

从技术角度来说，人工智能的技术正在从原有的 CPU 架构逐渐转变为 GPU 并行运算的架构，这是因为深度学习算法运行于 CPU 架构的指令需求过于复杂。机器学习的领导者 Jeffrey Hinton 掀起了人工智能领域的深度学习浪潮，大数据技术带来的数据洪流符合深度学习算法对训练数据的要求。吴恩达教授带领的谷歌脑（Google Brain）研究结果显示，12 个 NVIDIA 的 GPU 的深度学习性能相当于 2000 个 CPU，这给技术的创新发展带来了质的飞跃。这种质的飞跃需要大数据作为基础，不然 GPU 就相当于缺少燃料的火车，将无法启动。

大数据的主要通用技术包括采集和数据预处理、存储与管理、分析与挖掘、数据展示与可视化、隐私与安全等，具有数据规模大、种类多、速度快的特点，同时数据产生速度快、处理能力强、及时性强、可靠性要求严格、数值高、密度低这些特性也为人工智能提供了丰富的数据基础。从跟踪静态数据到组合动态数据，人工智能可以根据目标环境的变化而变化，不断提高算法的准确性和可靠性。

从人工智能的发展过程来看，缺乏数据支持和计算能力保障的算法驱动模式的人工智能难以持续发展。人工智能的发展以实现机器的智能作为一个重要的研究方向，充分利用现代快速计算和具有高内存存储能力的高性能计算机，通过设计神经计算、进化计算和其他算法解决实际问题，如优化筛选、逻辑推理等。虽然深度学习和浅层学习算法的概念已提出多年，但由于缺乏大规模的数据积累和相匹配的先进计算能力，其进展一直缓慢。与早期人工智能相比，新一代人工智能体现了数据、计算能力和算法集成并具有优势互补的特点。在数据方面，随着数据技术的飞速发展和各种数据资源的不断积累，人类已经进入了互联网时代，这在很大程度上为人工智能的训练和学习打下了扎实的基础。

第七章 营销大数据概述

第一节 营销大数据的产生

当今时代是大数据的时代，众多的传感器、可穿戴设备、智能设施等都为人类的生产生活提供了海量的数据，通过分析这些数据，企业可以更清楚地了解现在的消费趋势，企业营销所需要的数据来源主要有以下几种：

一、产生于企业内部系统的营销大数据

以电子商务网站为例，其内部系统往往包括网站管理系统、产品采购和管理系统、客户服务管理系统、仓储管理系统、财务系统等，不论系统是否是自己开发的，一般来说公司都会拥有深度的管理权限，也有能力直接从数据库查询信息。对于电子商务网站来说，交易的核心信息大多在内部系统中——这一点和传统商务颇为相似。

随着全球化趋势的不断加深，公司内部信息管理系统的组建与管理已经越来越被人们重视。公司内部信息管理系统在组建过程中要对其内部功能及结构层次进行全方位把握，对各项管理内容进行全方位控制，只有在上述的管理系统下才能从根本上提升系统的安全性、可靠性和有效性，改善系统的综合应用效果。而企业内部信息系统的建立，也极大地增加了企业产生的数据量。

2016年，IBM在全球发布了《分析：现实世界中应用的大数据》白皮书（以下简称白皮书）。IBM在白皮书中表示，通过调研发现大数据主要来源于企业内部。

目前，随着互联网技术的飞速发展，企业的数据呈爆炸式增长。以卫生保健行业的数据为例，该行业每天需要面临几十 GB 的数据量增长，但这只是数据增长的冰山一角，对于金融、政府和其他行业来说，数据增长更快。对于企业的 CIO 来说，他们的经营重点之一就是聚焦如何使内部的数据发挥更大的价值，与外部数据相比，CIO 更关注如何呈现内部数据经过处理后的价值。

白皮书显示，超过一半的受访企业认为内部数据是"大数据"的主要来源。这说明企业对"大数据"工作采取了更为务实的态度，但也说明企业定义的内部系统仍有很大的价值没有得到开发。

此外，企业的内部数据是 CIO 能够获得的最成熟、最容易理解的数据。该数据是通过多年的企业资源规划、企业数据管理、企业商业智能应用等相关工作收集整理，之后进行集成和标准化得来的。使用分析技术来解释来自客户、交易事务等的内部数据可以为组织提供有价值的决策依据。

从目前的情况来看，企业对这些内部数据的尝试还处于初级阶段，尚未充分发挥其价值。一方面是由于企业的基础数据不规范，另一方面是由于能够使企业内部数据价值得以呈现的产品方案不太成熟。内部数据的开发是其价值实现的关键，而深层挖掘是其价值实现的重点。具体体现在以下两个方面：

一是从基础数据来看，目前，企业内部的数据处理应该从基础数据开始。国内很多数据无法提供价值，很大程度上是因为基础数据不准确，使得结果不一致。对于 CIO 来说，首先需要从类型、格式和存储等方面进行梳理，以便更好地处理基础数据。尽管工作量很大，但如果没有良好的基础处理，显然很难发挥数据的价值。

二是从产品解决方案来看，尽管产品解决方案服务提供商尚未形成一个完整统一的产品解决方案，CIO 也可以根据企业管理者要呈现的价值点针对数据仓库选择最合适的产品解决方案。产品解决方案的选择关键是找到切入点，然后通过不断的改进，发挥数据的价值。

二、产生于网页分析工具的营销大数据

自早期开发以来，市场上的每个 Web 服务器都随时将其所有事务记录到日志文件中，网络管理者很快了解了这一功能并意识到可以通过软件读取提供的网页数据，这促进了 Web 日志分析软件的兴起。

20世纪90年代早期，站点统计数据只是记录客户对站点服务器的请求（或访问）数量。最初，这是一种合理的方法，因为每个站点通常只有一个HTML文件。但是，当图形被纳入HTML标准并且站点扩展到多个HTML文件时，这个计数就没有意义了。IPro在1994年发布了第一个真正的商业日志分析仪。

20世纪90年代中期，两个度量单位被引入，以更准确地估计Web服务器上的用户活动总数，它们是页面浏览数和访问数。一次页面浏览数的定义是一次从客户端发出到服务器的页面读取请求，而一次的访问数被定义为客户端到服务器在一段时间内的请求数。虽然页面浏览数和访问数被视为过于简单的度量方法，但它们在互联网企业调研中仍然很常见。

20世纪90年代末，随着Web Spider和机器人的出现，以及使用代理服务器和动态指定IP地址的大型企业和互联网服务提供商的出现，识别网站的个别访问者变得更加困难。在这方面，日志分析器使用指定的Cookie作为策略来跟踪流量，并忽略已知的Spider机器人的读请求。

Web缓存的广泛使用也会给日志分析带来问题。如果有人再次访问该页面，第二个读请求通常由Web浏览器缓存，因此Web服务器将收不到该请求。这意味着访问站点的访客的足迹将会丢失。

网站分析工具可以帮助企业监控每一个访问企业店面（网站）的用户在网站的所有行为：用户从哪来、看了哪些页面、点了哪些按钮、停留了多长时间、把什么放到了购物车里等都是由网站分析工具帮助企业监控。

企业级工具大多由国外公司提供（国内有一些销售代理），功能强大，一般会按照功能模块和访问页面的数量收费。主流的免费工具主要是Google所提供的Google Analytics（简称GA），在功能方面对于绝大部分电子商务来说已经足够。

工具中有些是需要收费的，每家公司都有自己的优势卖点，但是在知名度、专业性和功能上往往被认为不能和国外的企业级工具或者免费的GA相媲美。中小型的电子商务公司选用GA作为网站分析工具。

首先，相比较其他免费工具，GA在功能性和技术稳定性方面做得很好，而且可以预期，Google还将对GA进行不断的升级，以保证其技术的领先性。

其次，相比企业级工具，GA的部署和使用较为简单。对于中小型电子商务公司来说，往往没有能力聘请高级的网站分析师，在这种情况下，GA所能发挥的作用与付费的企业级工具类似。

最后，对于大部分没有长期网站分析经验的公司来说，其实很难了解不同付费工具的差别以及自己需要什么工具，GA 作为一个免费而又功能强大的工具，可以帮助公司培养自己的分析团队、积累经验，这些经验也可以作为将来选购企业级工具时的参考。

不过需要注意的是，因为一些政治上的原因，在特定时期，GA 可能会出现不稳定（例如无法登录、数据丢失）的情况，我们需要把这个潜在风险考虑在内。

三、产生于调研的营销大数据

调研工具可以由内部开发，也可以使用第三方系统。基本的思想是很难通过量化的监控数据全面理解用户的想法，所以，很多时候企业还是要采用最古老的信息采集方法——"开口问"。这个调研可以是网站上的"满意/不满意"选择按钮，也可以是通过邮件发给用户的一系列问卷，还可以是直接给客户打电话从而获得的反馈。

调查报告应用广泛，形式灵活，可以从不同的角度进行分类。根据调研过程中以及在分析调查所获得的材料时所使用的研究与描述方法，可以将调研分为两类，即定量调研和定性调研。

如果在调查研究过程中以及分析调查所获得的材料和描述调查的结果时采用的是定量研究的方法，则此类型的调研称为定量调研。从典型意义上说，定量调查研究是用数字和量度来描述对象，而不是仅仅用语言文字。

如果在调查研究过程中以及分析调查所获得的材料和描述调查的结果时采用的是定性研究的方法，则此类型的调研称为定性调研。与定量调研相反，从典型意义上说，定性调查研究是用文字来描述现象，而不是用数字和量度。

应该指出的是，在实际调查研究中，绝对的、纯粹的定性调查研究或定量调查研究是不多的，更为常见的是，在调查研究中，经常综合运用定性调研与定量调研两种研究方法，并以其中一种方法为主。相应地，纯粹的定性或定量调查也是不多见的，一般是综合运用文字和数据及量表来描述对象，而以其中一种方法为主。实际上，它们通常是相互支持的。

在中国，上至政府机构，下至个体经营者，经常进行各种形式的调研。在网络中，存在一个互联网调研社区——中国互联网调查社区，这是由中国互联网络信息中心（CNNIC）发起并运行的，旨在支持中国互联网行业的研究和发展。中国互联网络信息中心是国家信息主管部门批准组建的管理和服务机构，建立于 1997 年 6 月 3 日，承担着国家互联网信息搜集、调研的职责。加入中国互联网调查社区，网民可以参与社会热点问题调查、互联网专题调查等调研活动，相关统计数据将应用于中国互联网行业研究，为中国互联网络的宏观发展提供参考依据。中国互联网调查社区用户将以个人参与活跃度赢得的奖励参与其他有奖活动。

数据的获取方式多种多样，很多时候我们所需要的数据，特别是外部数据是非常难得到的，所以这时会需要一些特殊途径来获取数据。

一方面，企业可以通过测试来获取信息，例如在竞争对手处下订单来体验对方的服务；另一方面，企业可以从上下游合作伙伴处得到很多自身行业的信息，例如营销公司对于类似品类的电子商务营销的转化率就会比企业更了解，可以从它们那里获取这方面的信息。需要注意的是获取信息方式的合法性，不可以采用非法途径骗取信息。

第二节　营销大数据的商业价值

大数据将整个信息生态链的用户、解决方案提供商、服务提供商、各行业运营商、上游厂商整合进一个大环境中，企业市场和消费者市场都与大数据紧密相连。大数据的产生是经济社会快速发展的结果，也是信息技术发展的必然，它能够促进企业实现差异化发展。

一、细分客户群

20 世纪 50 年代中期，美国学者 Wendell Smith 提出了客户细分。客户细分有两个理论基础：一是顾客的需求是不同的。并不是所有的客户都有相同的需求，只要有两个及以上的客户，需求就会不同。由于顾客需求和购买行为的多样性，顾客需求满意度也存在差异。二是企业资源有限。任何企业都不能只依靠自己的人力、物力、财力来满足整个市场的需要。这不仅是由于企业确定自身条件的局限性，而且也是从经济效益的角度考虑的。因此，企业应区分出最具吸引力的、能够有效服务的市场，集中资源服务于这一部分客户，制定科学的竞争战略获取更大的利润收入，以增强竞争优势。

客户细分是指根据客户属性将客户进行分组的方法，它是客户关系管理的重要理论组成和重要的管理工具。通过开展分类研究、有效评价客户、合理配置服务资源等，在理论和实践方法上为企业充分获取客户价值提供指导。每个产品的客户群并不是一个群体。企业根据顾客基础、消费收入、消费习惯和生活方式等对客户进行细分，根据不同的消费者制定不同的品牌推广策略和营销策略，使得有限的资源能集中在目标客户上。

大数据能够详细划分客户群体。由于顾客需求及购买行为具有差异性，商家就必须针对每个群体制定相应的营销策略，根据不同的群体采取不同的行动，根据不同的顾客群体来进行营销。客户细分是客户关系管理的核心概念之一，它是指企业根据客户的需求、偏好和行为等客户特征，基于企业既有的战略、市场和业务模式提供有针对性的产品或服务。

通常对客户的细致划分方法主要有两种，分别是根据人口特征和购买历史细分以及根据顾客对企业的价值细分。

(一) 根据人口特征和购买历史细分

在消费者研究中，一般通过人口特征和购买历史的调研可以找到顾客忠诚的蛛丝马迹。通常来说，客户的忠诚程度可使商家得出以下三个结论：一是通过别人推荐而购买的顾客远比因受广告影响而购买的顾客要忠诚得多；二是以标准价格购买的顾客远比以促销价格购买的顾客忠诚得多；三是有家的人、中年人和乡村人口更忠诚，高流动人口忠诚度低。

找到了目标消费群就可以知道企业要把价值给谁，以及到底要给什么样的价值。在这方面，美国 USAA 保险公司做得很好，它的顾客保留率达 98%，简直高得不可想象，因为该公司有一个稳定的顾客群，那就是军官。虽然军官保险的利润不是很高，但由于公司满足了这一群体的特定需求，使得顾客保留率很高，相应地，企业维持的成本很低，所以公司的利润也就很可观。

(二) 根据顾客对企业的价值细分

根据顾客对企业的价值来细分顾客，对企业而言是一种重要的方法。因为这是一种有目的的细分，目标就是给企业带来最大价值的客户。衡量顾客对企业的价值有很多方法，计算顾客的终身价值是一个切实可行的方法。所谓顾客的终身价值，是指作为企业顾客在周期内为其带来的利润贡献的折现总和。影响顾客终身价值的最重要的两个因素是计算周期和贴现率。一般而言，周期与价值成正比，在贴现率不变的情况下，顾客成为企业顾客的周期越长，纳入计算的顾客价值就越多，顾客的终身价值就越大；贴现率与价值成反比，在计算周期一定的情况下，贴现率越高，企业未来的收益就越低，则顾客终身价值就越小。顾客终身价值的计算比较复杂，需要获得很多信息。

随着数据库技术的发展，尤其是数据挖掘和数据仓储技术的发展，企业越来越依赖顾客价值评估。相比较而言，金融服务部门、电信服务部门根据顾客价值进行市场细分的可能性更大一些。另外，对客户的细分需要一定的流程，根据流程一步步进行筛选，发掘出最合适的客户群。

基于大数据的客户细分包括五个步骤：

第一，客户特征细分。客户的需求一般受其社会和经济身份影响，通过对其社会和经济背景所关联的要素进行细分来达到对客户的特征进行细分的目的。这些要素有很多，包括地理因素、社会因素、心理因素和消费行为等各种要素。

第二，客户价值区间的细分。不同类型的客户给企业带来的价值是不同的，对于那些不断为企业创造价值的客户和那些低频为企业创造价值的客户，企业所提供的产品和服务是不一样的。基本的特征划分之后，通过对客户进行高价值到低价值的价值区间划分，从而根据二八定律锁定高价值客户，精准聚焦利润主要来源。

第三，客户共同需求的细分。根据之前所做的客户特征细分和客户价值区间细分，分析每类细分客户群体的需求状况，提炼他们的共同需求，根据客户需求来精确定义企业的业务流程，从而为每一个细分的客户市场提供差异化营销服务。

第四，选择细分的聚类技术。目前市场上多采用聚类技术来细分客户。常用的聚类方法有 K-means 聚类、神经网络等，根据不同的数据情况和业务需要，企业要选择不同的聚类算法来细分客户。

第五，评估细分结果。细分并不是一步到位的，在对客户群进行细分之后，根据市场实际情况，企业的业务人员往往会发现并不是每个细分的客户群体都是有效的，要根据业务目标、可理解操作性程度、细分基数的大小等因素进行判断。

二、提高投入回报率

大数据的另外一个商业价值，就是大数据分析成果在相关业务管理部门的分享能够提高整个生产管理的投入回报率。相比较于常规的商业分析手段，大数据可以使业务决策具有前瞻性，让企业战略的制定过程更加理性化，实现生产资源优化分配，根据市场的变化来快速调整业务策略，提高用户满意度以及资金周转率，降低库存积压，从而帮助企业获取更高的价值和利润。麦肯锡的相关研究表明，使用大数据，企业可以将其运营利润率提高60%，并可减少8%的支出。例如，Adidas的产品线十分丰富，经销商在过去很容易按个人偏好或者主观经验下订单进行进货补货。但现在，Adidas的经销商用数据说话，从而选择最适合的产品。

首先，经销商在分析不同城市的消费特点的前提下，在一、二线城市可以重点投放科技型、合作型产品。在其他城市，经销商可以更多地投放具有高价值和高性价比的产品。

其次，Adidas会借鉴经销商的终端销售数据，为经销商提供更具体的产品订购建议。例如，哪些城市对于哪些款式或者颜色或者功能的鞋子更具有偏好，从而获得了经销商更大的支持和认可。

Wikibon（一家大数据公司）的一项最新研究表明，企业无法实现大数据投资回报率最大化的原因主要有以下三点：

（1）缺乏有经验的大数据专家。数据科学属于交叉学科，需要统计学、数学、计算机等学科支撑，数据人才稀缺，尤其缺乏有经验的大数据专家。

（2）技术不成熟。在大数据工具应用的初级阶段，需要为更广泛的业务人员服务，而不只是为训练有素的数据科学家服务，这是很多软件开发人员正在努力解决的问题。

（3）缺乏迫切的需求。有些企业不但盲目地进行大数据投资，而且没有结合特定的、可预见的业务应用。在这种情况下，企业开始在Hadoop中积累大量数据。当然并不否认这其中有些数据能够帮助数据科学家和商业分析师进行探索性分析，但是同样也存在着其他数据没有得到充分利用的现象。

三、管理客户关系

客户管理应用的目的是根据客户的属性（包括自然属性和行为属性），从不同角度深层次分析客户、了解客户，以此增加新的客户、提高客户的忠诚度、降低客户流失率、提高客户消费能力等（滕连爽，2011）。企业与客户之间的关系可划分为三个阶段，分别是早期、发展期、增强期。

在早期，一般企业都是处于小作坊、小生产的时期，其商业活动覆盖的范围小。在这个阶段，企业的关注点较为集中，基本上都在客户身上，能够根据客户的需求提供相应的产品。

在发展期，随着生产力水平的提高、运输及物流的发展，企业逐渐将发展的中心转移到生产和产品上来。当然这个阶段，除了保证生产力和产品之外，企业还需要利用市场细分方面的理论与工具，通过收集市场信息对不同产品生产、销售进行组织管理。此时需要管理的面更广，使得企业对客户的关注无法具备随时间变化的特点。

在增强期，电脑、互联网等IT技术发展起来，企业在数据收集方面的能力得到了极大的增强，营销方面的基本理论也随之有了发展。此时的技术、数据等方面的能力已经有了很大的提升，并渐渐走向成熟。在这个阶段，企业了解客户需求的传统方法已经无法满足企业的需求，而能够帮助其更深地了解客户信息的则是基于时间带来的数据积累，即通过企业与客户的交易活动历史数据，来预测客户未来的购买倾向，并对其需求、消费水平等各方面的信息做出预测，进而建立企业在市场中的竞争优势，提高企业的市场地位。

企业的发展过程中，无论企业与客户的关系是紧密还是疏远，对于企业来说，客户的需求就是企业的市场，所以，利用大数据预测市场动向，紧抓客户，了解客户所想、所需、所求，能为企业带来更大的商业价值以及发展空间。

运用大数据进行客户关系管理有很多经典的例子，比如披萨店的客户在购买某种产品时，店员能够通过对该顾客的购买记录以及家庭共享数据的分析给出更适合的建议。沃尔玛对数据进行挖掘发现，尿布和啤酒的联系在于，太太让先生买尿布时，先生会犒劳自己两听啤酒。其中，我们不难发现运用大数据管理客户关系，最重要的方面就是数据的统计分析。

借助客户关系管理系统进行数据分析，企业实时处理数据、预测分析、指导下一步行动，让企业了解客户需求，识别和利用商业机会，提升产品和服务质量，提高决策质量和速度，更快、更准地赢得客户"芳心"。但要运用大数据进行客户关系管理，必须做好以下几个方面工作：

（1）建立全面、准确的海量数据。简单了解客户的姓名、联系方式和住址是远远不够的，那只是了解客户的基础。如果企业自己都不了解哪些是新客户、哪些是老客户、客户购买过什么商品、参加过企业组织的什么活动等，那么客户关系管理工作注定会以失败收尾。

（2）精细化管理。企业应该对经营管理中的每一个环节都进行精细化管理，比如借助 CRM 将每一个任务都具体到事件，每一件工作都落实到底，每一个问题及时检查，每一个数据都分析彻底，每一个客户都服务到家，企业会在这样的细节中成长。

（3）数据挖掘。分析数据是为了建立更有指导意义的战略行动，挖掘更有价值的信息。通过从 CRM 系统中挖掘的数据信息，企业可以用来提升产品质量、提高服务效率、开发符合市场需求的新产品、做更多符合地域和人群需求的营销活动等。

四、个性化推荐

时下，网购已经成为年轻人日常生活中不可或缺的一部分，不管是卖场和商店里有货还是没货、打折还是促销，已经很难吸引消费者的眼球了。因为这些产品都可以通过网络送货上门，而且价格要比实体店便宜许多。但是就在各大电商冒出水面的时候，一个新的问题又摆在了大家的面前，那就是如何"卖东西"？网上的商店琳琅满目，如何让用户第一眼就发现这家店并打开预览，这成了关键。另外，电商之间的差异性越来越小，因为在商家看来，只要涉足多个行业（不管这个行业是赚是赔），多少都能分得一杯羹。

个性化推荐就是将电子商务网站的预览者变为购买者，以海量数据挖掘、分析为基础，收集顾客的行为信息，利用个性化推荐算法和消费者相似的群体行为，通过多种算法进行精准推荐，不断地提高推荐质量。当然，与此同时，电商也要像传统卖场一样，学会向客户主动推荐他可能需要的产品，以此来提高成交率。实体店的精准推荐相比电子商务就弱了许多，但是不得不承认，网店的缺点都是实体店的优点，例如网店上的商品都是图片，再加上有些商家拍的图片存在色差太大等问题，从而导致用户购买的商品与实际商品反差较大，降低了商店的信誉，但是这种情况在实体店中一般不会存在。在大数据时代，网店可以通过用户的搜索词条匹配出适合用户的广告信息，投放到用户浏览的页面上。实体店也不甘示弱。目前，许多实体店都实行会员政策，通过发会员卡来预测客户未来的需求。不要小看这一张小小的会员卡，商家就是通过这张会员卡来洞察消费者的消费记录，以此来预测顾客现阶段需要什么。

《纽约时报》记者查尔斯·杜西格就在一份报道中阐述了塔吉特公司怎样在完全不和准妈妈对话的前提下预测一个女性什么时候怀孕。一般来说就是通过信息搜集的方式，将孕妇的所有信息收集起来，通过信息与信息之间的交叉、纵横的立体式的关系来做出判断。每位客户的生活状态十分重要，例如每个家庭是否有怀孕女性，当家中有孕妇时，不可避免地会更多地关注育儿知识和相关的产品，塔吉特公司就通过人们的购物方式判断是否有人怀孕。例如孕妇在怀孕三个多月时会购买无香护肤品，之后几个月会陆续购买营养品，通过孕妇常购买的 20 多种关联物品判断孕妇的怀孕阶段，从而针对每个阶段给孕妇及其家人推荐产品和发放优惠券等。通过这个案例可以发现，对于零售业来说，实体店对大数据的使用一点也不会输给网络电商，甚至有时对于信息的利用程度、商品的推荐力度更是超过了网络电商。

如果大数据的商业价值是金字塔的话，那么个性化推荐就是金字塔的顶尖，无论什么行业，个性化推荐虽然不是唯一获得商业价值的渠道，但却是重要渠道，而大数据就是创造商业价值最重要的因素。

个性化推荐表面看起来是数据的分析与商品的推荐，其实里面有许多值得注意的问题。在这里，笔者就统计了在个性化推荐方面需要注意的五大问题：

第一，数据稀疏问题。在大数据时代，企业可以获得的数据量非常大。但不得不承认，能为企业所用、为企业带来价值的数据量占总数据量的比重少之又少。所以如何在大量的数据信息中最快、最精准地找到有用的数据信息，是决定企业商业效率的重要因素。

第二，冷启动问题。冷启动问题主要包括两种，第一种是新用户的情况，新用户因为足迹相对较少而比较难给出精准的推荐；第二种是新商品的情况，新商品由于被点击浏览的次数比较少，更难找到适合的途径方法推荐给用户。为解决这两种问题，可以通过注册或询问一些用户的属性信息，譬如年龄、居住城市、受教育程度、性别、职业等。

第三，数据处理与增量计算问题。在庞大的数据库中，有用的数据很稀缺，而如何快速地在海量数据中得出有用的信息是关键。一种高效快速的解决方法就是降低算法复杂性，另一种方法就是设计增量算法，如对于新增用户或者新商品，当他们产生新的连接关系时，只需要考虑增加的节点及其连接所增加的局部信息，在原有的结果基础上增加这些新节点和局部信息就能够快速地得出新结果。

第四，多样性与精确性两难问题。如果要给用户推荐他喜欢的商品，通常的方式就是给他推荐一些特别流行或者是符合用户实际需要的商品。这两种方式本身没有错，但是在选择上通常让人头痛，因为做到多样性就难以做到精准性，同样做到精准性就很难做到多样性。多样性通常比较保险，因为在各种各样的商品中总会有用户喜欢的，但是多样性容易造成视觉疲劳，在琳琅满目的商品中，大部分用户只是大概扫一眼，并不能轻易地发现自己所需的商品。而精确性恰好相反，通常比较冒险，所推荐的商品需要对用户的信息了解得更为详细。所以多样性和精确性要分不同的人群，对于掌握信息量比较少的人群，可以采用多样性推荐，而对于掌握信息量多的人群，就可以采用精确性推荐。

第五，垃圾信息问题。个性化推荐要能够掌握住"火候"，什么时候向用户推荐是非常重要的。对于用户来说，被推销的商品无论多么诱人、用户多么需要，如果推销的时机不对，那么就会大大削弱推荐效果，甚至被认为是垃圾信息。例如顾客在公司开会期间接到商家的推销电话或短信，那么这样的推荐基本上是无用的。所以在这方面还需要了解用户的时间规律，例如什么时候上班、什么时候下班、什么时候闲着无聊等，在恰当的时间内，做出精准化的推销，那么成功的概率就会大大提高。

第三节　营销大数据与商务智能

在大数据概念面世之前，商务智能几乎是进入商业世界的主要选择，然而，价格不菲的数据库、ETL 等工具构筑的高门槛挡住了很多企业一探究竟的脚步。但是大数据的到来，使这一成本降低了许多，也使得商务智能技术更加全面。

一、商务智能基本概念

商务智能（Business Intelligence，BI）是指用现代数据仓库技术、线上分析处理技术、数据挖掘和数据展现技术进行数据分析以实现商业价值（薛云，2014）。商务智能的概念最早可追溯到 1996 年，加特纳集团将商务智能定义为用来支持商业决策的一系列技术和方法。商务智能被看作是一种工具，处理企业所拥有的数据，并将这些数据转化为信息帮助企业决策者更有依据性地做出决策，从而提高企业的利润。

商务智能主要用于商业数据的分析，通过毛利、毛利率、交叉比、盈利能力周转率等关联数据来分析各种商品在各个店铺的销售情况，根据大量的数据分析企业现行状况并根据数据推算给出预警信息。商务智能还能够进行商品分析，通过销售数据如商品类别、商品价格区间、商品毛利等数据分析商品的目标客户群，计算商品的淘汰率，区分热销和滞销商品等。

商务智能对于企业的作用可以从业务和决策两个方面来讨论。

在企业业务中，通过了解不同受众和利益相关者的独特分析需求，企业可以充分发挥商务智能解决方案的潜力。商务智能的分析基于采集到的各业务层的数据源。同时，它为所有用户提供了一个易于理解的信息可视化图表，这些商务智能所提供的解决方案应该具有创新的方法工具来帮助用户方便地使用信息。

企业需要广泛的分析能力，但在现实中存在着许多障碍，例如不同信息工具之间的不兼容问题，或者企业内外部的信息壁垒问题，或者平台间的互斥问题，都使企业不能将数据挖掘分析的价值发挥到最大。企业所使用的商务智能系统要满足不同级别的业务人员分析数据和业务决策的需要。

在业务决策中，将企业战略贯彻落实的流程规则等具体事务都可以在不同程度上用自动化代替人工的烦琐操作，这也有助于结果的可靠性和一致性。例如针对财务人员及消费者服务人员等，可以通过将复杂的程序化行动改造成为自动化系统，形成自动决策，提高决策的效率。

商务智能的作用之一是将数据信息转化为有价值的知识信息来辅助决策，这一过程需要用到许多技术，例如数据仓储、数据处理、数据分析、数据展示等，商务智能是这些技术的综合运用。

商务智能系统主要包括四大功能：

第一，读取数据。智能系统的运作起点是数据，一般来说，系统能识别多种类型的数据文件，例如 txt、Excel 等，系统的一个命令通常可以输入多个文件。

第二，分析数据。数据分析主要是通过已获取的数据发现不同事物或者事件之间的关联性，从而能够预测出未来事物或事件的发展轨迹。分析数据最常用的是关联分析，按照事件发生的概率来预测今后的走势。

第三，丰富画面。商务智能在结果的输出方面采用多种显示方式，用表格、图形、音频、视频等多种形式来呈现数据分析结果，使得管理人员能够快速地了解业务情况，从而辅助决策。

第四，数据输出。数据输出使得数据能够跨部门进行交流分享，能够将已经处理好的数据结果输出给其他的应用系统或者程序。

智能系统的操作应用涉及多部门，需要不同业务层的支持，包括企业管理层、生产业务层、数据采集仓储层、数据分析层、数据应用层等。智能系统的应用过程通常分为以下几个步骤：

第一步，分析企业需求。满足企业需求是企业所有商业行为的出发点，要明确企业想要通过商务智能系统达到什么样的目的和效果，之后才能开展系统的后续设计和实施工作。

第二步，建立企业的数据仓库。企业数据是商务智能系统运行的基石，设计好数据仓储的逻辑模型和物理架构，并且要根据企业的需求和业务实际规划好系统的整个应用架构体系。

第三步，数据的抽取转换和存储工作。有了数据库，要将企业的业务系统数据抽取存放到数据仓库中，适当进行预处理从而为数据分析做好准备。

第四步，商务智能分析报表的开发使用。分析报表能够使数据得到快速有效的分析，为决策提供有力支持。

第五步，商务智能的培训和测试。任何一个系统并不是完成后立即使用的，需要企业花费一定的时间和精力去测试模拟。

第六步，不断完善系统。商务智能系统在应用过程中不可避免地会出现不符合现实，或者因为企业业务发展而需要改进的地方，这时就需要不断按照上面的步骤来完善系统，使系统更加贴合业务需要。

二、营销大数据和商务智能的关系

营销大数据主要包括数据的收集存储以及数据的利用两方面。现在营销大数据的存储相比以前的"关系型数据库"，数据量更大，数据格式更加丰富，存储方式也日益多样。数据的利用相比于商务智能，同样是对数据的分析利用，营销大数据只是处理的数据更丰富，所以应用前景更大。从本质上讲，这两者没有太大区别。

大数据在目前成为热潮，但这并不代表商务智能已经过时或将要被取代，反之，商务智能软件的发展势头强劲，国内外有帆软、tableau 等公司占据市场，但仍然有许多公司向着这一领域发展，这说明商务智能仍将是未来发展的热门方向。

商务智能是一套完整的解决方案，用来将企业中现有的数据进行有效的整合，快速准确地提供报表并提出决策依据，帮助企业做出明智的业务经营决策，而且主要处理的是结构化的数据。

大数据的侧重点则在于数据海量处理，主要是对非结构化的数据进行处理。大数据是传统数据库、数据仓库、BI 概念外延的扩展，手段的扩充，不存在取代的关系，也并不是互斥的关系。考虑实用性的话，商务智能指基于数据仓库进行分析以辅助决策，可以说 BI 工具会更适合一般企业，这是未来发展趋势。

大数据的发展使人们意识到，数据就像是一座未经挖掘的金矿，其中蕴藏着丰厚的商业价值，经过整理和分析后的数据则更加宝贵，负责此类分析的正是商务智能软件，这表明商务智能的研究和应用对企业来说是一个永恒的话题。近年来，数据的热度只增不减。我们正处于移动时代，数字集市、数字办公成为常态，集成式 BI 解决方案会继续普及。任何靠数据驱动的业务，也就是说大多数业务，都需要这些智能的商务解决方案，以便做出更好的选择。

大数据应用的数据来源，主要包括非结构化数据、各种系统数据、数据库数据等。而 BI 大数据应用则是在数据集成方面的技术更加成熟，对于数据的提取和挖掘方面的要求来说，数据集成平台会帮助企业实现数据的流通和交互使用，而企业内部部署 BI 应用就是为了更好地分享和使用数据。

大数据对于传统 BI，既有继承，也有发展。BI 与大数据区别在于前者更倾向于决策，对事实描述更多的是基于群体共性，帮助决策者掌握宏观统计趋势，适合运营指标支撑类问题；大数据则内涵更广，倾向于刻画个体，更多的在于个性化的决策。

BI 的发展要从传统的商务智能模式开始转换，对于企业来说，BI 不仅是一个 IT 项目，更是一种管理和思维的方式，从技术的部署到业务的流程规划，BI 迎来新的发展。对于大数据来说，现阶段更多的大数据关注非结构化数据，不同的数据分析工具的出现和行内的应用范围不断加大，对于大数据应用来说，怎么与应用的行业进行深层次的结合才是最重要的。

数据分析和 BI 都是很宽泛的概念，两者互相包容。一般的 BI 是集数据接入、数据处理、数据分析、数据可视化等功能为一体，可以说 BI 包括数据分析，而且 BI 更多的是能够给企业一套完整的解决方案，数据分析没有强调解决的概念；另外，数据分析包括太多的东西，BI 只是数据分析的一种体现。

商务智能解决方案与数据分析的关系是你中有我，我中有你，商务智能的范围包含得更丰富，甚至有些商务智能会涵盖数据产品。

随着技术的发展、数据的积累，商务智能系统所面临的技术挑战在不断增加，比以往任何时候都要多的数据必须要在更短的时间内处理完毕。爆炸般的数据量被企业数据系统收集，在这庞大的信息量面前，通常使企业 IT 工作人员手忙脚乱、不知所措，所以数量的增加导致效率的降低。因此，软件提供商必须要强化他们的商务智能解决方案，才能迎合用户日益增长的需求。

大数据与商务智能之间是一种递进的关系。商务智能的局限性催生大数据的产生，大数据是商务智能的延伸。商业的发展总需要一些新的东西来刺激，虽然是新的定义、新的词汇，其本质只是为了迎合数据的增长、商业的发展而使传统的功能延伸，例如 20 世纪 70 年代的数据库、80 年代的超大型数据库、90 年代的数据仓库。

所以在大数据时代，并不是将商务智能弃之不用，毕竟商务智能比大数据要简单一点。在数据量没有那么复杂、信息种类不是那么多的数据库中，运用商务智能还是没问题的。所以大数据与商务智能两者各有分工，但同时又有协作。

第八章　营销大数据与客户行为

第一节　客户细分与定位

企业要制定产品生产或服务提供计划，首先要做的就是做好市场定位，确定产品或服务的目标人群，因此，客户细分与定位在企业的经营中极为重要。

一、客户细分与定位基本概念

（一）客户细分
前文中已经详细讨论过客户细分的定义、细分方式等概念，在此不再赘述。

（二）客户定位
客户定位是客户关系管理的一个重要研究内容（曾小青等，2017）。客户定位包括确认和审查：谁是"真正"的客户、客户的产品和位置、客户的开放性程度、客户参与研究相关问题的意愿，以及客户雇请咨询顾问的经历等。

客户定位包括明确谁是真正的客户、客户的状态、区分不同类型的客户、了解客户消费经历等。

客户定位的方法有属性分析和统计分析，下一部分将详细介绍属性分析。随着营销统计方法的增多和服务个性化程度的提高，在不同的情况下，客户定位往往需要用到多种统计方法。

除了一般性描述统计方法外，还有数据发现和数据挖掘等方法。传统的统计方法具体包括聚类分析、因子分析和 CHAID 方法。而非传统统计方法一般包括神经网络方法、回归树方法等。

一般来说，客户定位策略实施步骤为以下四步：

第一，准确识别客户。一些大公司有非常广泛的客户基础，因数据庞大可能出现对客户信息不熟悉或者缺失的情况。通常情况下，如果不清楚客户的基本情况，便无法判断该客户的价值并准确对其开展营销活动。一些公司的大部分客户记录来自客户服务系统和客户数据库，还经常推出营销活动和会员专属活动来更新客户的数据信息，有一些公司选择使用来自于战略合作伙伴或第三方的数据。无论哪种方式，企业都必须获得客户的真实身份，才能进行下一步的互动。

第二，在客户群中区分不同类型的客户。客户给企业带来的价值取决于客户对企业产品消费的增长潜力以及对企业未来的长期价值。企业可以使用每个客户给企业带来的平均收入、是否消费高利润产品或服务、消费的趋势等来估计客户的长期价值。在对客户群体进行分类时，最好使用 Pareto 规则来区分不同的客户，这种企业通常会得到比较理想的结果。按客户对业务的价值，将其划分为不同级别的组，同一组中的客户具有与业务相同或类似的价值。

第三，重视与公司有长期利益关系的客户。企业要注意持续建立一对一的关系，保持高质量的互动。企业必须善待最有价值的客户、价值增长最快的客户，让这些客户感受到企业对他们的重视，为他们提供好的产品和服务。为了使企业更有效地与最有价值的客户进行互动，有必要将客户划分为不同的组，每个组由不同的经理负责管理并开展相应的营销活动。经理的职责是在现有的客户基础上开发客户的长期价值，授予其适当的权力来改进业务以支持其工作满足客户的需求。

第四，提供个性化的产品或者服务来满足客户的个性化需求，以提高其满意度和对企业的忠诚度。为了满足最有价值的客户需求，企业可以针对该群体提供相应的特殊产品和服务。在传统的商业模式中，客户接受产品建议或服务，通常是被动的自我接触的过程，或者通过中介，与企业直接互动的机会很少。今天，通过互联网平台，企业、企业的客户或供应商以及其他合作伙伴都能够通过网络更快更好地建立更多的交互式关系，企业可以根据对客户的定位划分提供不同的产品或服务。

二、客户属性分析

在上一部分提到客户定位的方式有属性分析和统计分析，大数据时代的网络营销不仅需要精准完美的算法模型等统计分析，也需要精准明确客户属性。

企业要做到对客户精准定位。客户定位中，老少皆宜并不适合。也许大的企业经过长期的发展能够使每个人成为其客户，但是在公司刚起步时，必须要找到一个精准的客户群并针对该群体展开营销活动，这样，目标群体小，风险相对也小。所以，每一个企业第一步都是选择客户，精确定义客户，找到客户的需求并最大程度地满足，从而能够准确、有针对性地实施营销。

任何事物按照不同的角度都有特定的分类并具有一定的属性，比如性别、年龄、职业、收入、爱好等。当然，还可以根据需要进行更细的分类，比如客户结婚与否、是否有子女、宗教信仰等，很多时候一些属性需要我们对用户进行引导，从而能够获得相关的信息。比如一些网站在用户注册的时候，鼓励用户填写网站需要的信息，并对填写完整的用户进行奖励，这样就能够比较容易地获得网站需要的信息，这就需要我们在做网站的时候进行巧妙的设计。当然很多时候用户的属性随着时间推移会发生变化，比如婚姻状况，很多用户的收入状况也会发生变化，这个时候需要我们通过自己的方法进行整理修改。

（一）通用角度

从通用角度来说，客户的属性可以分为以下六种：

（1）基础属性。指目标用户的一些浅层基本信息，例如客户性别、客户年龄、所处地域、所在行业等。

（2）文化属性。指目标用户的受教育程度及生活中的一些文化娱乐偏好，例如学历等级、所处文化社团、平时喜好的活动等。

（3）经济属性。指目标用户的经济情况、消费水平，例如用户的经济收入、可支配收入、对品牌的敏感度等。

（4）社群属性。指目标用户在社会关系上的表现，例如社会交友、异性交往、社会合作等情况。

（5）硬件属性。指目标用户所拥有硬件设备及相关条件，例如计算机设备的使用、网络状况等。

（6）软件属性。指目标用户对网络及软件的熟练使用程度，例如用户对于某款产品是否经常使用等。

（二）特征角度

从特征角度来说客户属性分为两类：行为习惯特征属性、人性心理特征属性。

1. 行为习惯特征属性

行为习惯特征属性指目标用户在行为动作上的一些习惯和特征，既包括空闲还是忙碌、宅家还是经常外出、是否爱好运动、喜欢的交通工具、时间观念等整体行为特征；也包括具体动作的行为特征，如在工业设计方面侧重人机工程方面，更关注研究人具体动作的行为特性，包括坐姿、卧姿、手持方式、手持时间等。

另外，还可以从用户的日常生活习惯中进行提炼，包括口味、饮食习惯、作息规律等。这部分可根据实际产品的用途和作用，对涉及用户所处环境、行为习惯进行分析。

2. 人性心理特征属性

目前主流的互联网产品主要基于用户需求而设计。用户需求的背后，是人性在发挥无形的作用。若能充分利用人性的特点，则可以满足制定产品战略和商业目标的需要，从而获得成功。

例如，饿了么使消费者利用手机就可以足不出户解决饮食需要，顺应消费者"图方便"的心理；电商产品的"积分兑换""好评返现""满减满赠"等形式，符合消费者的"额外获得"的心理。对于这类属性，企业可以从思考这个产品可能给用户带来的痛点、快点、期待，或目前环境中遇到的问题等方面获得。

（三）客户的静动态角度

从客户的静动态角度出发，客户属性大致分为以下三类：

1. 外在属性

外在属性是客户所在的组织等一系列环境信息，包括客户的地域分布、客户处在哪一些组织当中等信息。这种数据在联网时代是容易获取的，但是比较粗略且价值有限。

2. 内在属性

内在属性指客户自身一系列内在因素所决定的属性，如客户的年龄、性别、性格、信仰、家庭收入、价值取向等一系列属性。一般来说，通过客户的内在属性可以比较清晰地刻画客户形象，定位客户，这种定位相对来说比较细致，但是想要做到分类的精准，可能会需要更多、更准确的数据信息。

3. 消费属性

消费属性指客户最近的消费状况，例如消费频率、消费品类与消费金额等，这些指标一般能够在财务系统中找到。可以根据不同客户的消费属性，制订不同的营销策略。虽然消费属性是直接分析客户的消费能力，与价值直接挂钩，但是这种分类有很大的局限性，一般来说，只有客户产生消费行为才能有相应的消费记录。

三、大数据在客户细分与定位中的应用

客户细分是指在一个明确的战略商业模式和特定的市场环境中，根据客户的属性、需求、行为、偏好和价值等对客户进行分类，并根据这些分类结果对客户提供适合的产品或者服务。顾客之间是存在区别的，不同类型的客户需求是不同的。企业为了满足这种多样化的异构需求，需要根据不同的标准对客户进行细分。如果企业要最大限度地实现可持续性发展，则需要关注价值最大的客户群，识别客户需求，并进行目标营销，将有限的企业资源应用到价值最大的客户群中。通过客户细分，企业可以确定未来的利润点。而想要完成整个细分，需要完成以下六个步骤。

（一）商业理解

细分客户之前要多问几个为什么，集思广益，从而得到更多的信息和想法。例如，某零售企业要做新品推广，鉴于以前推广方案效果不佳，该企业决定抽取部分会员数据进行细分，尝试精准营销，以达到降低成本、提高转化率的目的，那么这里的大致细分目的就是降低营销成本，提高相关转化率。

（二）数据理解

要做好数据的理解，从业务理解的基础上找出合适的变量，为这些变量制订好指标：行为指标，包括购买频率、购买金额、使用次数、使用量、使用频率等。属性指标，包括客户的年龄、性别、职业、受教育程度等。时间指标，包括年费用户、包月用户、使用时间、最近一次使用或者消费时间等。地理指标，根据自己业务的范围确定地理指标，如果业务面广，可分为华东、华南等地理指标；如果业务面不是很广的话，可分为省市、区县等指标。渠道指标，包括是实体购买还是网上购买，以及购买渠道的规模、购买渠道的信用等。

（三）数据获取

数据获取来源很多，常见的有企业自身数据的积累，例如，企业可以从自身的数据仓库中获取，获取数据之后还要对数据进行细致的整理筛选以及清洗，只有保证数据质量良好才能获得理想的效果，然后再将数据主要的变量整理汇总，最后结合技术手段以及业务手段进行变量指标的筛选，找出最后用于

建模的合适变量。

（四）数据建模

用于数据建模的方法多种多样，按照不同的划分标准，可以分为事前细分和事后细分。事前细分技术常用在客户流失模型、营销响应模型中，其实就是根据历史数据定义好客户类型，再对未发生的情况进行预测，打上预测客户标签。事后细分就是重点考虑细分的各个维度，在应用事后细分模型之后，模型会给每个样本和客户打上类别标签，这样就可以通过这个标签来查看客户的性别差异、年龄差异、收入差异等，迅速找到目标客户。

（五）特征刻画

用户的特征刻画是基于每个群体的特征，以一个有代表性的名字命名该群体，并对每个类别的特征进行描述和分析，总结出每个群体的特征。比如，在电子商务领域，可以根据一个用户的购买数量、购买产品类别、购买频次等信息将客户分为活跃客户、优质客户等类型。

（六）调研验证

细分完成后，企业就要针对真实的市场和用户进行实地调研，用于验证细分的准确性以及发现潜在可以开展的营销点。

第二节　客户行为及特征分析

基于数据的客户行为分析就是企业或者商家在拥有客户基本情况和行为数据的情况下，通过一系列技术手段对有关数据进行统计、分析，从这些数据中发现用户的一些行为规律，再将这些规律和公司的营销策略结合起来。

一、客户分类

为了分析顾客行为，发现目标顾客，有必要对顾客进行粗略的分类。客户分类基于有效性识别和客户属性，每种类型的客户的行为相似，但每种类型客户的行为与其他类型的客户有很大的不同。

客户分类不仅是企业对客户形成一致性的有效识别，更是指导企业客户管理的战略资源配置和战术服务营销策略，支持以客户为中心的个性化服务和专业化营销。

顾客分类不仅可以分析顾客的消费行为，还可以分析顾客的消费心理。企业可以为不同行为的顾客提供不同的产品内容，为不同消费心理的顾客提供不同的促销方式等。客户分类也是其他客户分析的基础。将数据进行分类之后的数据挖掘更有针对性，可以获得更有意义的分析结果。

客户分类可以使用分类或聚类方法。

分类是预先给出分类类别，如可以将客户按照价值高低分为高价值客户和低价值客户，或长期固定消费的客户和短期偶尔消费的客户。然后确定影响分类的因素，提取具有相关属性的客户数据，选择一种或多种合适的算法对数据进行处理，得到分类规则。经过评估和验证后，可以对未知类型的客户应用分类规则，从而达到对客户进行有效分类的目的。

聚类是一种无监督的数据挖掘方法，分类是一种有监督的数据挖掘方法。在数据挖掘之前，分析人员往往不设定具体的分类标准，从样本出发自动进行分类。完成数据聚类后，再对每个类别的数据进行分析，从而明确每个类别客户的特征。

（一）营销的角度

从营销的角度来看，可以将客户分为四类：

1. *经济型客户*

经济型客户往往由于经济限制或者其他原因，消费能力不是很强。他们通常不愿意也不会将太多的时间和精力放在消费娱乐方面，对于消费，他们看重的更多是性价比或者低廉的价格。部分经济型客户只追求价格最低而不十分注重产品质量，往往在同类商品中优先选择低价产品。而有些经济型客户在价格的基础上也注重商品质量，不仅追求价格低廉，也希望质量过关甚至质量较好。

2. *道德型客户*

道德型客户往往具有一定的经济基础或者由于其他原因更加注重商品品牌或者企业文化。他们在消费过程中追求品牌大、口碑好。这类客户注重企业文化和历史品牌，也比较喜欢社会责任感较强的企业。比起商品的功能属性，他们更加看重一件商品的文化内涵和品牌历史。

3. *个性化客户*

个性化客户的消费在价格和品牌历史方面有太多的要求，这类客户的消费常常没有定性，很多时候会根据产品体验进行消费，企业对这类消费者可选择精细化营销策略，把对人的关注、人的个性释放及人的个性需求的满足放在首要地位。

4. 方便型客户

方便型客户在消费过程中追求的是购买过程的便利性，比如，支付方式是否多样便捷、产品选择是否方便、收货方式是否便捷等。这类客户一般没有太多的时间花在消费上，但这类客户的消费潜力是不能忽视的，所以企业在面对这一类型的客户时要带给他们方便快捷的购物体验。

（二）管理的角度

从管理的角度来看，可以将顾客划分四类。

1. 常规客户

常规客户的消费具有随机性，讲究实惠，是企业客户关系管理中的最主要部分，可以直接决定企业短期的现实收益。

2. 潜力客户

潜力客户通常与企业建立一种伙伴关系或者"战略联盟"，他们和企业形成了较为稳定的购买关系，虽然在企业的利润中不占大头，但他们的购买利润却在稳步增加，这类客户是企业客户关系中的核心。

3. 关键客户

关键客户是企业中较为稳定的客户，根据帕累托法则，虽然关键客户人数在企业客户总人数中占比不大，但他们对于企业利润的贡献却占了大部分。

4. 临时客户

临时客户又称为一次性客户，他们是从常规客户中分化出来的。这些客户的购买行为不是长期性的，而是临时性的。

二、影响客户行为因素分析

消费者的行为会随着所处的经济社会等宏观环境和自身的生活因素不断发生改变，这种改变会给数据带来持续性的迭代更新。因此，需要了解影响消费者行为的各种因素，从而辅助客户的长期定位。

影响消费者行为的因素通常可以分为个人因素和环境因素两大类，将这两类因素进行细分，个人因素通常又分为生理因素和心理因素，环境因素又分为经济环境因素、法律政治因素、科技环境因素、文化环境因素。

（一）生理因素

消费者可能因为生理需要、生理特征、身体健康状况以及生理机能的健全程度而改变消费行为。例如，某客户喜欢吃甜食，经常网购甜食，突然某一天客户被检查出患有糖尿病，那么该客户就会减少甚至停止甜食的购买了。

同时性别、年龄等生理因素也会影响客户的购买行为。男性与女性的购物行为存在着较大的不同。例如，男性网络消费者在购物时理性购物，往往会做出谨慎的购买决定；而女性网络购物则具有更多的情感成分。此外，男性网络消费者的自主性更强，他们倾向于自己去找到关于价格、质量、性能等方面的信息，然后做出自己的判断；而女性网络消费者在做出购物决策时更依赖于他人的意见或评价。类似的情况会发生很多次。

互联网用户的主体大多都是年轻人，这些消费者更有好奇心，更为冲动，更愿意表达自己。他们喜欢追逐时尚，表达自己独特的个性。这些特点体现在时尚消费行为和个性化消费上。因此，一些时尚或个性化的商品更受年轻消费者的欢迎。中老年客户在选择产品时更注重质量、品牌和性能。

（二）心理因素

消费者心理是消费者在满足需要活动中的思想意识，它支配着消费者的购买行为。影响消费者购买的心理因素有动机、感受、态度、学习。

对于顾客来说，购买商品是为了获得各种物质和精神上的需要，这是顾客购买行为的动机。个人情感等心理因素会影响顾客的购买行为。在客观认识商品的基础上，理性的分析比较是客观而深入的。也有客户会长期习惯性地购买某种产品，购买的务实、安全心理使得客户对某种商品产生特定的偏好和信任感，形成一种习惯重复的购买动机。

客户购买还取决于其对外部刺激或情况的感受，也就是说，客户对外部环境的感受会对购买行为产生影响。顾客情感是一个选择性的心理过程，顾客常常对某种产品有选择性的注意，对产品有选择性的误解，对产品有选择性的记忆。

与商品的直接接触、他人的直接或间接影响、家庭教育和自身经历等一系列因素都会影响顾客对商品的态度。顾客的态度包括信念、感受和意向，它们对购买行为都有影响。在购买和使用商品的实践中，顾客会逐渐获得和积累经验，并根据经验来随时调整自己的购买行为。

心理因素可能来自顾客对某事的心理顾虑。例如，正在使用或用过某种品牌牙膏的消费者，看到一则新闻报道说该牙膏可能含有有害物质，他就会减少甚至停止使用牙膏，不管新闻是真是假。

（三）经济环境因素

就经济理论来说，物价高低与消费（量）成反比。但一些商品，比如生活必需品，价格高低对消费影响不大。收入水平特别是可支配收入会影响客户购买行为的发生。因为影响客户消费的两大因素就是消费的欲望和可用于消费的收入，也即每位客户的可支配收入。在通常情况下，可支配收入的增加会对消费量和消费层级有促进作用。

同时，对经济形势的预期会直接影响客户的购买行为。通货膨胀造成货币的购买力下降，人们感受到或想到将来临的通胀时，一般会减少非必需品的支出，增加生活必需品的支出。另外通胀使人们的消费观念趋于保守，且将在未来相当长的时间内对其消费行为产生深刻影响，所以20世纪30年代成长的一代被称为"萧条婴儿"，全球性的经济危机造成了大部分人一生投资和消费观念的过度保守。在金融危机中客户的消费心理和消费行为都受到了经济下行的影响，消费更加理性，对价格的敏感度也变得更高，为追求更为经济实惠的商品，很多客户会转向网络购物。

（四）法律政治因素

法律是由国家制定的，以权利义务为内容，以确认、保护和发展统治阶级所期望的社会关系和社会秩序为目的的行为规范体系。法律告知人们可以做什么、禁止做什么、必须做什么，对消费者购买行为也有很大影响，主要包括禁止和限制两种形式。出于对国家和社会负责任的考虑，国家法律明确消费者不应该做什么，指出了消费的禁区。在这个消费的禁区，即使消费者有需求和购买动机，当购买行为是违法的时候，执法人员会对消费者和生产者进行监督。同时，法律也会对消费者的购买行为做出一定的引导。例如，2008年颁布的"限塑令"指出消费场所自当年的6月1日起实行有偿提供塑料袋，这一政策法规有效减少了消费者对塑料袋的使用量。

同时，党政纷争、社会政策也会影响消费者的购买行为。2017年法新社报道称，2月23日发布的一项重要调查显示，由于通货膨胀加剧带来的担忧，加之美国总统唐纳德·特朗普贸易保护主义政策的负面影响，德国消费者的情绪在3月将呈现低迷状态。

（五）科技环境因素

科学技术的快速发展会影响群众的消费情况，消费内容更加多样，消费数量大幅增加，消费方式会发生改变。一方面，科技的发展使人们的消费方式日益多样化，传统实体店消费已成明日黄花，网上购物快递到家成为很多人的购物新选择，也出现了"线上下单线下自提"等多种消费方式。另一方面，科技的发展极大丰富了人们的消费内容，消费品的种类更加多样，消费品质更加优良。

(六) 文化环境因素

文化环境因素，如社会的道德观念、文化背景、生活习俗等都会影响客户的购买行为。客户行为和文化之间的关系是双向的。一方面，在某一时期，同当时占主导的文化相一致的商品更有可能被客户所接受；另一方面，在某一时期某种文化所引发的新产品的研究和革新又为当时的流行文化提供了窗口。

亚文化、社会阶层文化也不容忽视。亚文化是社会中某些群体独有的价值观和行为模式，这些独特的文化和行为模式与这一群体的身份、地位、居住区域等密切相关。这部分群体也是企业的重要细分市场之一，要注意满足不同亚文化客户需求。

社会阶层是按照一定的社会标准，例如教育水平、收入水平、职业等，将社会成员划分为若干社会等级。同一阶层的客户往往有着共同的价值观、生活方式、思维习惯和生活目标，这些都影响着客户的购买行为。

三、顾客忠诚度分析

顾客忠诚度，也称为顾客黏性，指的是顾客对某一特定产品或服务产生好感倾向，导致"依赖"偏好，进而导致重复购买。高忠诚度的顾客也会向身边的朋友和家人推荐产品，产生口碑效应。顾客忠诚是指顾客对公司产品或服务的依恋或热爱，这种热爱主要通过顾客的情感忠诚、行为忠诚和意识忠诚来实现。

其中，情感忠诚的特征是顾客对企业文化理念、行为和企业形象的高度认同和满意，行为忠诚是顾客对企业产品和服务进行再次消费时的重复购买行为，而意识忠诚是消费者在未来仍然愿意购买企业的产品或服务的潜在意愿。因此，由情感、行为和意识构成的顾客忠诚侧重于对顾客现在及未来行为趋势的评价，并通过这种评价活动的开展来反映企业在未来经营活动中的竞争优势。

对于企业持续的利润增长来说，顾客的忠诚度是很关键的一大利益来源。企业必须把经营交易理念转变为与消费者建立良好的合作关系的理念，把产品思维转换为用户思维，提高消费者的忠诚度和消费的可持续性。

（一）培养客户忠诚度的五大因素

使顾客对企业产生好感并将好感转化为客户的忠诚度有五大关键因素：

一是提高产品或者服务质量，主要从售前静态的高产品质量、售中的流程设计提高服务水平、售后保障入手。

二是提高服务效果，即提高客户内心感受的满足度，在消费者购买商品的一般心理过程，即对商品的认识过程、情绪和情感过程、意志过程中做好服务。

三是加强对客户关系的维系，在与客户的互动中形成比较稳定的结盟关系。

四是持续的理念灌输，要将从产品本身到产品背后的文化品牌等要素向客户持续地灌输以保持并提高客户对产品的认同感。

五是通过一系列企业活动对客户心理进行良性刺激，让客户形成购买产品或服务后的增值感受。

（二）提高客户忠诚度的原则

企业要做好客户服务和提高客户忠诚度应遵循 10 个原则，只有掌握了这些原则，企业才能通过服务提高产品的附加价值。

1. 控制产品质量和价格

产品质量是企业发展、提高客户忠诚度的根基。世界上许多品牌产品的发展历史无一不显示，客户对品牌的忠诚一定程度缘于产品的质量，只有高质量、高品质的产品能真正建立客户对产品的信任，对企业产生好感。当然，只有高质量的产品是不够的，合理的产品定价也是提高客户忠诚度的重要手段。企业要以获得正常的利润作为定价目标，必须坚决放弃追求短期暴利。

2. 了解公司的产品

企业必须让销售和售后服务人员充分了解公司的产品，从而让相关人员更好地向客户传授产品知识，提供相关服务，使公司能够赢得客户的信任。同时，服务人员应主动了解公司的产品信息及销售信息，并尽量预测客户可能提出的问题。

3. 了解公司的客户

应该尽量了解相关的客户，这样才能提供最能满足他们消费需求和消费习惯的好产品和好服务。当客户了解了公司服务流程和方式之后，服务流程就会更加顺畅，服务时间也会更短，服务产生矛盾的可能性也会降低；企业为每个客户提供服务的成本将会降低，公司的利润将会增加。

4. 提高服务质量

公司的每一位员工都应该努力为客户创造愉快的购买体验，并始终努力把工作做得更好，从而超越客户的期望。经常接受公司服务并对公司感到满意的客户会积极地促进公司的业务推广，并将公司的服务推荐给朋友、邻居、业务伙伴或其他人。

5. 提高客户满意度

从某种意义上，客户满意度是衡量企业经营好坏的一种手段。真正了解客户最需要什么以及对他们最有价值的是什么，然后通过客户满意度调查、访谈等方式调查客户从这些服务中获得愉悦体验的情景。

6. 超出客户的心理预期

为客户提供其所期望的甚至是意想不到的服务，识别行业中的常规做法，然后寻找常规之外的机会为客户提供惊喜。高水准的服务将为客户带来更多的选择，公司的竞争对手可能会紧随其后效仿，但只要公司继续改善服务，这种惊喜所带来的销售先机就不会消失。

7. 尽量满足消费者的个性化需求

在一般情况下，公司根据自己的调研结果或经验来预测目标顾客的行为，但事实上，所有客户调研和销售经验的积累都有局限性，预测也存在局限性。因此，公司必须转变营销的思维，注重满足客户的个性化需求。

8. 正确处理客户问题

要与客户建立长期、相互信任的合作关系，企业必须善于处理客户的投诉或异议。通常情况下，并不是所有客户都愿意花费时间和精力来对企业的产品和服务提出投诉和建议，而是通过消费其他更加合适的产品或服务来满足自己的需要，因此，有条件的企业要建立好方便快捷的投诉渠道并重视这些客户反馈。

9. 让购买过程变得更加方便快捷

在现代的快节奏生活环境下，消费者并没有太多的空余时间来购买产品，特别是日常消耗品，企业应该让客户的消费过程越简单越好，适当简化商品陈列及不必要的客户参与，制定简单标准化的服务程序。

10. 做好员工服务

每个员工或员工组都是外部客户服务链条的一环。如果员工的基本需要没有被满足，无法以最高效率工作，客户所接受的服务将会受到负面影响，不可避免地会导致客户忠诚度的下降甚至客户的流失。

第三节　客户行为分析工具与数据源

在传统营销中，客户行为分析主要是通过业务人员的主观判断和经验积累进行，而在大数据时代，客户行为分析主要是通过分析各种客户行为数据，量化客户偏好进行。因此，客户行为数据是企业营销策略制定过程中的重要参考，接下来将介绍客户行为数据的采集工具及其来源。

一、客户行为分析工具

大数据时代，网上销售时想要知道用户最关注什么，不像现实中那样可以通过察言观色的方式来获得，那就必须要用特殊的方法，收集到用户上网时的数据，找到用户最关心、最愿意接受的信息类型，分析用户的上网行为，从而对用户进行精准定位。在这种需求下，各种互联网用户行为分析工具起到了关键的作用，使用户的行为最大限度地被网络管理者发现。

（一）Userfly

Userfly 是网页访客动作记录器，可以提供免费的网页访客动作记录服务，例如，跟踪访客的浏览习惯和鼠标操作行为。只需在网页中添加一段简单的直译式脚本语言（Java Script）代码，即可记录访客从打开该网页开始一直到关闭整个网页过程中的动作。

Userfly 几乎可以监控用户在网站上的所有操作，通过视频的方式录制并提供回放和下载，可以记录的用户行为包括鼠标的移动、点击和选取；监控文本框的输入、选择框的选取；记录页面的缩放、上下滚动和页面浏览的跳转；监控链接、按钮的有效点击；排除对用户输入密码的记录，保护隐私。

免费用户每个小时可记录 10 位访客（10 个 IP）的动作。Userfly 也提供收费服务，除了可以记录更多的用户外，还支持身份验证和网页加密。对于网站拥有者来说，Userfly 可以很方便地对用户行为进行检测和分析，但是对于很多网页访问者来说，如果知道他们所浏览的网页有这样的功能，可能会敬而远之，所以现在的网站拥有者通过 Userfly 仅仅记录登录其网站的用户所浏览的信息，其他信息则不会记录。

（二） ClickTale

如果拥有一个网站，了解访客则是首要任务。网站拥有者需要精确追踪网站访客的操作，研究他们在网站上的体验，ClickTale 就可以做到这一点。ClickTale 是一项免费的网站统计服务，可对网站访客浏览行为进行分析，以类似视频的方式将访问者在网站上进行的操作全部记录下来，用户可以在线观看也可以下载到计算机上。利用 ClickTale 对访客行为进行记录，可以帮网站管理者更好地布局自己的网页，给访问者带来更好的用户体验，以提高网站的访问量。

ClickTale 是世界上唯一的访客操作录像网站，可记录访问数达到 5000 个，拥有世界上功能最多的 4 种热力图：鼠标点击热力图、鼠标移动热力图、访客关注区域热力图和访客到达区域热力图。

网站用户行为分析的最主要需求就是访客的分类。根据不同标准，将访客细分成具有不同属性的类别，然后分析各个类别的行为特点。新、老访客行为分析是电子商务网站经营者必须面对的难题。分析好新老访客的行为习惯，将现有网站优化，最大限度地迎合不同访客行为习惯，提高转化率。

（三） Mouseflow

Mouseflow 又称超级页面鼠标跟踪器，是一款在线分析工具，能对访客的浏览习惯和鼠标操作行为进行跟踪，从而获取人们对页面的关注范围和操作习惯，为页面优化提供了重要依据。Mouseflow 可以汇总分析访客在页面上的鼠标操作动作，并以直观的"热区图"形式反映出来。用户对于页面点击最多，也就是最关注的区域，红色为热，蓝色为冷，如果网站出现在红、黄色区域中，将受到的点击次数也会是最多的。

想要通过 Mouseflow 在自己的网站上分析出热区图数据，把访客最关注的内容放到热区范围内，形成对网站内容和布局层面的优化，使用者需要去Mouseflow 的官网注册，再添加需要进行鼠标动作跟踪的网站之后就能得到跟踪代码，将其部署到自己的网页，Mouseflow 就可以记录该网页的鼠标动作了。时间越长，记录的鼠标数据越多，分析出来的数据也越准确。等待几天后即可看到 Mouseflow 详尽的统计数据。当然，在这个页面中除了鼠标动作外，还有页面浏览量、平均访问深度、平均访问时长、Web 页面情况、最热页面等统计数据，便于网站管理者对网站的整体情况有一个大致了解。在这个页面中还可以查看到访客的一些具体信息，如访客的地理位置、来源链接、进入的页面、浏览页面量、停留时间、所使用的浏览器等。如果单击绿色播放按钮，还可以回放某访客在页面上的每一次鼠标操作动作。

（四）Mixpanel

Mixpanel 是一家数据跟踪和分析公司，专注于研发邮件的统计分析工具，允许发布商追踪其邮件通信中的一系列指标，进而制订自己的网络营销计划。Mixpanel 平台实际上给网站用户提供了一个即插即用的分析功能。开发者在网站中插入几行代码，然后用户就可以访问 Mixpanel 的各种即时分析数据。该平台可以跟踪用户的评论数、订阅者数、分享次数、页面浏览数量等。Mixpanel 可满足每个月追踪 10 亿行为的请求，允许开发者追踪一系列的用户行为，包括用户浏览的网页数量、iPhone 程序统计、Facebook 程序的交互等。开发者将能够追踪邮件中链接的点击率、查看率（指收到邮件后打开邮件）。hNB 测试也即将被支持，通过测试，开发者能够知道两个版本的邮件中哪一个能获得更好的互动。Mixpanel 还提供实时更新，按秒来计算。

（五）测眼仪

一个网站最吸引人的地方通常就是用户的眼睛看到最多的地方，那么作为网站管理者，想要清楚地了解用户最喜欢看到的信息类型，就需要获取用户在浏览网页时目光停留时间最久的信息有哪些，而收集这些信息使用测眼仪可以实现。测眼仪是一种专门测试用户视线焦点的仪器，其原理与测试近视的仪器相似，能测试出视线的焦点停留在网站的哪个部分。对于网站管理人员来说，想要自己网站中的信息最大程度被用户接收到，那么用户最愿意用眼睛去观察、去阅读的位置就是投放信息的最佳位置。

二、客户行为分析数据源

为了对用户行为进行分析，计算机处理程序将用户的行为定义为各种事件。例如，将用户在网页的搜索定义为一个事件，这个事件的内容就包括该用户在什么平台、什么时间、用什么 ID 进行了什么内容的搜索行为。这种定义随着信息技术和移动端的发展，数量越来越多，产生的速度也越来越快。

在拥有了无数的用户行为数据之后，企业就可以把用户的行为串联起来进行分析。例如，客户第一次进入一个购物平台，该客户的身份就是一个新用户，在注册这个行为事件中，企业设定的需要客户进行填写的数据能简单囊括该客户的基本信息。之后，客户在平台进行商品的浏览甚至购买，这些浏览及购买的行为事件都能够用数据来表示，从而描绘客户形象，进而对客户进行精准的营销。

精准推荐等营销都需要数据的支撑，那如何去检测并收集客户的行为数据呢？比较常见的方式就是通过监测代码去定义用户的行为事件。在企业需要获得用户行为数据的环节编写一段监测代码。例如，在注册环节、浏览商品环节、购买环节等加载监测代码，实现企业对用户行为的监测和数据收集。

这些通过事先在企业想要了解的环节采用监测代码来描述采集数据的方式称为"埋点"。一般情况下，"埋点"都比较耗费人工和精力，但是为了在营销战中立于不败之地，许多公司都有很多的"埋点"团队来帮助企业获得各种用户行为数据。

除了"埋点"，还有一种事后获取客户行为的方式——网络爬虫。网络爬虫是一种自动程序，通过一定的程序来自动抓取网页上的相应信息。

随着网络特别是移动互联网的迅速发展，互联网成为大量信息的载体，如何快速有效地提取到企业想要的信息成为很多企业要解决的难题之一。Google等搜索引擎是用户接入网络的一个中介，从中可以发现很多有意思的数据信息。但是，搜索引擎的通用性使得其在多样的客户群及多样用户需求的情况下，产生的数据往往价值密度比较低，同时，随着图片、视频等非结构化数据的激增，搜索引擎往往不能很好地发现和获取这些信息。

为了解决上述问题，聚焦爬虫应运而生，它主要是为定向抓取网页上的数据信息而服务。聚焦爬虫自动下载网页，根据事先设定的目标有选择性地访问网络上的相关链接从而获取需要的信息数据。

网络爬虫通过代码、爬虫工具等，获取网页上的数据信息。例如，可以通过网络爬虫爬取淘宝某件商品的评价页面，获取客户对商品的评价从而对商品的设计等环节做出改进。

网络爬虫可以监控电子商务、机票和酒店业的价格，利用网页数据爬取技术可以实时采集并更新这些产品的销售价格，从而实现价格监控。网络爬虫也可以挖掘客户的意见，通过对产品的评论数据爬取，进行相关的分词以及情感分析，就能清楚地知道客户对于自身产品或者竞争产品的意见。网络爬虫还可以构建机器学习算法的数据集，用户通过网络爬虫爬取相关的数据，然后训练机器学习，为人工智能做准备。

三、常见客户行为分析模型

（一）行为事件分析模型

行为事件分析法是研究某行为事件的发生对企业组织价值的影响以及影响程度。企业借此来追踪或记录用户行为或业务过程，如用户注册、浏览产品详情页、成功投资、提现等，通过研究与事件发生关联的所有因素来挖掘用户行为事件背后的原因、交互影响等。

在日常工作中，运营、市场、产品、数据分析师会根据实际工作情况关注不同的事件指标。例如，最近三个月来自哪个渠道的用户注册量最高，变化趋势如何？各时段的人均充值金额分别是多少？上周来自北京发生过购买行为的独立用户数，按照年龄段的分布情况怎样？每天的独立对话数是多少？在诸如此类的指标查看的过程中，行为事件分析起到重要作用。

行为事件分析法具有强大的筛选、分组和聚合能力，逻辑清晰且使用简单，已被广泛应用。简单来说，行为事件分析法一般分为事件定义与选择、多维度下钻分析、解释与结论等环节。

1. 事件定义与选择

事件定义包括定义所关注的事件及事件窗口的长度，这也是事件分析法最为核心和关键的步骤。这里需要了解"Session"的概念，Session 即会话，是指用户在指定的时间段内在 APP、Web 上发生的一系列互动。例如，一次会话可以包含多个网页或屏幕浏览、事件、社交互动和电子商务交易。当用户想了解"访问次数""平均交互深度""平均使用时长""页面平均停留时长""跳出率""页面退出率"等指标时，都需引入 Session 才能分析。因此，创建和管理 Session 是事件定义的关键步骤。

2. 多维度下钻分析

最为高效的行为事件分析要支持任意下钻分析和精细化条件筛选。当行为事件分析合理配置追踪事件和属性，可以激发出事件分析的强大潜能，为企业回答变化趋势、维度对比等各种细分问题。同时，还可以通过添加筛选条件，精细化查看符合某些具体条件的事件数据。

3. 解释与结论

此环节要对分析结果进行合理的理论解释，判断数据分析结果是否与预期相符，如判断产品的细节优化是否提升了触发用户数。如果相悖，则应该针对不足的部分进行再分析与实证。

（二）留存分析模型

留存分析模型是一种用来分析用户参与情况/活跃程度的分析模型，考察做出初始行为的用户中，有多少人会进行后续行为。这是用来衡量产品对用户价值高低的重要方法。

一个新客户在未来的一段时间内是否完成了企业期许他完成的行为？某个社交产品改进了新注册用户的引导流程，期待改善用户注册后的参与程度，如何验证？想判断某项产品改动是否奏效，如新增了一个邀请好友的功能，如何确定是否有人因新增功能而多使用产品几个月？回答这些问题都需要用到留存分析模型。

在金融创业领域，2013年一家互联网金融创业公司的投资获客成本区间为300~500元，而2016年则涨到1000~3000元；在电商领域，新用户的获取成本是维护一个老用户的3~10倍。

如今，高居不下的获客成本让互联网、移动互联网创业者们遭遇新的"天花板"，甚至陷入"纳不起"新客的窘境。而花费极高成本所获取的客户，可能仅打开一次APP或完成一次交易，就白白流失。随着市场饱和度上升，绝大多数企业亟待解决如何增加客户黏性、延长每一个客户的生命周期价值的问题。因此，留存分析模型备受青睐。

科学的留存分析模型具有灵活条件配置——根据具体需求筛选初始行为或后续行为的细分维度，针对用户属性筛选合适的分析对象的特点。留存分析具有以下价值：

（1）留存率是判断产品价值最重要的标准，揭示了产品保留用户的能力。留存率反映的实际上是一种转化率，即由初期的不稳定的用户转化为活跃用户、稳定用户、忠诚用户的过程。随着统计数字的变化，运营人员可看到不同时期用户的变化情况，从而判断产品对客户的吸引力。

（2）留存分析宏观上把握用户生命周期长度以及定位产品可改善之处。通过留存分析，可以查看新功能上线之后，对不同群体的留存是否带来不同效果，可以判断产品新功能或某活动是否提高了用户的留存率，结合版本更新、市场推广等诸多因素，砍掉使用频率低的功能，实现快速迭代验证，制定相应的策略。

（三）漏斗分析模型

漏斗分析是一套流程式数据分析，它是能够科学反映用户行为状态以及从起点到终点各阶段用户转化率情况的重要分析模型。

　　漏斗分析模型已经广泛应用于流量监控、产品目标转化等日常数据运营与数据分析的工作中。例如在一款产品服务平台中，直播用户从激活 APP 开始消费，一般的用户购物路径包括激活 APP、注册账号、进入直播间、互动行为、礼物花费五大阶段，漏斗能够展现出各个阶段的转化率，通过漏斗各环节相关数据的比较，能够直观地发现和说明问题所在，从而找到优化方向。

　　对于业务流程相对规范、周期较长、环节较多的流程进行漏斗分析，能够直观地发现和说明问题所在。值得强调的是，漏斗分析模型并非只是简单的转化率的呈现，科学的漏斗分析模型能够实现以下价值：

　　（1）企业可以监控用户在各个层级的转化情况，聚焦用户选购全流程中最有效转化路径；同时找到可优化的短板，提升用户体验。降低客户流失率是运营人员的重要目标，通过不同层级的转化情况，迅速定位流失环节，针对性持续分析找到可优化点，提升用户留存率。

　　（2）漏斗分析可以多维度切分与呈现用户转化情况，能够展现转化率趋势线，能帮助企业精细地捕捉用户行为变化。提升了转化分析的精度和效率，对选购流程的异常定位和策略调整效果验证有科学指导意义。

　　（3）对不同属性的用户群体进行漏斗比较，从差异角度窥视优化思路。漏斗对比分析是科学漏斗分析的重要一环。运营人员可以通过观察不同属性的用户群体（如新注册用户与老客户、不同渠道来源的客户）各环节转化率、各流程步骤转化率的差异，了解转化率最高的用户群体，分析漏斗合理性，并针对转化率异常环节进行调整。

　　科学的漏斗分析需要科学归因设置。每一次转化节点应根据事件功劳差异（事件对转化的功劳大小）进行科学设置。企业一直致力定义最佳用户购买路径，并将资源高效集中于此。而在企业真实的漏斗分析中，业务流程转化并非想象中那么简单。

　　以市场营销为例，市场活动、线上运营、邮件营销都可能触发用户购买。A 欲选购一款化妆品，通过市场活动了解了 M 产品，后来在百度贴吧了解更多信息，但是始终没有下定决心购买。后来 A 收到 M 公司的营销邮件，被打折信息及翔实的客户评价所吸引，直接在邮件内跳转至网站购买了该商品。

　　那么，在漏斗设置时，转化归因应该"归"哪一个渠道呢？运营人员应该以实际转化的事件的属性为准。邮件营销的渠道在用户购买决策的全流程中对用户影响的"功劳"最大、权重较大，直接促进用户转化。在科学的漏斗分析模型中，用户群体筛选和分组时，以实际转化事件——邮件营销来源的用户群体的属性为准，大大提高了漏斗分析的科学性。

在进行漏斗分析时，尤其是在电商行业的数据分析场景中，运营人员在定义"转化"时，会要求漏斗转化的前后步骤有相同的属性值。比如，同一 ID（包括品类 ID、商品 ID）才能作为转化条件——浏览 iPhone6、购买同一款 iPhone6 才能被定义为一次转化。因此，"属性关联"的设置功能是科学漏斗分析不可或缺的内容。

（四）用户路径分析

用户路径分析，顾名思义就是用户在 APP 或网站中的访问行为路径。为了衡量网站优化的效果或营销推广的效果，以及了解用户行为偏好，时常要对访问路径的转换数据进行分析。

以电商为例，买家从登录网站或者 APP 到支付成功要经过首页浏览、搜索商品、加入购物车、提交订单、支付订单等过程。用户真实的选购过程是一个交缠反复的过程，例如提交订单后，用户可能会返回首页继续搜索商品，也可能去取消订单，每一个路径背后都有不同的动机。与其他分析模型配合进行深入分析后，能快速找到用户动机，从而引领用户走向最优路径或者期望中的路径。

用户路径的分析结果通常以图形展现，以目标事件为起点/终点，详细查看后续/前置路径，可以了解某个节点事件的流向，总的来说，科学的用户路径分析能够带来以下价值：

（1）用户路径分析可以将用户流可视化，全面了解用户整体行为路径。通过用户路径分析，可以将一个事件的上下游进行可视化展示。用户可即时查看当前节点事件的相关信息，包括事件名、分组属性值、后续事件统计、流失情况、后续事件列表等。运营人员可通过用户整体行为路径找到不同行为间的关系，挖掘规律并找到"瓶颈"。

（2）用户路径分析可以定位影响转化的主次因素，有利于产品设计的优化与改进。路径分析对产品设计的优化与改进有着很大的帮助，了解用户从登录到购买整体行为的主路径和次路径，根据用户路径中各个环节的转化率，发现用户的行为规律和偏好，也可以用于监测和定位用户路径走向中存在的问题，判断影响转化的主要因素和次要因素，还可以发现某些冷僻的功能点。

（五）用户分群数据分析法

用户分群数据分析法是进行用户画像的关键数据分析模型，这是企业进行数据分析、精细化运营的第一步。用户分群即用户信息标签化，通过用户的历史行为路径、行为特征、偏好等属性，将具有相同属性的用户划分为一个群体，并进行后续分析。

前文我们讲了漏斗分析模型。通过漏斗分析模型，运营人员可以看到，用户在不同阶段所表现出的行为是不同的，譬如新用户的关注点在哪里？已购用户什么情况下会再次付费？然而，由于群体特征不同，行为会有很大差别，因此运营人员或者销售人员希望可以根据历史数据将用户进行划分，将具有一定规律特性的用户群体进行归类，进而再次观察该群体的具体行为。

严格说来，用户分群分为普通分群和预测分群。普通分群是依据用户的属性特征和行为特征将用户群体进行分类；预测分群是根据用户以往的行为属性特征，运用机器学习算法来预测他们将来会发生某些事件的概率。下面分别从两个场景介绍这两种用户分群方式。

1. 普通用户分群——分析用户属性与行为特征

以直播产品行业为例。高黏性与高频消费用户的行为观察是产品经理和运营人员工作重点。例如某运营人员可以筛选出过去 30 天内、等级 10 级以上、有"留言"和"点赞"行为，并且付费礼物送出次数超过 10 次的用户，视其为高黏性且高频消费用户，对其进行分群定义后展开数据分析。

通过高黏性与高频消费用户近期的行为观察不同用户群体近期的行为表现，从而可以看出该用户群体的人均观看时长与其他用户存在一些差别，如高频花费用户与非高频花费用户观看时长人均值对比。

2. 预测用户分群——通过机器学习算法预测事件概率

互联网金融产品常常会用到预测用户分群的功能。互联网金融客户按照风险投资偏好这一属性分为保守、稳健和激进，按照投资行为可分为已投资和未投资。

运营人员可以根据这一属性和行为将满足某种条件的用户群体提取出来，譬如激进型但未投资的用户群体，然后分析这一群体的行为特征从而优化产品促进用户投资，或者根据其浏览的项目页面推荐用户可能会感兴趣的项目。

（六）点击分析

点击分析具有分析过程高效、灵活、易用、效果直观的特点。点击分析采用可视化的设计思想与架构，简洁直观的操作方式，直观呈现访客热衷的区域，帮助运营人员或管理者评估网页设计的科学性。

在追求精细化网站运营的路上，企业对用户点击行为的可视化分析提出了更高需求，理想的点击分析方法主要分析以下方面：

（1）精准评估用户与网站交互背后的深层关系。除了展示单个页面或页面组的点击图，前沿的点击分析应该能够支持事件（元素）属性、用户属性的任意维度筛选下钻。运营人员可以按照事件属性和用户属性进行筛选，对特定环境下特定用户群体对特定元素的点击进行精细化分析；支持查看页面元素点击背后的用户列表，满足企业网站的精细化分析需求。

（2）实现网页内跳转点击分析，抽丝剥茧般完成网页深层次的点击分析。前沿的点击分析应支持网页内点击跳转分析——在浏览页面点击图时，使用者能够像访问者一样，点击页面元素即可跳转至新的分析页面，且新的分析页面自动延续上一页面的筛选条件。同一筛选条件下，运营人员可抽丝剥茧般完成网页深层次的点击分析，操作流畅，分析流程简易、高效。

（3）与其他分析模型配合，以全面视角探索数据价值，能够深度感知用户体验，实现科学决策。无法精细化地深入分析，会让网页设计与优化丧失科学性。点击图呈现用户喜爱点击的模块或聚焦的内容，是数据价值最上层表现。将点击分析与其他分析模块配合，交叉使用，以多种形式可视化展现数据和分析结果，运营人员即可深度感知用户体验。例如，改版后，如何评估新版本对用户体验的影响？一处修改，是否影响其他元素的点击？等等。再如，A/B 测试时反复验证优化效果、选择最优方案等。

第四节　营销大数据与客户关系管理

CRM（Customer Relationship Management）即客户关系管理，是企业利用相应的信息技术以及互联网技术来协调企业与顾客间在销售、营销和服务上的交互，从而改进其管理方式，向客户提供创新式的个性化的客户交互和服务的过程（李静，2015）。

一、客户关系管理概述

客户关系管理（CRM）的概念在我国提出已有多年。一开始，它主要用于维持业务和客户之间的关系，是一种获取、维持和增加利润的方法和过程。

例如，以客户为中心是 CRM 的重要思想之一。CRM 通过商业理念和企业文化等无形资产来支持营销、销售和服务流程，其不仅是一种技术手段，更是一种商业思想，帮助公司有效增加收入，提高客户满意度，提高员工生产效率。

随着移动网络的不断发展，CRM 已经进入移动时代。移动的 CRM 系统是多种信息技术的结合，移动互联网技术、VPN、地理信息系统、智能移动端、商业智能等技术相融合共同辅助企业做好客户关系管理。移动 CRM 可以像正常的 CRM 产品一样运行，员工可以使用手机查看客户信息及相关情况，客户也可以通过客户端给员工提出产品或服务方面的建议。现在，云计算的迅速发展使得传统的 CRM 软件逐渐被 Web CRM 所取代。越来越多的企业通过 Web 来管理 CRM，整合包括互联网和电子商务、多媒体技术和数据挖掘、呼叫中心等在内的一系列信息技术。

（一）CRM 的功能

CRM 的功能简单来说可以归纳为三个方面：

1. 辅助营销

在营销过程中，CRM 系统可以有效地帮助营销者分析现有的目标客户群体，如行业、年龄或主要客户群体集中的地区，从而帮助营销者实行准确营销。此外，CRM 可以更有效地帮助企业分析在各市场的营销状况，计算企业的投入产出比。

2. 辅助销售

作为客户关系管理系统中的一个重要组成部分，销售也是企业十分注重的环节，是企业的利润来源。客户关系管理系统中涉及销售的部分主要包括潜在客户等其他类型客户的管理、订单管理、回款单管理等子模块。业务人员通过记录浏览、建立日程表、预约提醒等一系列操作快速了解并管理客户数据，通过业务提醒、时间提醒、业绩显示等帮助业务人员了解业务情况并做出针对性改善措施，提高销售成交量。

3. 客户服务

客户关系管理系统可以记录客户信息及其交易记录，以为业务人员提供参考，使销售人员高效解决客户问题，提高消费者的服务体验。一些客户关系管理软件也会附加呼叫系统，业务人员可以通过该系统直接呼叫消费者，缩短与客户直接沟通的环节和时间，提高企业的客户服务水平。

（二）选择 CRM 时应注意的问题

对于与市场营销紧密相关的特定领域，拥有一款适合的 CRM 系统，等于拥有了一把销售利器，所以如何选择一款合适的 CRM 系统就成了一门学问。选择 CRM 不是一件简单的工作，应主要考虑以下问题：

1. 是否适合企业规模

选择 CRM 软件最重要的是适合自己，若软件不能适合企业发展规模，如功能不全、并发操作反应慢等，使用起来会感觉处处受限制，那么 CRM 软件很可能对企业自身起不到任何实际作用。另外，不顾实际规模、盲目选用大型软件也是一种浪费。例如，小型企业选择集团型软件就不合适。所以，选择 CRM 软件不是越大越好，也不是越简约越好，而是要适合企业规模。

2. 是否适合自己所处的行业

软件的行业性是未来发展趋势，如制造业有制造业的软件。随着市场逐渐细分，甚至可以根据子行业细分出不同的软件。适合自己行业的 CRM 软件可降低实施成本，因为软件行业化，软件企业提供的软件会体现这个行业的特殊性，从而降低实施成本。软件的行业细分使软件供应商专注于某个行业，行业性解决方案将会越来越符合企业实际情况，从而降低项目实施风险。

3. 软件稳定性评估

稳定性是评估一个管理软件是否成功的最基本指标，若运行不稳定，就算软件功能最齐全、最符合企业实际，也是不合格产品。试想一下，软件运营不到半年，系统突然崩溃了，对企业来说就是致命的打击，没有任何一个企业愿意面对并承担这个风险。

4. 软件的扩展性如何

企业在不断发展，采用的信息化系统越来越多，如企业资源计划系统、办公自动化系统、电子商务系统、供应链管理系统等。如果企业的数据信息系统不断扩大、增强，而管理软件扩展性很弱甚至没有什么扩展性，那么在以后的使用过程中，这些软件之间很可能会彼此孤立，成为一座座信息孤岛，从而影响企业部门之间的信息沟通与交流。对于任何产品，只有实际使用过的用户才有权利加以评论。所以，企业选购软件时可先向使用过的用户了解软件的信誉度、使用效果等，但是应在同行间了解，否则参考价值会大大降低。

二、大数据与客户关系管理的融合发展

互联网的发明及大数据时代的来临，使运算效率和利用效率都有了极大的提高，海量的数据和信息改变着整个世界。在大数据时代，CRM 凭借其便捷

性而享有一席之地。CRM 的出现意味着企业运行观念的改变，它改变了以往以企业为中心的惯例，开始更加关心客户，以客户为中心。

CRM 是为增进企业盈利力度、提高企业收入和客户满意度而设计的，不仅仅局限于一个部门，而是整个企业范围的商业战略。

大数据技术帮助企业更细致更方便地了解客户需求，企业在这种利好环境下要转变经营思维，从以产品为中心转向以用户为中心，用大数据技术更好地辅助企业客户关系管理，促进大数据时代企业商业营销思维和模式的转换。在大数据时代，CRM 随着技术的变革迅疾发展，如今，企业间 CRM 的发展使不同企业与不同客户圈建立联系成为可能。作为最有效的 CRM 系统之一，分析型 CRM 因为拥有不同的解决方案而备受市场青睐。另外，CRM 还可以逐步实现智能化地为客户单一服务，是联系企业与客户、有效进行客户关系管理的重要纽带。

随着信息技术的不断发展，大数据已经展现出巨大的能量，成为热门话题之一。大数据技术将所有类型的数据转化为可快速获取的有价值的信息。据美国市场研究公司 Gartner 调查，在 2013 年，全球企业软件成本预算为 2960 亿美元，这个数字较 2012 年的预算金额增长 6.4%，主要增长点为安全领域、存储管理以及市场上的客户关系管理软件，换句话说，客户关系管理的相关应用已经成为拉动投资的领域。例如，2013 年中国互联网用户达到 6.11 亿，移动互联网用户数为 4.61 亿，移动用户已经成为网络中的主要力量。在这种宏观环境下，越来越多的企业已经在思考转型的问题，业务模式趋向移动平台化。这种趋势不仅改善了基于传统管理方式的企业经营，也不断提高着企业的竞争力和服务水平。

就目前来看，CRM 与大数据加速走向融合，具体表现在两方面：

第一，CRM 带动大数据市场快速成长。随着大数据进入传统行业，客户关系管理推动着商业市场分析应用快速发展。根据 CRM 的管理思想，企业应制定 CRM 战略，重新设计业务流程，运用 CRM 技术和应用系统，更系统地管理客户关系，从而提高客户满意度，培养忠诚客户，实现业务效率最大化的目标。在企业的日常工作中，一般的客户关系管理至少要包括四个层次，以保证公司能够及时与客户进行沟通，协调好人、流程和技术之间的关系。

在线 CRM 系统可以满足企业各方面的管理需求，具有多样的功能板块；运营管理板块能够快速帮助企业进行市场分析、预测和管理。销售管理板块能够帮助公司发现更多的业务机会，跟进销售流程，提高销售成功率。客户服务板块能够为客户提供全天候服务和多种沟通方式，将客户的各种信息输入业务数据库供其他部门使用。技术支持板块提供技术支持和技术改进。因此，基于大数据的客户关系管理系统实际上是一个人机交互的解决方案，通过系统管理、远大战略和合理管理人际关系吸引潜在客户，并留住最有价值的客户。

第二，CRM 能够预测市场动态，发现行业趋势。数据呈指数级增长，信息变得更加复杂，从大量数据中迅速提取有价值的信息成为企业竞争中的一个重要关注点，大数据分析对于 CRM 十分重要。在经济转型的中国市场上，大数据及其相关技术带来了前所未有的机遇，这是中国营销发展变革的好机会，也是 CRM 服务提供商发展的好机会，大数据也将成为 CRM 行业不断发展的催化剂和大数据时代营销者的新工具。

三、大数据在客户关系管理中的应用

客户关系管理对于大数据精准营销可以说是如虎添翼，在大数据日益成熟的今天，大数据与客户关系管理相结合已经应用到多个领域，下面就看一下具体的应用案例。

（一）北京移动用大数据增强竞争力

通信行业每天会产生大量的数据，这些数据为各大通信公司增强竞争力提供了巨大的帮助。北京移动拥有比较丰富的互联网数据中心（Internet Data Center，IDC）的运营经验和实力，是国内首家通过 ISO27001 认证的数据中心。早在 2002 年，北京移动就开始构建 IDC。经过此后 8 年的努力，一共建设了 8 个重要 IDC 核心节点，机房建设面积达 4 万平方米，有上百 GB 的带宽连到骨干网上。2003 年，北京移动通过 BS79 认证，2004 年底申请到 ISO27001 认证标准。

北京移动坚持用数据工作的理念，通过数据支持企业运营，从而不断提高企业在行业中的竞争力。北京移动还引进 BI 系统，提升企业的运营效率，保障业务高效地开展，BI 系统能够成功应用的原因包括两个方面：一是建立业务部门的数据处理分析和应用板块，从而支持日常业务的数据挖掘要求，辅助业务处理。二是用 BI 系统帮助企业针对高价值客户促进高端服务的个性化和精细化，逐步完善以用户为中心的服务体系。

（二）Farmeron 用大数据促农业增产

Farmeron 是美国加州山景城的一家创业公司，创始人马提亚·可匹克

(Matija Kopl) 来自克罗地亚一个农场主家庭，不过他最终与父母走上不同的道路——成为了一名程序员，希望用一种现代化的方式来减轻农场主的工作负担。多数软件创业公司的创始人整日对着屏幕测试代码，马提亚·可匹克却常在畜棚度日。

Farmeron 通过颠覆传统生产管理方式来弥补传统农业生产管理中的诸多不足，成为世界上首批农业 SaaS（Software-as-a-Service）公司之一。Farmeron 开发了一款用于轨迹跟踪和数据分析的软件，从而帮助农民在线知晓其农场农作物的成熟度，管理农产品，使用统计方法进行自动农场运作状况分析，以提高工作效率。

另外，Farmeron 打造了一个分析工具包，农场主可以借用这套工具包跟踪记录并分析农场中牲畜的生长情况，例如每天消耗了多少饲料库存、奶牛的产奶数量、牲畜的出生死亡情况等，就像在 Facebook 或者 Twitter 上有一个主页一样，每只动物也都有一个自己的页面，这不仅可以让农场主看到整个农场的表现，还可以看到每只动物的情况。经过两年多的发展，Farmeron 已在 14 个国家建立农业管理平台，超过 600 家企业化农场使用该产品，其中 45%都位于北美，最大的一家拥有 4000 头牲畜。

2012 年 5 月，Fanneron 又与德国大型设备商 NeelsenAgrar 达成协议，由后者向客户销售 Farmeron 软件。另外，Farmeron 已经在其发起的种子轮融资中获得了 140 万美元的投资资金。由于 Farmeron 从很多农场收集数据，它可以就何种方法有效得出适用范围很广的结论，并就如何提高产量给出建议。Farmeron 帮助农民把支离破碎的农业生产记录整理到一起，用先进的分析工具和报告制订农业生产计划。目前，世界人口总数已突破 70 亿，这也就迫使农业必须变得更加高效，而这也正好能够促进 Farmeron 的发展。使用大数据分析可以帮助农场针对市场上竞争对手的市场策略进行实时反应并调整价格。

（三）迪士尼用大数据提升游客乐趣

迪士尼乐园是孩子的天堂，在每个乐园里都有 100 多个项目。通常情况下，许多项目的排队人数都会非常多，这会相应缩短游客的玩耍时间，降低游客的消费乐趣。为减轻排队给游客带来的烦恼，迪士尼通过十多年的历史数据分析，根据当天天气状况和游览人数的统计分析，预测出每个项目所需的排队时间，提供给游客参考，以便游客安排自己的游览路线。这种大数据分析方案使迪士尼获得了成功。除此之外，迪士尼又开发了名为 MyMagic 的度假计划系统，它能够实时感应和获取游客的位置和行为。迪士尼采用这种系统的主要目的是对每年到主题公园游玩的几千万旅客的数据进行收集，这种技术是前所未有的，可以通过这些信息制订出更细致和更个性化的营销方案，这样一来，该度假公园针对每位潜在用户所传达的信息和所制定的价格都是不同的。

腕带是 MyMagic 系统的核心技术，迪士尼官方命名为 MagicBand，这种腕带含有无线射频芯片，能够和迪士尼中的无线射频识别设备通信从而获取到游客的浏览信息。这些数据读取器主要有两种：一种是短距离数据读取器，安装在明显的位置，游客在购买纪念品或打开酒店房门时，可以在上面挥一挥自己的腕带。第二种是长距离数据读取器，安装在隐蔽位置，游客无须进行任何操作，这些设备也能读取数据。迪士尼是一个大型娱乐公司，但是当涉及大数据平台时，这位娱乐巨头看起来更像是一个初创公司，而 MyMagic 的分析功能也被迪士尼公司视为第二个增收工具。首要增收工具将是鼓励游客提前安排好行程细节，以使他们在公园里待更长时间以及通过更便捷的非现金支付手段来进行消费。

第九章 营销大数据分析与挖掘

第一节 营销大数据集成

在互联网时代，我们的生活每时每刻都在不断地产生数据，数据量不断增大，数据类型也不断增加。为了实现精准用户定位和营销，企业很有必要分析用户行为产生的大量数据，而数据的收集是数据分析的前提。

一、营销大数据集成的基本概念

数据集成就是将若干个分散的数据源中的数据，逻辑地或物理地集成到一个统一的数据集合中（周宁南等，2016）。将互相关联的、分布式异构的数据源集成到一起，这是数据集成的核心任务，通过数据的集成，用户可以公开访问这些数据源。数据集成是通过一系列技术方法保持数据源在整体上的数据一致性，从而提高信息共享利用的效率。

数据从形式上可以简单地分成两种，即结构性数据和非结构性数据。结构性数据方便储存，可用行和列存储，例如数据库中的表格或者生活中常用的Excel表格。除了结构性数据之外，就是非结构性数据、多媒体数据，如网页中的视频等。非结构性数据的来源十分广泛，现在，非结构性的数据收集和处理已经成为一个十分重要的问题。

在企业信息化建设过程中，因为受各种因素的限制，例如具体业务要求的不同、人力物力等物质条件的限制，业务数据的存储方式是不尽相同的。除此之外，每个层级的数据管理系统甚至数据库都有可能不同。因此，在面对异构数据源时，经常面临六个问题：

第一，数据的异构性。数据的异构性包括应用系统的异构以及数据存储模式的异构。企业数据主要来源于企业内部的应用系统，而这些业务系统、数据库系统等其他系统的结构不尽相同。而且在数据存储模式上，存储模式的选择和结构模式的不同都会导致数据存在异构性。

第二，数据完整性。数据集成是为了使业务人员能够方便地访问结构统一的数据，从而将数据更好地应用到业务中去。这需要数据保持完整，不仅是数据本身保持完整，也需要数据之间关联关系保持完整。

第三，对集成性能的要求。传统的集成方法在剧烈变化的市场环境下已经显现弊端，企业数据的集成应用需要保证轻量快捷，使系统能够比较快速地适应数据源的多样性，同时保证投入较低。

第四，语义不一致带来的问题。信息存在语义上的区别，很多情况下，不同的语言可能代表相同的概念，不同的信息也可以表达相同的语义，这些语义上的不一致会造成数据集成的冗余，甚至会干扰数据处理等后续过程。

第五，权限问题。不同数据来源于不同数据库，这些数据库有着访问权限。为了这些数据库的安全，数据集成需要在获取数据的同时保证原有数据库的安全。

第六，集成内容的限制。数据的集成是存在选择性的，并不是将所有数据源的所有数据内容进行集成，也需要对集成的范围进行限定。

很多问题是数据集成的共性问题，例如数据的异构性、数据的完整性、数据集成应用的性能保证、数据不一致的处理，权限问题以及集成内容的限定需要根据企业实际情况做出选择，这六个问题是相互关联、相互制约的，需要联系起来考虑。

二、营销大数据集成层次

数据集成可以分为基本数据集成、多级视图集成、模式集成、多粒度数据集成四个层次。

（一）基本数据集成

基本数据集成面临的问题很多。

通用标识符问题是数据集成时遇到的最难的问题之一。由于同一业务实体存在于多个系统源中，在无法确认这些实体是同一实体时，就会产生这类问题。处理该问题的办法主要有隔离和调和。隔离保证实体的每次出现都指派一个唯一标识符。调和确认哪些实体是相同的，并且将该实体的各次出现合并起来。当目标元素有多个来源时，指定某一系统在冲突时占主导地位。

数据丢失问题是最常见的问题之一，一般解决的办法是为丢失的数据重构一个非常接近实际的估计值来进行处理。

（二）多级视图集成

多级视图机制有助于对数据源之间的关系进行集成：底层数据表示方式为局部模型的局部格式，如关系和文件；中间数据表示方式为公共模式格式，如扩展关系模型或对象模型；高级数据表示方式为综合模型格式。

视图的集成化过程为两级映射：第一级为从局部数据库中选取数据，经过数据翻译、转换并集成为符合公共模型格式的中间视图。第二级为进行语义冲突消除、数据集成和数据导出处理，将中间视图集成为综合视图。

（三）模式集成

模式合并属于数据库设计问题，其设计的好坏常视设计者的经验而定，在实际应用中很少有成熟的理论指导。

实际应用中，数据源的模式集成和数据库设计仍有相当的差距，如模式集成时出现的命名、单位、结构和抽象层次等冲突问题，就无法照搬模式设计的经验。

在众多互操作系统中，模式集成的基本框架如属性等价、关联等价和类等价可最终归于属性等价。

（四）多粒度数据集成

多粒度数据集成是异构数据集成中最难处理的问题，理想的多粒度数据集成模式是自动逐步抽象。

数据综合（或数据抽象）指由高精度数据经过抽象形成精度较低，但是粒度较大的数据。其作用过程为从多个较高精度的局部数据中，获得较低精度的全局数据。在这个过程中，要对各局域中的数据进行综合，提取其主要特征。数据综合集成的过程实际上是特征提取和归并的过程。

数据细化指通过有一定精度的数据获取精度较高的数据，实现该过程的主要途径包括时空转换、相关分析或者由综合数据变动中的记录进行恢复。数据集成是最终实现数据共享和辅助决策的基础。

三、常见营销大数据集成方法

(一) 模式集成方法

在构建集成系统时将各数据源的数据视图集成为全局模式，使用户能够按照全局模式透明地访问各数据源的数据。全局模式描述了数据源共享数据的结构、语义及操作等。用户直接在全局模式的基础上提交请求，由数据集成系统处理这些请求，转换成各个数据源在本地数据视图基础上能够执行的请求。模式集成方法的特点是直接为用户提供透明的数据访问方法。

模式集成要解决两个基本问题：构建全局模式与数据源数据视图间的映射关系、处理用户在全局模式基础上的查询请求。

联邦数据库和中间件集成方法是现有的两种典型的模式集成方法。

(1) 联邦数据库是早期人们采用的一种模式集成方法。联邦数据库中数据源之间共享自己的一部分数据模式，形成一个联邦模式。联邦数据库系统按集成度可分为两类：采用紧密耦合联邦数据库系统和采用松散耦合联邦数据库系统。

紧密耦合是联邦数据库系统使用的统一的全局模式，将各数据源的数据模式映射到全局数据模式上，解决了数据源间的异构性。这种方法集成度较高，用户参与少；缺点是构建一个全局数据模式的算法复杂，扩展性差。

松散耦合提供统一的查询语言，将很多异构性问题交给用户自己去解决。松散耦合方法对数据的集成度要求不高，但由于其数据源的自治性强、动态性能好，集成系统不需要维护一个全局模式。

(2) 中间件集成方法是另一种典型的模式集成方法，它同样使用全局数据模式。与联邦数据库不同，中间件系统不仅能够集成结构化的数据源信息，还可以集成半结构化或非结构化数据源中的信息，如 Web 信息。中间件模式是目前比较流行的数据集成方法，它通过在中间层提供一个统一的数据逻辑视图来隐藏底层的数据细节，使用户可以把集成数据源看作一个统一的整体。

典型的基于中间件的数据集成系统主要包括中间件和包装器，其中每个数据源对应一个包装器，中间件通过包装器和各个数据源交互。用户在全局数据模式的基础上向中间件发出查询请求，中间件处理用户请求，将其转换成各个数据源能够处理的子查询请求，并对此过程进行优化，以提高查询处理的并发性，减少响应时间。包装器对特定数据源进行了封装，将其数据模型转换为系统所采用的通用模型，并提供一致的访问机制。中间件将各个子查询请求发送给包装器，由包装器来和其封装的数据源交互，执行子查询请求，并将结果返回给中间件。

中间件注重全局查询的处理和优化，其相对于联邦数据库系统的优势在于：能够集成非数据库形式的数据源，有很好的查询性能，自治性强；中间件集成的缺点在于它通常是只读的，而联邦数据库对读写都支持。

（二）数据复制方法

数据复制主要将各个数据源的数据复制到与其相关的其他数据源上，并维护数据源整体上的数据一致性、提高信息共享利用的效率。

该方法将各个数据源的数据复制到同一处，即数据仓库。用户则像访问普通数据库一样直接访问数据仓库。

在这里就不得不谈到数据异构（即数据结构不同）这个问题，数据异构包括语法异构以及语义异构。

语法异构和语义异构的区别可以追溯到数据源建模时的差异。当数据源的实体关系模型相同，只是命名规则不同时，造成的只是数据源之间的语法异构。当数据源构建实体模型时，若采用不同的粒度划分不同的实体间关系以及不同的字段数据语义表示，必然会造成数据源间的语义异构，给数据集成带来很大麻烦。

（1）语法异构。语法异构一般指源数据和目的数据之间命名规则及数据类型存在不同。对数据库而言，命名规则指表名和字段名。语法异构相对简单，只要实现字段到字段、记录到记录的映射，解决其中的名字冲突和数据类型冲突。这种映射都很直接，比较容易实现。

（2）语义异构。语义异构主要包括模式异构、上下文异构、个体异构，主要涉及字段拆分、字段合并、字段数据格式变换、字段转移等。

（三）综合性集成方法

模式集成方法为用户提供了全局数据视图及统一的访问接口，透明度高。但该方法并没实现数据源间的数据交互，用户使用时经常需要访问多个数据源，因此该方法需要系统有很好的网络性能。

数据复制方法在用户使用某个数据源之前，将用户可能用到的其他数据源的数据预先复制过来，用户使用时仅需访问某个数据源或少量的几个数据源，这会大大提高系统处理用户请求的效率；但数据复制通常存在延时，使用该方法时，很难保障数据源之间数据的实时一致性。

为了突破两种方法的局限性，人们通常将这两种方法混合在一起使用，即所谓的综合方法。综合方法通常是想办法提高基于中间件系统的性能，该方法仍有虚拟的数据模式视图供用户使用，同时能够对数据源间常用的数据进行复制。对于用户简单的访问请求，综合方法总是尽力采用数据复制方式，在本地数据源或单一数据源上实现用户的访问需求；而对那些复杂的用户请求，无法通过数据复制方式实现时，才使用虚拟视图方法。

（四）其他数据集成技术

数据集成技术还涉及其他许多技术方法，在这里简单介绍下网格技术以及本体技术。

（1）网格技术。现在，进行科学研究所要用到的数据分析、计算变得日益复杂，需要多种设备和多个系统的协作，为此人们提出网格计算技术，该技术试图联合网络中所有资源，为用户提供一种虚拟的巨型超级计算机系统。而数据网格技术的最终目标是建立异构分布环境下海量数据的一体化存储、管理、访问、传输与服务的架构和环境。数据网格技术主要解决的是在广域环境下分布的、异构的、海量存储资源的统一访问与管理的问题，可以很好地解决海量数据难以组织、难以处理的问题。数据网格技术是在计算网格技术的基础上发展起来的，对于数据集型的大型科学研究具有重大的科研和应用价值，它为广域的具有数据密集型或协作特点的大型科学应用和研究提供了支撑平台。

（2）本体技术。本体是对某一领域中的概念及其之间关系的显式描述，是语义网络的一项关键技术。本体技术能够明确表示数据的语义以及支持基于描述逻辑的自动推理，为语义异构性问题的解决提供了新的思路，对异构数据集成来说应该有很大的意义。

在数据集成中，也经常采取本体技术和中间件相结合的方法，采用中间件架构，支持虚拟视图或视图集合，且不存储任何异构数据库中的实际数据。为了更好地解决语义异构，在中间件中引入了一个本体库。

第二节　营销大数据挖掘

数据挖掘是基于数据的商业信息处理技术，通过对商业数据的采集、转换和模型化处理等操作，提取出辅助商业决策的有价值信息，这是一个需要多种技术手段的过程，通过挖掘潜在的数据及数据关系帮助经营者调整市场运营手段，做出适宜的决策。

一、营销大数据挖掘的基本概念

在通常情况下，收集来的数据并不能够直接当作信息来使用，这些数据一般都是粗糙的，就像工业原料一样，只有经过加工处理才能应用到商业分析中。而对数据进行加工处理的过程可以简单理解为数据挖掘的过程，加工处理的生产效率决定了这些数据对于商业决策所能够带来的价值有多少。数据的挖掘就是有组织、有目的地收集数据，将数据以最高的转换率转换为信息，从而在大量数据中寻找潜在规律以形成规则或知识的技术（朱荣等，2018）。

通过数据描述现状和预测未来状况是数据挖掘的两大基本目标，描述一般是通过计算机的无监督学习来实现，而预测一般是通过计算机的建模以及监督学习来实现。描述性分析主要包括聚类和关联分析，聚类是通过一定规则将样本分为不同类别，关联分析被用来发现数据集中数据之间的相关性。预测分析主要是分类和回归，分类是有类别定义前提下的一种分类，回归相当于样本和预测变量之间的映射。

数据挖掘的流程是一个重复反馈的过程，一般来说，数据挖掘主要通过业务需求的解读、数据的搜集、数据的预处理、模型的评估、模型的解释这几个过程来迭代处理数据。

（一）解读业务需求

所有的数据挖掘都是拥有使用场景的，数据要回归应用，所以数据分析挖掘师不能一味地追求算法模型的精美而忽略了对应用情景的理解，要积极与行业专家交流解读具体的业务需要，明白数据挖掘要带来怎样的应用价值，这个解读要贯彻在整个项目的全周期。

（二）搜集数据

数据搜集是数据挖掘的前期准备，大型公司的数据一般来源于自有的业务数据库，通常情况下，并不是所有数据都要收集起来的，通过数据抽样取得数据，在此过程中，就需要了解抽样过程中的取样分布，确保数据来源于一个分布。

（三）预处理数据

由于企业平时业务繁多等原因，数据不可避免地会出现缺失、异常等情况。因此，在使用数据前需要对数据进行预处理，做好数据准备工作。

（四）评估模型

在这一环节，需要对数据分析的模型和算法做出选择，如何在众多模型算法中找到适合的，需要反复进行测试评估。

（五）解释模型

数据挖掘的目的就是用数据辅助决策，而数据经过模型的处理后得出了相应的一系列数据结果，需要根据这些结果结合具体的应用场景来做出表述，从而辅助决策。

二、营销大数据挖掘的基本功能

大数据的商业化时代已经到来，不过，人们对大数据挖掘真正能给企业带来多少威力却并不是很清楚。大数据意味着大商机，对于企业来说，营销大数据挖掘产生的价值十分巨大。

（一）分析用户的行为特征

在大数据时代，用户行为的分析可以从时间和空间两方面来处理。在时间维度，营销大师菲利普·科特勒将用户的消费过程分为五个阶段，分别是消费者产生需求、进行商业信息的收集工作、购买方案的比较、做出购买决策以及购买后的行为过程。

从空间上来说，用户的行为特征可以从消费的主体、消费的对象、消费的地点、消费的时间、消费的原因、消费的数量这几个方面来研究，从而形成用户行为分析的体系框架。

现在，越来越多的企业不再将企业重心放在价格战或者日益同化的产品质量上，而是通过数据分析来对消费者的行为进行精准分析，从而把握客户资源。数据成为企业了解客户的一项重要资源，拥有足够多的数据就有可能做到比用户更了解他们自身的行为。

（二）精准推送商业信息

在大数据时代，精准营销被越来越多的企业重视，精准营销是大数据最大的商业用途，但是真正能做到精准营销的企业很少，大多企业没有形成大数据营销的体系，经常出现消息投送无门、随意推送商业信息的现象，给用户造成了很多垃圾信息。

造成这些现象的主要原因是许多企业缺少详细的商业数据信息，再加上没有系统地分析企业既有的数据资源，使得精准营销常成为推销的灾难现场。企业要形成营销体系才能做好精准营销，比如，分析客户的信用卡记录可以刻画出消费者的消费水平从而为客户提供精准的信息广告。

通常，在实现精准推送商业信息之前，企业就需要弄明白"推送哪些信息、给谁推送、谁来推送、通过什么来推送、推送效果评估"这些问题。

要精准回答好这些问题，单独靠管理者和业务人员的感性感知可能做不到全面考量，所以，企业需要对自己掌握的营销数据进行挖掘分析，分析出用户的行为特征，测量推送效果并进行相应的调整，以实现精准推送。

（三）占领商业市场

投用户所好是任何品牌市场竞争中必备的战术。企业产品在生产前必定要做市场调查，以此来判断该产品的市场需求、企业可以获得的利润等信息。所以，企业的生产要投用户所好，用户就是市场，用户所需就是市场所需。例如，现在的电影在公映之前都会在网上公布电影的预告片，电影公司通过预告片的市场反响，来确定下一步的宣传策略。

尤其当企业处于市场领先地位时，更要时刻了解用户市场、监控用户市场变化。

当企业处于商业金字塔顶端的时候，自己就成了众多竞争对手的目标，而自身已经找不到合适的学习目标进一步提高自己，所以只有更加关注用户所好，不断推陈出新，才能不给竞争对手任何机会，才能一直占领市场。

（四）监测竞争对手与传播品牌

知己知彼，百战不殆。在商业竞争中，竞争对手在干什么是每个企业都想了解的。但是通常对方是不会公布自己的商业机密的，其他企业想要获取是很困难的。在大数据时代，即使对方不告知其商业机密，企业也能够通过大数据监测竞争对手的经营状态，从而调整自身的经营布局。

品牌的经营传播也可通过大数据分析来找准传播方向。现在很多企业都在利用大数据，例如进行传播趋势分析、互动用户之间的关系分析、流行内容的特征分析、口碑产品分析、消费者评论的正负情绪分类以及产品属性分布等。

（五）客户分级管理

客户分级管理的概念就是根据客户对企业的利润贡献率等各个指标对客户进行多角度衡量与分级，从而对客户享受的优惠进行分段管理。一定程度上，客户分级管理能提高客户黏性，尤其是对于新用户，其为了获得更多的权限与优惠，可能会频繁进行小额消费。随着时间的推移，用户可能会形成一种消费习惯，以此来适应该企业的商业模式。

客户分级管理能够提升企业客户服务水平，整合与记录企业每个业务部门接触的客户资料，之后通过分析和挖掘这些客户资料，深入了解客户的需要，发现企业的高价值客户，向客户提供更具针对性的产品服务，增强企业的市场营销管理能力，帮助企业制定合适的市场营销计划，并对各种推广渠道所接触的客户进行记录、分类和辨识，加强企业对潜在客户以及现实客户的管理，对企业的各项营销活动效果进行评价。

（六）改善用户体验

改善用户体验对于企业来说是一个永恒不变的话题，关键在于了解用户的真实情况及产品的具体使用情况，而这些情况都可以通过大数据获悉。大数据能帮助企业了解产品售后信息，并在产品出问题时，对用户进行适时的提醒。改善用户体验其实就是方便用户使用，例如雷朋眼镜为美国空军生产出了有倾斜反光镜面的太阳镜，给使用者提供了最大的视力保护。

现在葡萄酒市场上以螺旋盖封装的葡萄酒越来越多，对于服务者以及顾客来说，螺旋瓶塞的酒瓶在餐桌上很容易开启。新西兰和澳大利亚等国的葡萄酒行业已经进入了螺旋塞时代，很多酒商把螺旋塞应用在了他们整个的生产线上。这些从细节着手改善用户体验的例子还有很多，如通过大数据来检测用户产品使用情况并分析数据，细心发现问题，改善用户体验。

三、营销大数据挖掘的常用方法

数据挖掘的方法有许多种，最常用的有分类分析、回归分析、聚类分析、关联规则、特征分析、偏差分析、Web 页挖掘六种。

（一）分类分析

分类是找出数据库中一组数据对象的共同特点并按照分类模式将其划分为不同的类，其目的是通过分类模型，将数据库中的数据项映射到某个给定的类别。它可以应用于客户的分类、客户的属性和特征分析、客户满意度分析、客户的购买趋势预测等，如一个汽车零售商将客户按照其对汽车的喜好划分成不同的类，这样营销人员就可以将新型汽车的广告手册直接邮寄到有这种喜好的客户手中，从而大大增加了商业机会。现在常见的分类算法主要有以下五种：

1. 贝叶斯分类

贝叶斯分类器的分类原理是通过某对象的先验概率，利用贝叶斯公式计算出其后验概率，即该对象属于某一类的概率，选择具有最大后验概率的类作为该对象所属的类。目前研究较多的贝叶斯分类器主要有四种，分别是 Naive Bayes、TAN、BAN 和 GBN。主要分类方法有决策树、KNN（K-Nearest Neighbor）、SVM 法、VSM 法、Bayes 法、神经网络等。

2. K 近邻算法（K-Nearest Neighbor，KNN）

KNN 最初由 Cover 和 Hart 于 1968 年提出，是非参数法中最重要的方法之一。根据距离函数计算待分类样本 X 和每个训练样本的距离（作为相似度），选择与待分类样本距离最小的 K 个样本作为 X 的 K 个最近邻，最后以 X 的 K 个最近邻中的大多数所属的类别作为 X 的类别。

3. 决策树归纳算法

决策树归纳算法是一个贪心算法，它以自顶向下的分治方式构造决策树，使用分类属性（如果是量化属性，则需先进行离散化）的递归并选择相应的测试属性来划分样本。测试属性是根据某种启发信息或者统计信息来进行选择（如信息增益）。

4. 支持向量机

支持向量机通过寻求结构化风险最小来提高学习机泛化能力，实现经验风险和置信范围的最小化，从而达到在统计样本量较少的情况下，亦能获得良好统计规律的目的。通俗来讲，它是一种二分类模型，其基本模型定义为特征空间上的间隔最大的线性分类器，即支持向量机的学习策略便是间隔最大化，最终可转化为一个凸二次规划问题的求解。

5. 神经网络算法

神经网络算法多为 BP 神经网络，BP 神经网络是一种单向传播的多层前向神经网络，除输入输出节点外，还有一层或多层隐含节点，同层节点间无任何连接，由于同层节点上无任何耦合，故每层节点的输出只影响下一层节点的输出。

（二）回归分析

回归分析方法反映的是事务数据库中属性值在时间上的特征，产生一个将数据项映射到一个实值预测变量的函数，发现变量或属性间的依赖关系，其主要研究问题包括数据序列的趋势特征、数据序列的预测以及数据间的相关关系等。

回归分析方法被广泛地用于解释市场占有率、销售额、品牌偏好及市场营销效果。它可以应用到市场营销的各个方面，如客户寻求、保持和预防客户流失活动、产品生命周期分析、销售趋势预测及有针对性的促销活动等。

回归分析主要研究的问题包括以下几点：

（1）判别自变量是否能解释因变量的显著变化——关系是否存在。

（2）判别自变量能够在多大程度上解释因变量——关系的强度。

（3）判别关系的结构或形式——反映因变量和自变量之间关系的数学表达式。

（4）预测自变量的值。

（5）当评价一个特殊变量或一组变量对因变量的贡献时，对其自变量进行控制。

（三）聚类分析

聚类分析是把一组数据按照相似性和差异性分为几个类别，其目的是使得属于同一类别的数据间的相似性尽可能大，不同类别的数据间的相似性尽可能小。它可以应用于客户群体的分类、客户背景分析、客户购买趋势预测、市场的细分等。

聚类的输入是一组未被标记的样本，根据数据自身的距离或相似度将它们划分为若干组，划分的原则是组内距离最小化，而组间距离最大化。常用的聚类分析算法有 K-Means 聚类、K-中心点聚类、系统聚类。

（1）K-Means 聚类。K-Means 聚类也叫快速聚类法，在最小化误差函数的基础上将数据分为预定的类数 K。K-Means 聚类算法原理简单并便于处理大量数据。

（2）K-中心点聚类。K-Means 聚类对异常值是敏感的，而 K-中心点聚类不采用簇中对象的平均值作为簇中心，而选用簇中离平均值最近的对象作为簇中心。

（3）系统聚类。系统聚类也叫多层次聚类，分类的单位由高到低呈树形结构，且所处的位置越低，包含的对象就越少，但这些对象间的共同特征越多。该聚类方法只适合在数据量小时使用，数据量大时速度会非常慢。

（四）关联规则

关联规则分析也称为购物车分析，最早是为了发现超市销售数据库中不同的商品之间的关联关系。关联规则是描述数据库中数据项之间所存在的关系的规则，即根据一个事务中某些项的出现可导出另一些项在同一事务中也出现，即隐藏在数据间的关联或相互关系。在客户关系管理中，通过对企业的客户数据库里的大量数据进行挖掘，可以从大量的记录中发现有趣的关联关系，找出影响市场营销效果的关键因素，为产品定位、定价与定制客户群，客户寻求、细分与保持，市场营销与推销，营销风险评估和诈骗预测等决策支持提供参考依据。

常用的关联规则算法有 APRiori 算法、FP-Tree 算法、Eclat 算法、灰色关联法。

（1）APRiori 算法。APRiori 算法是关联规则最常用、最经典的挖掘频繁项集的算法，核心思想是通过连接产生候选项及其支持度，然后通过剪枝生成频繁项集。APRiori 无法处理连续型数值变量，在分析之前往往需要对数据进行离散化。

（2）FP-Tree 算法。FP-Tree 算法是针对 APRiori 算法固有的多次扫描事务数据集的缺陷，提出的不产生候选频繁项集的方法。APRiori 和 FP-Tree 都是寻找频繁项集的算法。

（3）Eclat 算法。Eclat 算法是一种深度优先算法，采用垂直数据表示形式，在概念格理论的基础上利用基于前缀的等价关系将搜索空间划分为较小的子空间。

（4）灰色关联法。灰色关联法是一种主要分析和确定各因素之间的影响程度，或者若干个子因素（子序列）对主因素（母序列）的贡献度的分析方法。

（五）特征分析

特征分析是从数据库中的一组数据中提取出关于这些数据的特征式，这些特征式表达了该数据集的总体特征。如营销人员通过对客户流失因素的特征提取，可以得到导致客户流失的一系列原因和主要特征，利用这些特征可以有效地预防客户的流失。

特征分析主要包括定量数据的分布分析、定性数据、统计量分析（均值、中位数、极差、标准、变异系数等）、周期性分析、贡献度分析（又称帕累托分析）、相关度分析等。

（六）偏差分析

偏差包括很大一类潜在有趣的知识，如分类中的反常实例、模式的例外、观察结果对期望的偏差等，其目的是寻找观察结果与参照量之间有意义的差别。在企业危机管理及其预警中，管理者更感兴趣的是那些意外规则。意外规则的挖掘可以应用于各种异常信息的发现、分析、识别、评价和预警等方面。

数据挖掘中，偏差分析是探测数据现状、历史记录或标准之间的显著变化和偏离，如观测结果与期望的偏离、分类中的反常实例、模式的例外等。

（七）Web 页挖掘

随着互联网的迅速发展及 Web 的全球普及，使得 Web 上的信息量无比丰富，通过对 Web 的挖掘，可以利用 Web 的海量数据进行分析，收集政治、经济、政策、科技、金融、各种市场、竞争对手、供求信息、客户等有关的信息，集中精力分析和处理那些对企业有重大或潜在重大影响的外部环境信息和内部经营信息，并根据分析结果找出企业管理过程中出现的各种问题和可能引起危机的先兆，对这些信息进行分析和处理，以便识别、分析、评价和管理危机。

第三节　营销大数据应用

大数据正在改变着我们对各种场景的体验：打开今日头条 APP 阅读文章的时候，它会优先推送给客户感兴趣的内容；打开淘宝时，平台会主动推送客户感兴趣或者有意向的产品，实现千人千面。随着大数据时代的到来，营销大数据对于营销领域的革命性改变也日益凸显，基于用户的行为数据，在最短的时间让有效信息触达用户，实现营销转化。

一、营销大数据应用过程

对于企业来说，营销大数据的应用过程一般分为三个层面，分别是数据层的采集和处理数据、业务层的建模分析数据以及应用层的解读数据。通过对客户特征、产品特征、消费行为特征数据的采集和处理，可以进行多维度的客户消费特征分析、产品策略分析和销售策略指导分析（张北平，2017）。

（一）数据层的采集和处理数据

在现代情境下，大数据处理的数据类型多样，既包括图片、网页、社交等一系列新数据，也包括传统的交易数据，这种采集不同于传统采集的有限和结构化，是一种无意识的自动化记录。

（二）业务层的建模分析数据

数据分析指用适当的统计、机器学习、深度学习等分析方法对收集来的大量数据进行分析，将它们加以汇总和理解并消化，以求最大化地开发数据的功能，发挥数据的作用。

（三）应用层的解读数据

数据指导营销最重要的是如何结合应用场景解释模型处理得来的结果。大数据可以根据营销问题，采用计算机封闭式挖掘对应数据进行验证分析，也可以采用机器学习开放性地探索，得出的结论可能异于我们平时的经验判断。

客户、产品、消费是企业营销策略制定实施的重要影响因素，在企业大数据应用过程中，既可以针对这三个要素中的任何一个要素有针对性地展开营销，也可以结合三者展开营销。营销大数据在企业营销应用层面有许多例子，下面举三个应用情景例子。

第一个就是通过用户特征的识别进行客户价值判断。针对用户历史交易数据，进行 RFM 分析，从而定位最有价值用户群体，分析潜在用户群。通过因子分析，企业可以识别出促使客户重复购买行为发生的重要影响因素，不断调整营销方式。

第二个就是用户行为指标的分析。企业收集用户行为数据，通过用户行为渠道来源的自动追踪，系统自动跟踪并对访客来源进行判别分类，根据营销过程对付费搜索、自然搜索、合作渠道、Banner 广告、邮件营销等营销渠道进行营销跟踪和效果分析。在营销效用方面，企业要知道具体的用户受到哪种媒体营销的影响，例如他们怎样进入特定网站，跨屏、浏览某个网站时他们会做什么。

第三个就是个性化关联分析。对用户购买了什么产品、浏览了什么产品、如何浏览网站等网站行为数据进行收集；通过分析客户群需求的相似程度、产品相似度，用个性化推荐引擎确定向用户推荐哪些产品或服务是用户感兴趣的，分析他们在多大程度上被促销活动、其他买家对产品的评论所影响。

在进行用户关联分析时，要特别注意三个关键指标：支持度（Support）、置信度（Confidence）、提高度（Lift）。在进行研究时，以支持度、置信度作为主要商品相关性分析指标，以提高度来说明关联关系。

全球数据量爆炸增长、移动互联网技术的发展、社会化媒体不断成熟、多样化的可选渠道和设备、不断变化的社会经济环境和消费者特征使得营销不断走向智能化。互联网的应用产品呈现出新一轮爆发性增长，尤其是移动终端的不断发展，促使很多传统的互联网产品不断在移动端上架。同时，地理位置将被融入社会化媒体，这种定位式的营销是精准营销不断发展的一个趋势。批量大规模分析正在被实时分析代替，数据的实时处理和实时营销要求不断增长。

二、营销大数据应用模型——RFM

RFM 模型是衡量当前用户价值以及客户潜在价值的一个重要工具和手段。RFM 是 Recency（最近一次消费）、Frequency（消费频率）、Monetary（消费金额）三个指标首字母组合。

（一）R 值

R 代表着客户最近一次消费（Recency）情况，指的是客户在店铺消费最近一次和上一次的时间间隔，理论上 R 值越小的客户价值越高，即对店铺的产品回购最有可能产生回应。目前网购便利，顾客已经有了更多的购买选择和更低的购买成本，去除地域的限制因素，客户非常容易流失，因此企业想要提高回购率和留存率，需要时刻警惕 R 值。

影响 R 值的因素主要有客户对店铺的记忆强度、接触机会、回购周期等，分析 R 值可以辅助确定企业和客户的接触策略、接触频次以及营销活动对客户的刺激力度。

理论上来讲，上一次购买时间距离现在越近的顾客价值越大。而他们得到营销人员眷顾的机会也应该大于那些很久没有光顾的顾客。当一位已经半年没有光临的顾客上周再次产生购买，那他就激活了自己的这个指标，所以最近一次消费时间是实时变化的，我们需要不断地激活顾客消费。

（二）F 值

F 代表着客户的消费频率。消费频率是客户在固定时间内的购买次数（一般是一年）。但是如果实操中实际店铺由于受品类宽度影响，比如卖 3C 产品、耐用品等，即使是忠实用户也很难在一年内购买多次。所以，一般店铺在运营 RFM 模型时，会把 F 值的时间范围去掉，替换成累计购买次数。

在应用 RFM 模型进行数据分析时，要注意影响复购的核心因素是商品，因此复购不适合做跨类目比较。比如食品类目和美妆类目：食品是属于"半标品"，产品的标准化程度越高，客户背叛的难度就越小，越难成为忠实客户；但是相对美妆，食品又属于易耗品，消耗周期短，购买频率高，相对容易产生重复购买，因此跨类目复购并不具有可比性。

消费频率越高的顾客忠诚度越高，我们需要不断采取营销手段去提高每个顾客的消费频率，这也是提高销售额非常有效的方法。一个没有客户重复购买产品的企业是非常危险的，这意味着它的顾客都是新的，都是一锤子买卖。不仅对于传统零售，现在重复购买率也是衡量一个电商网站的关键指标。消费频率最高的这部分顾客应该是得到企业关爱最多的群体，需要注意的是数据库营销不能过度，要以不骚扰用户为原则。

（三）M 值

M 代表着客户的消费金额。M 值是 RFM 模型中相对于 R 值和 F 值最难使用，但最具有价值的指标。人们熟知的帕累托法则曾做出过这样的解释：公司80%的收入来自于20%的用户。可能有些店铺不会那么精确，一般也会控制在30%的客户贡献70%的收入，或者40%的客户贡献60%的收入。消费金额越大，顾客消费力也越大，而这些顾客也应该是得到营销资源最多的顾客。特别是当商家的促销活动的费用资源不足的时候，这些高端的顾客就是首选对象。这个指标还需要和消费频率结合起来分析，有的顾客消费金额非常高，但是他可能只是购买了一次高单价商品，就再也没有光临过了。

理论上 M 值和 F 值是一样的，都带有时间范围，指的是一段时间（通常是一年）内的消费金额，对于一般店铺的类目而言，产品的价格带都是比较单一的，比如同一品牌美妆类，价格浮动范围基本在某个特定消费群的可接受范围内，加上单一品类购买频次不高，所以对于一般店铺而言，M 值对客户细分的作用相对较弱。用店铺的累计购买金额和平均客单价替代传统的 M 值能更好地体现客户消费金额的差异。

（四）分析 RFM 模型结果的方法

一般用两种方法来分析 RFM 模型的结果，一种是基于 RFM 模型的划分标准来进行客户细分，另一种是基于 RFM 模型的客户评分来进行客户细分。

1. 基于 RFM 模型的划分标准进行客户细分

可以选择 RFM 模型中的 1~3 个指标进行客户细分。细分指标需要在企业可操控的合理范围内，并非越多越好，一旦用户细分群组过多，一来会给自己的营销方案执行带来较大的难度，二来可能会遗漏用户群或者对同一个用户造成多次打扰。最终选择多少个指标有两个参考标准：店铺的客户基数、店铺的商品和客户结构。

（1）店铺的客户基数。在店铺客户一定的情况下，选择的维度越多，细分出来每一组的用户越少。对于店铺基数不大（5 万以下客户数）的店铺而言，选择 1~2 个维度进行细分即可。对于客户超过 50 万的大卖家而言可以选择 2~3 个维度。

（2）店铺的商品和客户结构。在店铺的商品层次比较单一、客单价差异幅度不大，并且购买频次和消费金额高度相关的情况下，可以只选择比较容易操作的购买频次代替消费金额。对于刚刚开店还没形成客户黏性的店铺，该模型则可以放弃购买频次，直接采用最后一次消费或者消费金额进行分析。

2. 基于 RFM 模型的客户评分进行客户细分

通过 RFM 模型评分后输出目标用户除了直接用 RFM 模型对用户进行分组之外，还有一种常见的方法是利用 RFM 模型的三个属性对客户进行打分，通过打分确定每个用户的质量，最终筛选出自己的目标用户。

RFM 模型评分主要有三个部分：一是确定 RFM 指标的分段和每个分段的分值；二是计算每个客户 RFM 指标的得分；三是计算每个客户的总得分，并且根据总得分筛选出优质的客户。

三、营销大数据应用案例

现今，商业银行信息化程度越来越高，产生了大量的业务数据、中间数据和非结构化数据，大数据随之兴起。要从这些海量数据中提取出有价值的信息，为商业银行的各类决策提供参考和服务，需要结合大数据和人工智能技术。国外的汇丰、花旗和瑞士银行是数据挖掘技术应用的先行者。在国内的商业银行中，大数据的思想和技术逐步开始在业务中获得实践和尝试，恒丰银行就是大数据实践的先行者之一。

虽然恒丰银行内部拥有客户的基本信息和交易等大量数据，但是传统的营销系统并没有挖掘出行内大量数据的价值，仍然停留在传统的规则模型应用阶段。当下，恒丰银行接入了大量的外部数据，有着更多的维度，如果将内部数据与外部数据进行交叉，则能产生更大的价值。客户信息收集越全面、完整，数据分析得到的结论就越趋向于合理和客观，利用营销大数据建立起完善的营销系统就变得更有可能且必要。

理财产品种类繁多，产品迭代速度很快，客户在繁多的产品中不能快速找到适合自己的产品，因此有必要建立一个自动化推荐模型，将银行理财产品推荐业务转化为机器学习，进而利用人工智能技术提高推荐产品的点击率和购买率，建立客户理财偏好模型，给客户推荐最适合的产品。例如在恰当的时间，通过用户偏好模型给用户推荐产品，推荐的结果为用户购买或者未购买。这个问题可以看作一个典型机器学习二分类问题：基于历史营销数据来训练模型，让模型自动学到客户购买的产品偏好，并预测客户下次购买理财产品的概率。对模型预测出的所有客户对所有产品的响应概率进行排序，可选择客户购买概率最高的前几个产品推荐给客户。

这个过程分为以下三个阶段：

（一）数据源的准备

在任何一个行业中，相似的客户可能会喜好相似的产品，并且同一个人的喜好可能具有连续性，对银行业的客户而言更是如此，客户的存款、贷款资金决定了客户能购买什么档次的理财产品。为了更好地向消费者推荐更适合的产品，银行所用数据通常要包含客户性别、年龄、开户时间、评估风险等级等基本属性数据；产品的逾期收益率、产品周期、产品风险等级等产品基本属性数据；客户购买产品的时间、产品内容等购买历史数据；客户历史存款日均余额等存款历史数据；客户贷款数据以及客户收入信息等数据。有了这些数据，恒丰银行能够清晰提取出每位客户的特征，例如客户的评级指标、客户贡献度等。

（二）数据特征的转换和抽取

从基础数据中提取出来的特征中部分特征无法由算法直接处理，此时就需要对特征进行转换或者抽取以保证数据可用。

例如，就时间属性本身来说，客户的开户日期对算法模型不具有任何意义，需要把开户日期转变成到购买理财时的时间间隔。再如，从理财产品信息表中可以得到风险等级、起点金额等，但是这些数据并没有标志这款产品是新手专属，还是忠诚客户专属。这就需要我们从产品名字抽取这款产品的上述特征。

（三）算法模型的训练

根据提取的特征，组成样本宽表，输入到分类模型，恒丰银行选择了TDH 平台机器学习组件 Discover 所提供的近百个分布式算法进行建模和训练，同时还使用了高阶交叉特性进行推荐分析和预测。在营销大数据的分析处理过程中，算法模型都是根据实际业务需要来进行选择，需要结合行业专家的意见来进行。

首先，通过以上过程，恒丰银行实现了对营销大数据的有效处理分析，针对每个客户进行需求预测，能够在一定范围内预测某个有消费历史的客户在下一个阶段是否会出现重复购买行为，并且，恒丰银行也能够预测有重复购买行为的客户在接下来的消费过程中会购买多大价值的产品，这能够更好地帮助银行业务人员有针对性地向客户推荐产品。

其次，恒丰银行也针对每个客户进行终身价值建模，通过每位客户的消费历史计算出客户的当前价值和未来价值，帮助业务人员把握重点客户，按照客户价值高低进行分级服务。并且能够分析哪些客户有流失倾向，从而针对流失阶段的高价值客户给予适当营销优惠和消费引导。

再次，银行营销准确性不断提高。随着客户不断增加，理财产品也在不断推陈出新，在实时精准营销平台的帮助下，银行从以前盲目撒网式的营销方式转变到对不同客户精准触达，提高了理财产品的营销成功率，降低了销售和运作成本。理财产品上线以来，产品推荐成功率比专家经验排序模型提升 10 倍。

最后，恒丰银行的获客数量不断增加。通过对营销大数据的分析，洞察客户潜在需求和偏好，提高了银行获取目标客户群的准确率。从数百万客户中，通过机器学习模型，找到最有可能购买产品的客户群，再通过渠道营销，实现响应率提升。相比传统盲发模式，发送原 38% 的短信即可覆盖 80% 的客户。通过构建基于大数据的营销方案，恒丰银行深入洞察客户行为、需求、偏好，帮助银行深入了解客户，并打造个性化推荐系统和建立客户价值预测模型，实现了可持续的发展。

第三篇

大数据精准营销与应用

第十章　精准营销

第一节　精准营销概述

精准营销是在精细化营销的思想理念指导下，细分销售市场，促进企业在激烈竞争中提高自身竞争优势。现在，随着精准化营销理念的普及，越来越多的企业通过精准营销模式和方法拉近自身与客户的关系。

一、精准营销基本概念

精准营销是在精准定位的基础上，依托现代信息技术建立个性化的顾客沟通服务体系的手段，是更精准、可衡量和高投资回报的营销沟通，是更注重结果和行动的营销传播计划，也是越来越注重对直接销售沟通的投资（魏想明等，2016）。充分了解客户信息，根据客户偏好，进行有针对性的产品营销，将市场信息和已掌握的客户信息相结合，不断完善企业营销方式。

精准营销包括三个层次的含义。第一，营销的最终追求是不进行营销就能够把商品卖出去，精准营销就是一个逐步向这个方向转化的过程。第二，精准营销需要准确的系统保障和工具方法，而这种方式是可以用数据来衡量的。第三，精准营销的最终目标是实现低成本的可持续发展目标。

精准的意思就是准确的、可测量的。其核心思想是通过定量的市场定位技术，突破传统的营销定位。只有正确识别和分析市场，才能保证有效的市场、产品和品牌定位。精准营销依靠数据库技术收集客户、产品及其他信息，用网络通信技术实现与客户的快速沟通，用现代物流体系保障商品能够安全迅速地到达客户手中。精准营销摆脱传统广告传播的高成本，使企业的低成本成长成为可能。精准营销系统维护企业和客户之间的密切互动，以不断满足客户的个性化需求，建立一个稳定的忠诚客户群，并通过客户的扩散传播实现企业长期稳定高速发展。精准营销借助现代高效分散的物流，使企业摆脱复杂的中间分销环节和传统营销模块的营销方式，大大降低了营销成本。

精准营销的产生和发展离不开互联网技术的发展与应用。随着网络技术的发展，人们的生活逐渐全面向互联网和移动互联网转移，然而我们在享受网络便利性的同时，极速发展的互联网也产生了信息爆炸的问题。在互联网上，信息是可得且易得的，这些信息体量十分巨大并且在以指数级飞速增长，如何在这些海量的数据中以较快速度挖掘出有用的信息成为亟待解决的问题，这也是精准营销所要解决的问题。

精准营销利用各种技术手段，使企业能够从多余的信息中过滤出自己需要的信息，从而达到精准营销的目的。电子商务类网站、媒体资讯类网站、社交类网站正在逐步推出个性化网站推荐。

个性化推荐技术可以说是精准营销中的典型技术。1999 年，德国一所大学中的研究人员 Tanja Joerding 创建了现今电子商务系统的鼻祖——TELLIM；又过了两年，纽约大学的 Gedemas Adoavicius 和 Alexander Tuzhlin 为个性化电子商务网站搭建了用户建模系统；2003 年，谷歌创建了一个高点击 Adwards 模式，根据用户搜索内容的关键字来提供广告服务，四年之后，谷歌在 Adwards 模式关键字基础上针对用户以往的搜索内容推送更精准的广告；同年，雅虎也推出了类似的个性化广告方案——SmartAds，在雅虎掌握的用户信息的基础上推送个性化广告；2009 年，百分点公司成立，这是国内首个专注于个性化推荐的公司，集合大数据和个性化推荐引擎进行实时商品推荐。

未来，搜索、大数据、云计算将是营销精准化的重要推手，智能推荐能够应用在广告、电子商务、网页浏览等多领域。

二、精准营销理论依据

精准营销由以下四种主要理论构成。

（一）4P 理论

20 世纪 60 年代，美国学者杰瑞·麦卡锡（Jerry McCarthy）教授（1960）在其《营销学》中提出了著名的 4P 营销组合策略，即产品（Product）、价格

（Price）、渠道（Place）和促销（Promotion）。他认为，一次成功和完整的市场营销活动意味着以适当的产品、适当的价格、适当的渠道和适当的促销手段，将适当的产品和服务投放到特定市场的行为。

（1）产品。无论是实体产业还是互联网产业，这是最基础的载体，也是唯物主义最基础的认知。

（2）价格。价格是营销策略中的关键因素。不同的产品，根据不同的市场定位，制定不同的价格策略。价格不仅是产品定位的体现，也是企业盈利的保证，更加是竞争的利器。

（3）渠道。渠道就是企业生产出来的产品，通过哪种方式在哪让消费者知道、了解、体验、消费的路径集合。一般包括三种渠道模式：直销渠道包括线上官方旗舰店+网络营销、线下门店+线下营销；间销渠道包括代理商/分销商、代销、合作捆绑等，含部分推广职能；直销+间销渠道是前面两种模式的结合，以直营+代理+代销的模式较为普遍。

（4）促销。企业需要制定整合广告、人员推销与销售推广等策略。此外，当产品从产品生命周期的初期步入后期，其促销策略也需随之而调整。

4P营销作用显著，包括两点：其一，直观、可操作，并且容易控制，它囊括了企业营销所需要涉及的方方面面，通过4P营销组合理论可以清楚地解析企业的整个营销过程，从产品的生产到加工再到交换消费，能较为完整地体现商品交易的整个环节，企业可以很容易监控哪个环节出现问题并及时改正。其二，4P理论运用后可以短期见效。4P理论的缺陷也是不可忽视的：4P是追求利润最大化的以企业为中心的理论，容易激发生产商与顾客之间的矛盾，且其中的成本加利润法无法被普遍接受，消费者所承担的价格与之相差太远。4P促销模式主要采用各种手段让消费者了解产品，认为只要是好产品，就不存在卖不出去的状况，这种"请消费者注意"而不是"请注意消费者"的引导思想往往会让厂商花费大量的金钱和精力，效果却不一定令人满意。

（二）4C理论

为了实现"以客户满意为中心"的管理中心的改变，同时也为了克服传统市场营销中的弊病，现代市场营销理论的核心已由过去的4P发展演变成了4C，实现了真正以客户满意为中心。1990年，美国北卡罗来纳大学教授劳特鹏提出用4C取代传统的4P论的观点，构成了整合营销传播的主要框架。4C是指消费者（Consumer）、成本（Cost）、便利（Convenience）、沟通（Communication）。

（1）消费者（Consumer）需求和欲望。企业应该努力研究消费者的需求和欲望，不要仅销售自己所能制造的产品或所能提供的服务，而要销售消费者确实想选购的产品或服务。

（2）降低满足消费者欲望与需求的成本（Cost）。了解消费者要满足其自身需求所能付出的费用，降低满足消费者欲望与需求的成本。

（3）选购的便利（Convenience）。思考如何才能给消费者提供方便，以便使消费者能更加便利地购得商品或获得服务。

（4）与消费者进行沟通（Communication）。加强同消费者之间的联系沟通，了解消费者对产品或服务的真实想法。

由此看来，4C 与 4P 的区别显而易见：4P 理论提出的是自上而下的运行原则，重视产品导向而非消费者导向；而 4C 理论强调以消费者为导向。4P 理论是以产品策略为基础；4C 理论是以传播和良好的双向沟通为基础，通过双向沟通和消费者建立长久一对一的关系。4P 理论主要宣传产品知识，即产品的特性和功能，强调的是产品的特点；4C 理论注重品种资源的整合，注重宣传企业形象和建立品牌，把品牌的塑造作为企业市场营销的核心。4P 理论的传播媒介是大众，且是单向传播；4C 理论的传播则是双向的，选择媒体"细"而且"多"，更加关注"小众媒体"。

（三）4R 理论

艾略特·艾登伯格于 2001 年在其《4R 营销》一书中提出 4R 营销理论，其四个营销要素分别是关系（Relationship）、节省（Retrenchment）、关联（Relevancy）、报酬（Rewards）。4R 营销理论侧重于用更有效的方式在企业和客户之间建立起有别于传统营销的新型关系。

（1）关系。在任何时代，消费者都是动态的、变化的，其对商品的忠诚度也很难保证，这一点在过剩经济的竞争态势下表现得更明显。因此，为了提高消费者的忠诚度，形成长期而有效的消费群体，企业必须要与消费者建立某种关系。与消费者互动、互助、互求、互需的关系一旦确立，企业就能与消费者形成相对稳定的关系，从而获得持续而稳定的市场。

（2）节省。4R 理论的节省是指企业去接近消费者而不是让消费者来接近企业，节省的核心能力是技术和便利。从人性的角度看，占便宜是人的天性，这也是某些超市搞活动时人头涌动的原因之一。购物时，消费者想的都是越物美价廉越好，折扣越多越好，越节省时间越好。这要求企业所提供的产品能给予更多的优惠，并能够节省购物时间等，以最大程度地满足消费者需要。

（3）关联。关联是指在企业和消费者之间构建出一种长效的、互动的、稳定的关系。

（4）报酬。这里的报酬分为两个层面：第一个层面是指企业在实现了上述三个条件后，基于消费者满意与社会满意而得到企业的满意，以及经营中实际成本的降低。第二个层面是指消费者以较低的代价获得同等价值，通俗而言就是用较少的钱买到了自己想要购买的商品。

唐·舒尔茨（Don E. Schuhz）在 4C 营销理论的基础上提出了 4R 营销理论，不过，他将节省（Retrenchment）替换成了反映（Reaction）。两人的理论中对反映的解释也不同，前者是企业的回报；后者是企业对顾客的回报。

（四）4I 理论

随着互联网和无线营销（移动手机）的出现，传统的 4P、4C、4R 理论将被"4I"理论所取代，4I 理论即趣味（Interesting）、利益（Interests）、互动（Interaction）、个性（Individuality）四要素。舒尔茨在关于"整合营销"的著述中，提到了营销的 4I 原则。

4I 理论主要对应网络营销和无线营销两种营销模式。在以网络为基本特征的信息化时代，网络营销 4I 模式对建立新型的顾客关系给出了全新的方式。以手机为主要传播平台的无线营销，主要通过无线广告把高度的个性化信息精确有效地传递给消费者个人，达到"一对一"的营销目的。其具体理论如下：

（1）趣味。不论是新媒体内容运营，还是基于品牌传播的互动广告，都应追求"有趣"。传统广告追求的是创意，而在互联网时代，应该追求带有好玩有趣属性的创意。

（2）利益。营销活动如果不能为目标受众提供利益，必然寸步难行。

（3）互动。充分挖掘网络的交互性，利用网络的特性与消费者交流，扬长避短，将网络营销的功能发挥到极致。

（4）个性。个性化的营销，让消费者心理产生"焦点关注"的满足感，个性化营销更能投消费者所好，更容易引发互动与购买行为。

除了理论支持，精准营销还需要技术基础，主要包括大数据和互联网技术。

大数据所积累的数据量是无法想象的，而这些海量的数据也为企业营销提供了很好的分析基础，从而确定目标市场，更有针对性地寻找客户。现今时代，企业营销活动越来越离不开大数据的决策支持，大数据能够通过数据的不断积累和挖掘分析，找出用户的行为规律特点，从而提供个性化产品和服务，可以说，大数据是精准营销开展的基础。

精准营销所需要的信息内容主要包括描述性信息、行为信息和关联信息等。描述性信息主要包括客户的年龄、性别、所在行业、收入范围、联系方式等基础信息；行为信息主要包括客户消费的商品类别和价格、消费的频率等消费记录；关联信息主要包括客户消费的满意度、客户偏好、客户流向等信息。随着大数据时代的到来，各类型数据形成宝贵的无形资产，使得营销精细化成为可能。

各种类型的主题数据对企业来说是重要的数据资源，通过主题数据细分客户、绘制用户画像、进行产品品牌评估等，通过挖掘数据能够很大程度上了解客户偏好从而进行精准营销。大数据基于海量数据信息帮助企业营销，利用数据挖掘技术挖掘客户偏好，使企业更清晰地了解吸引这些客户的关键点，从用户需求、消费流程、竞争对手等多方面分析市场。

广告是营销中必不可少的一环，全球著名的广告商 Local Response 基于社交网络，对互联网的社交媒体内容信息进行搜索整合，实时搜寻产品信息和品牌数据，从社交应用用户所发布的内容动态中提炼数据，从而用实时数据来帮助企业投放实时广告，这种即时性能更大程度上贴近消费者，实现定向广告推送，更加准确地满足消费者的实际需要。

不管互联网时代还是传统营销时代，商业的本质没变，营销的本质也没变，都是为了更好地洞察需求，满足需求或者引导需求，为客户创造价值，实现企业目标。变化的是工具、方法和商业模式，而促成这些工具、方法和商业模式进行转变的互联网，也成了精准营销产生和发展的助推剂。

大传播时代过去了，渠道控制的时代也过去了，央视广告加明星代言的大传播已经式微。从产品传播宣传角度来说，产品制造同质化越发严重的今天，市场竞争激烈程度加剧使得耗时费力但传播效果不那么理想的大传播不再适应市场环境。移动互联网时代，品牌塑造方式变得与众不同，传统的品牌+代言+大传播的品牌宣传方式逐渐被由内而外的精细化营销和即时互动所取代。

三、精准营销实现策略

在未来的商业世界中，市场只会越来越细分，精准营销对于企业来说也愈加重要，因为客户在庞大的信息海洋中，最终只会选择自己最感兴趣的那一款产品，而对于企业来说，这也是机会，因此精准营销对于企业很重要。

要成功实施精准营销，必须做好以下三点：精确采集信息、精准投放、精细管理，精确采集信息是基础，精准投放是核心，而精细管理是保障。

（一）精确采集信息

精确的信息是精准营销能够顺利有效实施的基础。实施精准营销必须要以实际情况为依据，以精确信息为支撑，如此方能把握市场，把握消费者的真实需求。

那么，如何精确采集信息呢？受益于现今信息化程度的飞速提高，消费者可以借助各种信息手段产生消费行为，包含通话、购物、网上浏览等，而用户的消费行为会在信息通道留下轨迹和数据，我们可以借助这些数据来分析用户、分析市场。

以银行为例，中国银联签发的银行卡超过 43 亿张，持卡人超过 9 亿，商户数不胜数，每天的交易数据量十分庞大，核心交易数据都超过了 TB 级。

通过银联采集的数据信息，对每个网点的物理信息、每个地区的人口信息及特征、用户的使用行为信息等进行分析，为客户提供精细化的服务。例如，对老龄化程度较高的网点可以适当增加人工窗口，提供大屏幕的显示器；在青年人多、生活节奏快的一二线城市可以适当增加综合业务自助办理机；根据手机端用户浏览频率调整不同类型信息推送的频率；等等。

（二）精准投放

精准投放是精准营销的核心内容。基于精准信息的采集和分析处理，细分市场，找到目标客户群体，有针对性地组织企业的资源调配，促使有限资源匹配到目标客户群，更好地满足消费者的需要。

整个投放的过程，大体又分为投放对象的定位、投放时机的把握、投放内容的匹配、投放的执行四个环节。要实现精准投放，需要重视投放目标的准确定位、实时把握营销时机以及智能匹配这三点。

1. 投放目标的准确定位

投放目标的准确定位必须构建在对客户需求的精准洞察的基础之上。今天，人类已经进入大数据时代，客户数据的爆炸式增长对企业精准营销提出了新的挑战；另外，不断发展和成熟的人工智能和大数据技术也让企业有能力对客户数据进行深度分析和挖掘，真正通过客户数据了解客户需求，从本质上了解和洞察客户。

例如，企业在做营销活动时，会接触到各式各样的客户数据，有销售的数据，有客户在网上浏览的数据，还有各种各样其他的一些数据，利用这些数据企业可以进行大数据分析，以更加精准地了解每个客户，知道每个客户的投资行为。基于对客户偏好的精准把握，企业就能选择合适的理财产品并推荐给客户。对存贷款产品的营销，根据客户的消费记录以及贷款情况，对信用值以及还款能力强的客户，提高其信用额度，对资金压力大的客户，推荐经济实惠的理财产品。

事实上，与人工智能相结合的精准营销的独特之处，不仅在于对用户群体的精准定位，还在于对"人性"深处的洞悉。商品的过度丰富不仅不能让消费者感兴趣，反而使他们在购物前就感到疲累、沮丧。消费者的诉求在不断提升，他们需要的不再是简单的商品，而是功能、情感、社会属性等多方面的满足，而智能客服结合精准营销、深度营销与垂直营销，有效地解决了"消费焦虑症"。

2. 实时把握营销时机

信息化时代，消费者时刻都在产生需求。只有在客户最需要的时候及时提供产品和服务，才能让客户在惊喜中感受服务和产品溢价。

随着客户需求越来越个性化、弹性化、生活化、差异化，业务也越来越复杂，营销的难度也在逐渐加大。只有实时捕捉用户行为数据，并对其进行即时分析得到客户的需求最高点时机，此时触发营销计划的执行，才是最佳的营销时机。例如在客户有一定量储蓄时主动推荐理财投资产品，在客户余额较低时主动推荐分期付款，都可能是事半功倍的。

3. 智能匹配

一次完整的营销，包含客户、时机、产品、渠道、内容几个要素。要素之间的匹配方式，正是营销的"5W1H"理论的体现。

传统粗放式营销中，营销要素的匹配往往是由营销策划人员凭借业务经验设定，这种方式明显不够精准，经常出现给客户推荐了不感兴趣的产品或服务的现象，严重影响营销成功率。那么在精准营销中，营销要素的匹配应该更加智能化，即能够根据客户的偏好信息，产品/渠道的适配信息等，给出最优的要素匹配组合。

（三）精细管理

精细管理是精准营销能够顺利进行的有效保障，精准营销的整个流程需要一环套一环以保证其顺畅度，管理过程大致分为精准营销的流程设计、实施监控和自动优化环节。

完备的流程设计是营销效果良好的前提条件，要科学合理地设计营销过程，保证设计的全面性和灵活性，从而满足不同情境下的营销需要。

精准营销过程的监控需要多种方式相结合，不仅需要事中控制，还应进行事前控制，以提高监督的时效性，从而把危机扼杀在摇篮中。要在运营成本过高、营销传播到达率低时，及时发出预警。预警体系要能发现这些征兆，进而分析、总结，从而发现问题，做好各种预防工作。

自动优化营销活动的前提要求企业具备对营销活动做全面、完善的评估分析的能力，从用户、渠道、活动等不同角度分析与评估营销活动执行的效果；同时，根据分析与评估的结果，挖掘出导致影响活动执行效果不理想的因素，从而指导与优化营销活动的方案策略制定、流程设计等。

营销流程合理与否、过程监控得力与否是影响营销结果的重要因素。而在这些步骤中大数据与人工智能显然具有极大的优势。人工智能与大数据时代之下的精准营销未来将呈现出一些新的趋势，例如：对社会化媒体和移动终端的重视；线上线下营销相结合，更强调客户参与性的互动式营销；移动实时竞价广告的提升；基于大数据预测消费者中长期的个人消费行为和消费能力；客户动态调整自身行为指标，让商家动态提供适合自身的产品和服务；等等。

第二节　精准营销价值

全球数据量急剧增长，渠道逐渐多样，消费者特征不断变化，生产生活方式的深刻变化给企业营销增加了困难，但技术的更新也为企业精准营销创造了可能和实现路径，为企业提供了更高的投资回报率。

一、市场定位

市场的区分和定位是现代营销活动中关键的一环。只有准确定位市场，有效的市场、产品和品牌定位才能保证。通过对消费者行为的准确测量和分析，以及对顾客选择的数据进行分析，企业建立相应的数据系统，并通过市场测试来验证定位是否准确有效。

差异化是企业错位经营、突出自身特色的必然选择，任何一个企业的长远发展都离不开对未来消费趋势的判断和把握。随着时代的发展和商业流通领域的变化，消费者的个性化需求不断增加，产品与品牌的同质化竞争更加激烈，很多情况下会最终演变为低端的价格竞争。

要改善依靠低价竞争的局面,首要措施是对企业进行科学的定位。单一的商品结构让不同消费层次的消费者、不同年龄的消费者难以找到符合自己需求的产品,这也是传统服装市场普遍存在的问题。然而,这也为经营方式的升级和转型创造了商机。

精准营销的定位是有层次性的。第一,研究社会需求。我们建设什么,在哪儿建设,要看该地区是否需要专业市场,如果社会有此需求,我们就要抢占先机。第二,要把握区域经济总体特征,这也是市场规划的前提。现在通常是产销分离,区域代理商是产品销售和品牌传播推广的主要力量,因此必须要明确区域经济特点,严密划分区位从而开展营销。第三,分析研究消费需求。消费者是营销最重要一环,不了解消费者需求往往会导致产品不符合市场需求而陷入低价的恶性竞争,造成企业成本的浪费。

精准营销这种从大到小的定位符合经济发展的趋势,精准定位要落在精准,但眼光要放长远。

精准营销通过细分的市场定位,强化了产品针对性,减少了企业大规模无针对性传播带来的成本压力。产品的价格很大程度上受到消费者的影响,企业要销售产品,就必须满足目标消费群体的价值需要。从另一个角度来说,如果企业想要更高的回报,就需要找到更认同企业产品价值的客户。如果找不到认同企业产品价值的客户为企业的成本买单,企业势必要亏损。

任何企业都有自己的长处和短板,而盲目地在市场进行营销活动,很可能造成资金和人力成本的浪费。为了确定企业相对于竞争对手的优劣势,企业要准确地分析双方的产品价格竞争情况,以优对劣,提高竞争力。如今,产品的更新迭代速度越来越快,企业要通过市场定位,把握消费者的不同需求,根据市场细分和企业自身的优势,定位自己的目标市场,不断开发新产品,从而开拓新市场。借助大数据分析客户特征,挖掘客户需求,从数据角度更加细致、快捷找到产品的市场定位。

二、产品和服务

除了准确进行市场定位外,精准营销还可以满足不同消费者的需求,提供个性化的产品和服务,以准确地满足市场需求。对于任何企业而言,完美的质量和服务都需要贯穿整个营销过程。同时,营销行业普遍认为,忠实的客户带来的利润比新客户要多得多。只有通过准确的客户服务系统和个性化的产品或服务定制，我们才能留住老客户，吸引新客户，并实现以老带新的客户链反应。

个性化产品和服务在一定程度上是定制的。以戴尔为例，计算机本身是高度标准化的，相对容易满足客户对计算机性能、外观、功能和价格的综合要求。通过将先进的供应链管理、流程控制、呼叫中心、电子商务和其他手段相结合，戴尔实现了按需生产，即大规模定制。对于其他标准化程度低、客户需求复杂的企业，我们不仅要实现批量生产和成本优化，还要适应日益差异化的客户需求，这样必须有选择地满足客户需求，使得规模生产和差异化之间可以达到平衡。

企业通过准确的定位和准确的沟通来发现消费者差异化需求，通过个性化设计、制造产品来提供服务，以满足有效需求并获得理想的经济效益。个性化的产品和服务系统取决于现代化的生产和流程管理，包括供应链管理、ERP、BPR 等。例如，宝马公司借助准确的生产模型，完成车辆配置并按时交付客户订单。

客户对产品的个性化需求主要集中在产品形状、型号和特殊辅助功能上，而对产品基本功能的需求基本相同。因此，客户对于多样化的需求主要体现在辅助功能，而不是基本功能上。当产品实现了个性化时，企业可以在产品的外观设计和辅助功能上投入更多精力。

目前国内制造业刚刚兴起个性化定制，而国外大批量定制生产已经成为现实。全球数控系统和工业机器人领导厂商 FAUNC 公司，总部位于日本，其伺服电机、工业机器人等主流产品都实现了标准化、系列化、规模化，进而实现了生产过程的高度自动化。

FANUC 的大批量定制车间采用机器人装配机器人，每个车间只有线缆和一个斜齿轮是手工装配，而伺服电机 40 秒生产一个，可以达到 720 小时无人值守。FANUC 机器人的个性化体现在集成商为了满足不同的客户需求提供了不同类型的组装方式。

在美国哈雷戴维森的工厂，高端摩托车也是大批量定制产品。工厂建立了大量的智能制造单元，客户可以进行选配，但其真正的个性化体现在客户购买之后，还可以按自己的需求进行改装。

大规模定制是在系统思考的指导下，将企业、客户、供应商、员工和环境集成在生产模式中的一种方式，它充分利用企业现有资源，以标准技术、现代设计为支撑方法，根据客户的个性化需求，提供低成本、高质量、高效率的定制产品和服务。大规模定制实际上是客户与企业在产品设计、生产和服务的整个生命周期中的协作行为。大规模定制生产的基本思想是基于产品系列组件和产品结构的相似性和通用性，采用标准化、模块化和其他方法来减少产品的内部多样性。为了增加客户感知的外部多样性，通过产品和流程重组，将产品或零件的定制生产转变为零部件的批量生产，从而快速为客户提供低成本、高质量的定制产品。

三、精准营销体系

从精准营销这几个字可以看出，它的定义不是大众传播，它需要以精确为营销要求。DM、EDM、直接广告、电话、短消息、网络扩展这几种营销方式并不新鲜。DM 是邮件营销，EDM 是网络邮件营销。直返式广告是对传统公共广告的一种改进，常规的传统广告是关于产品的优点介绍并鼓励人们购买的，并提供一些折扣。

直返式广告的主要目的是促进感兴趣的人参与营销活动。直返式广告设计的核心是活动吸引点的设计。原则是让企业准确地针对那些对此感兴趣的人们进行广告、设计活动，以便这些客户能够参与一对一交流。活动的吸引点是某些客户感兴趣的特定事物，这更多地涉及了消费者心理和购买行为的研究内容。

掌握受众真实需求，准确刻画用户画像。精准营销是利用大数据技术找到准确的目标客户，通过挖掘和分析大量的受众数据来预测其需求，从而实现准确的广告投放。但是，挖掘和满足客户需要是一种内部需求，而不是相关需求。因为"相关"只是广告传播者意识到受众的兴趣或是偏好，然后根据"猜测"进行的广告推送，这并不意味着受众会喜欢推送的内容。

如果广告能够精准刻画出一个个"活生生"的个体形象，掌握他们的消费习惯和偏好等，"提前消费者一步"了解他们的"心理需求"，使广告"更懂"受众，才能实现"向对的人推送对的信息"，提高广告传播的精准度。

坚持内容为王，提高品牌认知度和美誉度。广告传播不仅需要洞察受众，更要挖掘人性，挖掘能让受众产生共鸣的故事，满足其情感需求，这样的广告内容对于受众来说也是有价值的。同时，广告在传播产品信息时，也是在向受众传播自身的品牌文化和价值观。企业想要提升品牌在受众心中的好感度，需要在提供有价值内容的同时，利用故事传递温暖的情感，实现以情动人，从而增强消费者的购买意愿。

因此，广告商需要制作精品广告，在宣传产品信息的同时，带给受众情感共鸣，注重人文关怀，引导其积极向上的价值观，树立自身良好的品牌形象，使广告具有较高的品牌认知度和美誉度。

借助强关系链互动，传播品牌形象。在网络时代，用户活跃在各大平台，具有高黏度、关系稳固的特征，是一种强关系链社交平台。该平台能够让具有共同特征、话题、兴趣的好友组成群组，这样广告就能在特定圈子内实现定向传播，并通过圈子成员将其传播到不同群组中，实现广告的二次传播甚至是多次传播，提高广告的曝光率。

优化阅读体验，提高广告转化率。由于人们的生活中到处都充斥着广告，大量广告已经使人们产生厌倦情绪，有的受众甚至选择屏蔽广告信息。精准营销严格控制投放广告的数量和频率，以受众体验为中心，考虑消费者的广告接受程度和容忍度。而要想使广告被受众所接受，有效提高其广告阅读率，就需要进一步优化受众广告阅读体验，通过对购买链接、购买按钮和购买文案的优化再设计，实现将消费者的购买意愿转化成消费行为的目标。

精准传播的实现建立在大数据技术基础上，以消费者为中心，建立消费者数据库，对个体消费者进行动态追踪，将收集到的海量的、潜在有用的消费者数据进行分析和深入挖掘。比如，通过分析消费者的基本属性信息，如性别、年龄、收入和地理位置信息等，对大众消费群体有一个大致的了解和筛选；通过对消费者的购买记录、购买时段、购买的产品、停留时间等数据进行动态追踪和分析，了解消费者行为信息，有针对性地进行精准营销。

建立数据标签体系，更好地实现信息流广告的精准投放。标签包括人口学标签、兴趣类标签和行为类标签等6种标签，用来对受众进行多维度、全方位的洞察。通过对标签的选择和组合，筛选出符合目标消费者特征的用户，以实现精准广告投放。

第三节　精准营销应用

一方面，精准营销实时监控每个渠道的用户行为特征，监控营销过程中的运营效果，并对其进行优化。另一方面，精准营销更方便地集中用户数据，实现以用户为中心的数据融合，提高用户数据的价值，实现用户交互的准确识别和多渠道数据访问，并提供更准确的服务和营销。

一、精准营销的系统功能分析

针对不同的行业领域，精准营销系统有不同的功能设计特点，但从通用角度来说，一个精准营销系统主要包括用户自我管理模块、后台管理模块、营销管理模块，而在这些模块下，又有着许多子模块。

（一）用户自我管理模块

该模块主要提供企业用户注册、企业信息管理、数据报表查询、业务定制等功能。

（1）企业用户注册功能。企业用户通过在网页或者各种终端上填写个人基本信息，向系统提出加盟注册申请，后台通过后，企业用户将收到系统自动发送的注册成功通知，用户填写的信息也会记录在册。

（2）企业信息管理功能。企业信息管理模块主要进行企业信息维护。用户在企业网站注册后，有关企业的信息会有所更改，系统执行用户更改注册信息的指令。

（3）数据报表查询功能。企业登录系统后，可以查看该用户在企业线上应用中的登录时间和状态等信息，也可以查看分析结果。

（4）业务定制功能。业务定制模块主要进行营销业务申请等活动。企业可以根据自身及用户的情况，向系统申请不同的营销业务，为某个或者某一群特定用户制定特殊的营销活动。

（二）后台管理模块

（1）角色管理功能。根据系统的角色，系统的用户可以分为客户、系统管理员、资格管理员、市场经理、区域管理员、测试经理、质量检查员、客户服务人员。角色管理模块主要是启用或禁用功能控制系统的角色分配，查询各种角色人员信息，修改角色信息的状态，添加或删除各种角色，设置角色的操作权限以及授予角色特定的功能，查看各角色用户系统操作日志等。

（2）用户管理功能。该功能模块实现企业用户的信息管理。用户进入系统后，通过该模块新增、修改、删除个人信息，使数据能够及时更新。

（3）审核管理功能。用户申请注册或者进行其他行动时，有必要将相关信息提交给系统，以便由管理员进行审查。该模块要求有资格的管理员查看申请列表和详细的申请条款，并通过或拒绝资格审查，给出确定结果。

（4）计费账务功能。在某些收费的营销活动中，系统会产生收益，通过该功能模块对用户进行营销计费。

（5）数据提取功能。定期向数据仓库系统提交需要提取的用户信息，并从数据仓库获取查询结果。

（三）营销管理模块

若用户申请了不同的营销业务，管理员需要审核该申请，并根据申请结果由相关业务人员进行实施。

（1）查看营销单功能。营销人员提供相关信息后，可以详细查询到营销申请，系统也会保存用户的申请记录。

（2）营销状态查询功能。该功能主要帮助相关业务人员随时查看某个营销申请单的执行状况。

（3）营销统计功能。该功能包括营销员统计、地区统计、业务统计、行业池统计、用户统计等。

（4）营销质量检测功能。营销质量检测是营销结果质量评价部分，质检人员对营销服务结果进行营销效果的测评。质检人员登录后，查询该营销单的详细信息，用特定的评价方法进行营销效果评价。

二、精准营销的用户画像技术

互联网和大数据挖掘分析等现代信息技术的发展促进了精准营销有效落地，如何找到精准的目标客户是精准营销重要的一环。在这里就不得不介绍用户画像这个概念，运用用户画像详细描述用户特征，以快捷找到客户。

进入大数据时代后，企业运营发生了一系列的变化和重塑。最大的变化是，消费者行为在企业面前都是"可见的"。随着大数据技术理论的不断发展和实际应用，企业越来越关注运用大数据为精确的客户提供精确的服务并进一步发掘其潜在的商业价值。因此，"用户画像"的概念随着时代的发展而出现（刘海等，2015）。

用户画像，即用户信息标签化，用户画像是分析用户的人口属性、社会交往、行为偏好等数据，抽象出的多维度特征标签集合，可直观地描绘用户的整体全貌。互联网大背景下，越来越多的行业，根据行业背景和应用场景构建自身用户画像，依据用户画像开展精准营销，助力企业在识别用户、产品设计改进、精准化推送等方面取得成效。

今日头条作为精准营销最成功案例之一，不仅收集用户的基本信息，还利用数据挖掘技术挖掘用户兴趣偏好等标签，并基于用户画像对用户进行个性化推荐和广告投放。

要成功刻画用户画像，前提条件就是要建立一个良好的用户标签体系。一般来说，标签体系建设要注意两个要点：

1. 客户分群能力

一般来讲，客户具有基本属性、使用属性、消费属性等基础标签。

（1）基本属性，比如性别、年龄、所在城市、自身职业、收入范围等。

（2）使用属性，比如互联网用户经常使用微信、微博等。

（3）消费属性，比如客户经常使用或曾经使用过爱奇艺，可以询问客户是否在爱奇艺消费过。

通常基于上述基础标签就可以形成简单的用户画像标签，一般可以通过规则判断的方法，或者建立挖掘模型生成。通常情况下，业务需求随现实情况不断变化，画像标签也要持续优化。用户的位置偏好特征、出行偏好特征、上网内容偏好特征、APP使用偏好特征等都是基于画像标签和基础标签衍生出的营销标签。在画像标签的基础上，进行营销主题的策划，根据标签选择对应特征的群体进行营销。

2. 快速响应能力

在这个瞬息万变的时代，时间就是金钱，速度就是市场。在标签体系建设上，要注意标签不能冗余复杂，要为企业层更快速提供市场运营、产品运营状况，要为决策层提供更高效精准的市场诊断，要依据基础标签、画像标签、营销标签，提升自定义标签组合能力。

在根据不同行业特征建立起自己的标签体系后，涉及标签效果评估问题。

基础标签、画像标签和营销标签依据标签效果可以分为两类：

（1）基础标签和画像标签。这两个标签是供业务人员使用的，不参与营销，可以从使用的频次、收藏次数等使用者角度进行评估。

（2）营销标签。因为营销标签是参与营销活动的，一个营销标签代表了一个营销用户群，营销标签属性包括用户群数量、接触用户群的渠道、投放到用户群的产品、用户群营销结果等，对各环节进行效果评价体系、数据可视化呈现，助力营销人员提升或改进运营策略，提高用户触达率和办理成功率。

任何标签体系建成后都不是一劳永逸的。标签的使用要经过评审，有意义的、正确的、口径合理的标签上线使用以后，监测标签的使用情况，避免标签僵尸化。由于用户特征变化比较快，对于僵尸标签、过时标签或不合时宜的标签需要及时清理，节约维护成本和服务器内存。

三、精准营销的推荐算法技术

在精准营销中，基于大数据的用户画像技术实现了对客户的精细化认知，而推荐算法则是这些认知的实践应用——将合适的产品推荐给合适的客户，这也是精准营销的关键所在。

推荐算法有很多，大致可以分为基于内容的推荐算法、基于用户的协同过滤算法、基于物品的协同过滤算法、隐语义模型算法、基于图的推荐算法、基于关联规则的推荐算法以及基于知识推荐算法等。

基于内容的推荐算法简单概括为根据用户感兴趣的某个商品，找到与其内容信息相近的其他商品。这种推荐算法多数运用在简单的推荐列表上，当用户看到了某个商品，系统会立刻展示与推荐关联的一系列商品，这不需要通过大量计算反馈，但系统也因此不能完全精准推荐出用户所喜欢的内容。

基于用户的协同过滤算法主要为用户推荐与其兴趣相似的其他用户喜欢的商品。找到和目标用户兴趣相似的用户集合之后，集中找出其他用户喜欢且目标用户没有听说过的商品推荐给目标用户。基于用户的协同过滤算法的推荐结果着重于反映与用户兴趣相似的小群体的热点，这种具有社会化属性的算法反映了用户所在的小型兴趣群体中商品的热门程度。

基于物品的协同过滤算法为用户推荐与其之前喜欢的商品相类似的商品，主要通过计算商品之间的相似度来实现。基于物品的协同过滤算法的推荐结果着重于维系用户的历史兴趣，更加个性化，反映了用户自己的兴趣。

隐语义模型算法通过隐含特征将商品和用户的兴趣相联系。隐语义模型算法是一种基于机器学习的方法，具有比较好的理论基础，并且可以实现在线实时推荐。

基于图的推荐算法的基本思想是：首先需要将用户的行为数据表示成图的形式，下面我们讨论的用户行为数据是用二元数组组成的，其中每个二元组（u，i）表示用户 u 对物品 i 的产生过行为，这种数据很容易用一个二分图表示。给用户 u 推荐物品就可以转化为度量用户顶点 Vu，再标出和 Vu 没有直接边相连的顶点在图上的相关性，相关性越高的物品在推荐列表上的权重就越高，推荐位置就越靠前，形成推荐列表。

基于关联规则的推荐算法反映一个事物与其他事物之间的相互依存性和关联性，常用于实体商店或在线电商的推荐系统，通过对顾客的购买记录数据库进行关联规则挖掘，来发现顾客群体的购买习惯的内在共性。

基于知识推荐算法使用用户知识和产品知识，通过推理什么产品能满足用户需求来产生推荐。这种推荐系统不依赖于用户评分等关于用户偏好的历史数据，故其不存在冷启动方面的问题。基于知识的推荐系统响应用户的即时需求，当用户偏好发生变化时不需要任何训练。

这些算法都有着各自的应用特点，在实际中，需要根据现实场景的特点选择一种算法或者多种算法叠加使用，同时，在算法应用过程中也要根据情况变化及时调整。

通过上述算法结合用户画像找到用户感兴趣的商品，当企业已经选定用户及产品，就可以使用推荐系统将产品内容送达客户，在这个过程中需要注意以下几个方面：

一是推送系统的用户和用户画像的用户是一致的，即不能通过推送系统算出推送内容，却找不到推送用户，这时就需要回顾用户画像的呈现结果。

二是要选择活跃用户推送，新用户冷启动实现难度较高。所以在用户产生浏览行为后再将推荐算法的计算结果推送给用户，这样能避免推送内容不符合用户习惯的情况。

三是推送文案可以参考用户标签，用户标签是通过用户浏览行为计算出来的。那么用户对标签内容会更为敏感，推送文案也更容易引发客户对产品的兴趣。

四是推荐的商品尽量选择用户未曾浏览过的。不管使用什么算法计算相似度，都很可能出现用户喜欢的商品和用户标签关联度极高的情况，因此在计算前，可以考虑剔除用户浏览过的商品内容。

随着技术的不断迭代更新，精准算法还有很多值得尝试和研究的地方，企业要实现精准营销，不仅要提高用户画像与客户实际情况的贴合度，也要不断完善推荐算法，真正做到用合适的商品打动合适的客户。

四、精准营销应用实例介绍

生活瞬息万变，科技分秒更新。作为中国最主流的移动社交平台之一，微信越来越多地记录着人们的日常生活、喜好习惯，成为许多中国用户日常沟通的即时工具，也成为许多市场营销人员的主要阵地。然而，面临海量的微信用户和复杂的社交行为，市场营销人员常常陷入营销困境。

　　Oracle 公司是 20 世纪 70 年代创建于美国的一家老牌数据库软件公司。2017 年，Oracle 公司对 Oracle Eloqua 软件系统进行改进，这是一款基于云的营销自动化软件，与微信全面集成，引领数字化营销新浪潮。

　　不难发现，随着移动互联网的发展，传统的营销工具已难以跟随数字化的步伐，营销人员迫切希望更多地了解用户行为数据、跨平台整合资源，实现微信营销到销售的高效转换。

　　基于用户的微信使用习惯和企业微信端数字化营销的需求，Oracle 公司开发团队将 Oracle Eloqua 软件与微信（包括订阅号和服务号）进行了全面的集成，基于微信提供的开放接口，为 Oracle Eloqua 软件新增五大功能：

　　第一，Oracle Eloqua 软件用户与微信公众号粉丝的相互识别。Oracle Eloqua 软件用户通过扫描营销邮件中的动态二维码，关注企业公众号并授权 Oracle Eloqua 软件获得用户的微信身份，将中国用户的微信公开信息同步到 Oracle Eloqua 软件系统，丰富用户的个人名片信息。这种身份的互相识别不只支持一个公众账号，也可实现跨公众账号的用户身份识别，可有效帮助运营多个公众号的企业了解一个微信用户在多个关联公众号中的微信使用行为，进而与其互动。

　　第二，洞察用户兴趣点，打造个性化营销。微信营销制胜的关键在于了解用户并策划个性化的宣传与互动。Oracle Eloqua 软件基于其用户画像的功能，与微信集成后可帮助市场营销人员丰富、整理、分析用户画像，识别高质量客户，洞察用户兴趣点，提高营销的精准度和丰富度。集成后的 Oracle Eloqua 软件还可实现对两个平台数据的统一管理，将微信用户转换成邮件营销客户，进行定制化沟通、传播。

　　第三，智能管理线下活动，提升销售转化率。线下活动往往消耗市场营销部门最大的物力和人力，Oracle Eloqua 软件的智能管理可以帮助企业在举办线下活动的不同阶段根据预先设置自动地与参与者进行互动，节约了沟通成本，提高了运作效率。例如，活动前通过微信渠道自动邀请来宾，依据用户反馈自动进行差异营销和智能分组；活动中利用二维码实现自助签到，简化活动流程；活动后持续维护客户关系，根据用户扫码渠道信息评估广告投放效果；等等。

　　第四，活动级别报表生成。微信的沟通与互动是非常琐碎的，Oracle Eloqua 软件与微信的集成将市场营销活动"Campaign"这一维度引入微信数字化营销概念中，解决了即时沟通碎片化信息的管理问题。与微信集成后，Oracle Eloqua 软件可以在市场营销活动级别报告中直接运用来自于微信平台的数据，如文章阅读量、点击率等，为每一个微信消息和微信文章的触达、阅读、收藏和分享等提供数据支持，方便市场营销人员以活动为维度综合评估营销效果，节省了人为统计分析的时间。

第五，同步的内容管理与消息发送。集成后，市场营销人员可直接在 Oracle Eloqua 软件系统实现对微信内容的管理，内嵌的微信内容编辑器让微信消息编辑更快捷、制作更精美。而内嵌的微信消息触发开关帮助市场营销人员直接在 Oracle Eloqua 软件界面中设置微信消息的触发机制和定制化消息计划，真正实现"一个平台操作，双向平台管理"。

作为客户体验应用领域的佼佼者，Oracle 公司凭借全面易用的营销云产品打入客户营销的各个方面，致力于打造个性化、全渠道、多平台的智能化营销管理系统。作为 Oracle 公司营销云的重要产品之一，Oracle Eloqua 软件通过跨 PC 网页、移动页面、手机 APP 和邮件等全方位打造最个性化的营销方案，帮助市场营销人员提供精准营销、提升用户体验。

技术的快速更迭带领我们进入移动化、数字化的新时代，也催促着企业运用尖端技术以更智能的方式管理客户体验，实现营销的高效与精准。Oracle Eloqua 软件在国际市场中已经实现了与 LinkedIn 和 Facebook 的集成，与微信的集成将帮助 Oracle Eloqua 软件更加贴近中国企业的需求，为更多中国本土企业的数字化营销之路增添活力。

第十一章　互联网大数据精准营销

第一节　移动互联网精准营销

随着移动互联网的迅速发展，人们的上网行为、消费习惯发生了很大的变化，商家们越来越看重移动端营销，开发了大量的手机网站和手机 APP 来促进销售，因此，了解移动互联网营销的相关概念是很有必要的。

一、移动互联网精准营销的基本概念

作为互联网营销的一部分，移动营销是指通过与移动终端上的消费者信息进行交互，将个性化即时信息准确地传输到目标受众的营销方式（梁道雷等，2018）。移动营销使用移动终端获取营销基础信息并进行处理，以实现个性化即时信息向消费者的准确有效传输和"一对一"的精确营销目的。

由于移动营销是一种即时的、精准的营销方式，相比其他的营销方式，移动营销具有独特的优势。

1. 移动营销更加透明化

移动设备的强大功能，使全新交互方式的在线广告与品牌信息更加紧密地结合起来，让产品信息更加透明化。例如：消费者在商店购物时，可以在线查看他人对某件产品的评价；在使用产品时，可以访问该产品的 APP；可以对产品进行拍照，然后将照片发布到社交媒体上，而上面所有的这些操作全都可以在用户的智能手机上进行。

2. 移动广告提升了用户体验

移动广告使得营销商以个性化、持续不断的方式与消费者进行交流，很多时候，营销商也能获得用户的位置信息，这也进一步促进了营销效果的提升。从简单的文本消息传递到丰富的移动应用程序，企业可以使用多种方法来实现其营销目标。

3. 移动设备就是移动的媒体

现在，手机已经成为人们必不可少的日常使用物品之一，消费者随身携带，花在手机上的时间也越来越多。随着时间的推移，智能手机正在成为人们日常生活中不可缺少的工具。

4. 移动营销业务越来越多

智能手机正在改变用户开展业务、通信、消费的形式，其移动性不仅给消费者带来了各种便利，也给企业的经营带来了冲击。企业应该密切关注智能手机用户的消费趋势，根据时代变化开展各种广告营销。

5. 用户更容易接受移动广告

传统的媒体营销，如电视广告营销，在出现产品广告时，消费者一般会倾向于换台，但是，移动广告有良好的互动性，例如，在网上购物时，客户能够自主随时领取商家的优惠券。这样的广告形式大部分能够让用户触碰到，而且是此时需要的，所以这时用户对于移动广告的接受程度要远大于其他形式的广告。

营销对企业而言，是一个永远不能忽略的话题。任何企业都离不开营销，随着智能移动终端的大范围普及以及无线互联网络的不断发展，移动营销渐渐被企业熟知、重视并使用，并成为一种新的营销手段。

随着智能手机、平板电脑、超级本等移动终端的出现和发展，很多数据监测机构开始对使用互联网的用户进行调查分析，因为用户使用互联网的行为、时间段、地点等将会决定企业营销的方向。营销的时间一直是营销中不可忽略的一个关键因素，例如，电视台划分出了每天的"黄金时间段"，在不同时间段进行营销会有不一样的效果。

移动互联网营销也是如此，虽然移动终端始终伴随在用户身边，但是在用户繁忙或闲暇时进行营销产生的效果有很大区别。移动互联网上的广告通常不会使用户反感，相反，如果广告设计得新鲜、有趣，并且符合用户需求，将会受到用户的欢迎。移动互联网营销需要建立在对客户群的分析上，如分析用户最喜欢做的事情、最集中的时间段、用户点击广告的动机，对移动互联网营销将会有帮助。

二、移动互联网精准营销实践

移动互联网在促进智能手机的普及和影响消费者的使用模式的同时，产生的数据也能给各种应用或其他后台服务带来帮助。从技术上来说，即使消费者不使用移动设备，他们也将生成越来越多的数据，这些数据会忠实记录他们的各种行为。随着移动用户数量的增加，大数据应用吸引了越来越多人的关注。根据中国互联网络信息中心（CNNIC）的数据，截至 2014 年 10 月，中国手机用户数量达到 11.22 亿，智能手机用户数量从 2013 年的 2 亿迅速增长到 2014 年的 3.6 亿。大数据技术在传统的互联网应用中已经是游刃有余，在移动互联网中，大数据相对而言显得更加重要。

用户更换产品，随之改变的就是使用习惯及对信息的接收习惯，但对于信息的需求是始终不变的。基于这一点，就要求广告主在移动端的发力不仅要精准，更要符合用户的习惯，不至于造成信息冗余的情况。移动互联时代，需求才是移动互联网广告主最初的商机。另外，用户信息获取载体的丰富在一定程度上导致同类信息的分流情况出现。对于广告主来说，要将数以万计的信息转换成对品牌最有价值的资源，筛选优质信息就成为第二道难关。

移动终端的广告形式多种多样，哪种形式用户最乐于接收，哪种最让用户反感，成为衡量广告宣传效果的又一标准。营销者可以将用户与广告主之间的交流信息汇总成数据，对数据进行聚合、整理、分析，这是移动互联时代广告营销的重要性工具手段。在"得用户者得天下"的移动互联网时代，提升用户体验是产品和广告宣传制胜的关键。在新时代的营销市场中，基于信息之上的数据分析与整合不仅是营销策略的重要一环，同时也是对行业动态的精准把握。

移动互联网时代，也是"大数据"时代，阿里巴巴、腾讯、百度等互联网巨头都已把"大数据"作为运营的重心。如何利用好企业自身的数据资源实现"精准营销"，紧跟时代发展趋势，是现在企业家所关注的问题。

如何将更多数据细分为移动营销重点，从大众营销向移动网络精细营销转变将成为大趋势，这是基于大数据分析的移动互联网时代，在精准营销的基础上移动大数据将成为每个品牌领域的热点问题。在全媒体营销时代，移动营销已经是大势所趋，在"PC+移动"的时代，营销越来越回归其本质，在合适的时间、合适的地点，向合适的用户传达合适的信息。这也是移动营销的关键所在。

但大数据技术的发展和应用正在让营销突破这一"瓶颈"，走向精准。如今的广告主越来越关注其营销的精准性，移动营销也同样需要证明其有效性。要想让广告主真正理解并接受移动营销，最关键的就是要让广告主在投入之后看到效果。正是在大数据的帮助下，移动互联网营销的精准性正在逐步提高。这也让人们看到了一种新的趋势：人工智能将在未来的营销中扮演重要角色，而移动智能终端无疑是首要的应用载体。

移动电商的大数据精准营销策略随着移动互联网使用人数的日渐增加而不断扩大应用范围，电子商务企业开始进军移动电商。在移动电商领域，如何通过使用大数据产生更大的价值，是当下电商企业关注和研究的核心。对大数据的分析实际上是商业智能精细化营销，在大数据时代，整个移动电商服务也将从全体服务最终走向个性化服务、精准营销。例如，淘宝网为消费者提供了种类繁多的商品，消费者有时无法便捷地找到需要的商品，大数据的应用帮助消费者很好地解决了这个问题。淘宝可以通过大量数据分析来判断这个用户是要购买还是只是逛一逛，当判断好用户的需求后，还要根据用户浏览的商品信息，利用上百种数据，针对这位消费者推荐他可能感兴趣的商品。大数据时代的数字营销为企业创造了机会，也提出了企业间平等对话、交流真实品牌信息、同客户互动、让客户参与生产的要求，在现在的社会网络环境中，这是一种营销趋势，更是内在的人文关怀。

如今，大数据已经成为整个电商开放平台了解客户、实现精准营销的重要手段，电商云平台逐渐成为电商行业业务的标配。移动电商的高速渗透、实现本地化后带来的新机会，过去企业花钱买数据，如今信息技术的发展，使得大批量的客户主动贡献数据。为了能够获得一定的折扣、优惠，就要主动贡献一部分数据，智能手机及移动互联网的发展也使得客户在不经意间按下一个键，就提供了数据，大量个性化、由客户主动提供的数据成为电商企业制定商业决策的依据。

三、移动互联网精准营销案例

（一）维也纳的移动互联网精准营销

如今，酒店管理者可以利用大数据、移动互联网平台为用户提供在线预订、在线支付、库存管理等功能，酒店商家在快捷管理的同时全面提升客户的消费体验。维也纳的酒店是这方面的一个例子。

维也纳酒店成立于 1993 年。2014 年，维也纳酒店拥有 30000 多间客房，注册会员超过 2000 万，在全国有 300 多家分店，遍及全国 80 个大中城市，每年新增 6080 家。在大数据背景下，维也纳酒店升级了服务，借助微信进行精确定位并添加大量高级界面，为会员提供微信预订房间服务。同时，通过对定制菜单的深入优化，维也纳酒店不断改善平台的客户体验，有效激活了平台的消费黏性和活跃度，这体现在以下两个方面：

（1）预订系统的建立。维也纳开发微信预约系统，与 PC 官方网站同步实现预约，同时，通过微信渠道预订优惠实现微信预约系统的客户入住。

（2）良好的互动体验。通过使用微信的每日签到功能，使娱乐互动和企业让利相联系，维也纳的会员可以在微信平台上享受乐趣，获得收益，企业也可以通过签到情况了解部分会员入住情况。

维也纳主要通过"线上+线下"的组合方式增加客户，通过在会员电子邮件、官方网站增设微信公众号二维码，再结合线下的店内摆设以标注二维码的形式吸引公众号粉丝。

此外，维也纳积极利用微博活动将流量引入微信，然后与微信粉丝进行各种互动，开展促销活动。维也纳微信每天增加约 800 名粉丝，其中包括 70% 的男性用户和 30% 的女性用户。在移动时代，微信预订必须严格监测房间库存，持续优化流程，增加其便捷性。而且在与用户互动的过程中，随时掌握用户动向，在合适的时间、合适的地点，为用户做精准的营销。

（二）电子二维码促进会员消费

休闲娱乐行业中最重要的资源就是老客户，为了提高客户忠诚度和营业额，许多企业采用会员营销方式。传统的会员卡系统大多是发行会员卡，但会员卡携带麻烦、易丢失、卡号难记等问题使没有出示会员卡的客户不能享受会员优惠，反而降低了这部分会员的满意度。

在移动互联网时代，休闲娱乐业商家可以邀请顾客通过其微信公众号或者服务号在线注册会员，获得一个电子会员二维码，这个二维码就是电子会员卡。当客户到达店铺时，可以通过使用读取器直接扫描电子会员二维码，使客户得以享受会员待遇。同时，商家还可以向会员发送促销活动、优惠券等信息。一般来说，会员管理系统包括会员基本信息、会员的消费记录、客户关怀等子系统。

通过二维码会员卡不仅能优化客户体验，更重要的是，企业拥有的数据也会越来越多，收集数据越来越简单，这为用户细分提供了保障，同时也为娱乐业分析客户需求、提供精准营销奠定了基础。二维码会员管理还适用于网络会员管理体制，让会员不论走到企业的哪家连锁分店，都能享受会员服务，给顾客带来更加优质的服务体验。

第二节　APP 精准营销

在移动互联网的迅猛发展之下，移动终端的 APP 应用成了企业在移动互联网上实现精准营销所关注的焦点，因为只要是智能手机就离不开 APP 应用软件。企业开发自己的移动客户端，能够实现数据的快速收集，对用户全方位地进行分析，从而帮助企业进行产品的精准营销。

一、APP 精准营销的基本概念

APP 是 Application 的简称，著名的 APP 商店有苹果的 iTunes 商店、Android 市场、Black Berry APP World 等。一开始，APP 营销通过在虚拟社区、SNS 和其他平台上运行的应用程序来完成，但是，随着移动互联网的飞速发展，APP 营销逐渐以移动手机为主流实施平台。

APP 营销之所以能够逐渐成为主流，最主要的原因除了用户众多外，还包括其与 PC 版普通网站营销相比存在巨大的优势：

1. 成本低廉

进行 APP 营销只要开发一个适合于本品牌的应用就可以了，可能还会需要一些推广费用，但相对于电视广告、报纸，甚至是网络而言，都要低很多。这种营销模式的营销效果是电视、报纸和网络所不能代替的。

2. 促进销售

毫无疑问，凭借 APP 应用程序的竞争优势，产品和企业的营销能力得到了提高。APP 实用性强，用户可以使用各种类型的 APP 使手机成为生活中的实用工具。用户将 APP 下载到手机中，其丰富的界面和各种活动将形成很好的用户黏性，增加交易成功机会。

3. 信息全面

更全面的商品信息可以激发用户购买该商品的消费意愿，移动应用程序图文并茂，并结合视频等多媒体工具充分显示产品信息，使用户可以多角度了解产品情况，通过了解产品信息来激发用户购买商品的欲望，减少因用户不熟悉产品而丧失的交易机会。

4. 跨时空

任何营销的最终目标都是占领更多的市场份额并赢得更多客户，互联网信息交换具有不受时间限制和空间限制的优点。企业可以不考虑交易的时空限制，人力资源充足情况下甚至可以一天 24 小时不间断提供全球营销服务。

5. 品牌建设

移动应用程序的快速传播优势可以让用户了解优秀的品牌历史文化，增强对企业的认同感，提高企业的品牌形象，进而提升品牌实力。良好的品牌形象是企业的无形资产，在很大程度上能增强企业的竞争力。

6. 随时服务

通过移动应用程序获取产品信息，客户可以随时从移动应用程序购买商品，PC 网站很多情况下仅适用于计算机页面，不适用于移动页面。手机 APP 是针对手机屏幕而定制的，文字和图片的显示比例适合手机浏览，符合手机用户的视觉习惯和需求，同时，移动端的便利性也使得用户能随时享受企业服务，因此，APP 营销在用户体验上具有得天独厚的优势。

7. 精准营销

精准是精准营销最大的特点，这一点在应用程序营销中更为常见。借助先进的大数据技术、移动通信技术和发达的物流体系，可以保证企业与客户的长期、个性化信息，积累客户数据，动态调控，从而满足营销精准性的要求。

8. 互动性强

APP 营销可以使用户和企业直接沟通，去掉了传统传播媒介的中间环节，这种互动更加及时有效，也是其他传播媒介无法取代的。通过手机和互联网，可以轻松满足企业与个人客户的通信需求，这对于产品设计、产品定价、促销和售后服务等工作都具有重要意义。

二、APP 精准营销模式和方法

在众多的功能性 APP 应用和游戏应用中，针对不同产品需要选择不同的营销模式，不同的营销模式会带来不同的营销效果。不管什么营销模式，只要将广告投放到热门的、与自己产品受众消费相关的 APP 应用上，就能达到良好的传播效果。目前较为常见的 APP 营销模式有广告营销、APP 植入、用户营销、购物网站模式四种。

（一）广告营销

广告植入是许多功能性和娱乐性应用中最基本、最通用的营销方式。用户单击广告时，将直接转到广告指定的界面，以了解有关广告商的更多信息或参加广告活动。广告植入操作比较简单，植入地点的选择范围也很广。广告受众很大程度上是企业的目标顾客群体，将广告投放到与企业相关的 APP 上，针对性比较高。

（二）APP 植入

由于 APP 前期开发成本很高，而应用商店里大部分的 APP 都是免费的。为了盈利，APP 开发商会通过广告等形式换取收益，比较常见的 APP 植入有内容植入、道具植入、背景植入。

内容植入就是在 APP 中植入与 APP 应用领域相关的产品广告信息，例如在游戏应用中植入游戏笔记本等广告；道具植入就是在 APP 应用中植入与游戏道具相关的广告，例如将某品牌的香肠植入菜谱 APP 中；背景植入就是将某品牌的产品标志或者商标作为 APP 的背景产生宣传效果。

（三）用户营销

用户营销就是企业把符合自己定位的应用发布到应用商店内，供智能手机用户下载，用户利用这种应用可以很直观地了解企业的信息。例如，宜家家居利用移动互联网带来的便利，改善了消费者的体验形式，还用互动科技提升了品牌形象，进一步抓住了用户的心。相比植入广告模式，用户营销具有软性广告效应，客户在满足自己需要的同时，获取品牌信息和商品资讯。另外，用户营销模式具有很强的试验价值，能够让用户了解产品，增强产品信任度，提升品牌美誉度。

（四）购物网站模式

购物网站模式就是将以往需要通过互联网浏览器才能浏览的营销方式，延伸至移动互联网端的 APP 应用中。在移动互联网购物飞速发展的今天，推进电商企业向 APP 全渠道方向转型已经成为购物网站发展的必然趋势。就目前而言，基本上所有的电商企业都有自己的 APP，如淘宝、京东等。

无论是什么样的营销模式，商家的最终目标无非是找到稳定的客户，而想要找准客户，就必须精确定位。移动互联网的用户大多时候处于移动的状态，而 LBS 以其精准的定位功能使得精准营销成为可能。

LBS 是一项基于位置的服务，可通过无线电通信网络或电信移动运营商的外部定位模式获取移动用户的地理位置，再结合其他技术应用为用户提供服务。LBS 主要包括两个含义：一是确定移动设备的地理位置；二是提供移动设备所处位置附近的各种信息。因此，LBS 是借助移动互联网或无线网络来确定客户位置并且提供相关服务的。一般来说，LBS 由移动通信网络和计算机网络组成，两个网络之间的交互是通过网关实现的。移动终端通过移动通信网络发送请求，通过网关将这些请求传输到 LBS 服务平台，然后服务平台根据请求和位置信息，将结果传给客户，现在常用的美团外卖点单过程就使用了该功能，用户通过 LBS 可以获知附近的各种商铺。

LBS 需要数据支撑。在大数据时代，LBS 如果没有数据的支撑，将逐渐被市场淘汰。大众点评的广告推广业务在几年前曾经是一种发展很成熟的盈利模式，但是，随着大众点评的浏览数据逐渐向移动端迁移，原有的广告产品逐渐不适应现在的局势，所以大众点评后来将重心转移到了移动端和美团上。调整后的大众点评最主要的就是基于大数据和 LBS+ 的广告模式。

目前全国涉足大数据营销的企业数不胜数，然而大众点评有纵深的时间维度，以及与消费、交易很贴近的大数据积累。大众点评通过对数据进行挖掘，提升用户体验，再给合适的用户推荐匹配的商户，本身就是一个根据用户进行精准营销的过程。

三、APP 精准营销案例

（一）海底捞 APP 精准营销

海底捞成立于 1994 年，是一家以经营川味火锅为主、融汇各地火锅特色的大型跨省直营餐饮品牌火锅店，在全国范围内都有分店，销售业绩也极为亮眼。

随着移动互联网的迅猛发展，为了吸引更多的顾客，打造企业品牌，餐饮业也兴起了 APP 营销的热潮。以服务著名的海底捞为了迎合消费者的消费方式，也开始尝试打造属于自己的 APP 订餐平台。通过洞悉消费者的消费心理，秉承顾客为本的理念，为用户提供了便于消费的 APP 频道。海底捞为用户提供了十分丰富的 APP 消费体验，用户登录后可以立即享受在线商店的位置获取、提前预订座位、在线订购、了解优惠活动和其他服务，并且将消费感受同步到社交网站。此外，海底捞 APP 还拥有一套社交体系，用户可以从其他用户分享的信息中得到更多关于美食的信息，例如，从"Hi 活动"中可以了解海底捞的一些优惠活动。

而站在大数据的立场上来看，海底捞 APP 与大多数 APP 一样，为餐饮企业进行精准化、个性化的营销提供了便利，主要体现在以下几点：根据用户的评价为餐饮企业提供参考依据、根据用户订单判断大多数用户偏爱的口味、根据消费时间准确把握客流高峰期、根据用户的消费记录进行精准的菜品推荐。用户利用海底捞 APP 查询附近海底捞店铺的位置，领取电子优惠券，促进消费。

（二）沃尔玛用 APP 精准营销

沃尔玛公司是美国一家世界性连锁企业，以营业额计算，为全球最大的公司，总部位于美国阿肯色州的本顿维尔。随着移动互联网的快速发展与智能手机的广泛应用，作为一家全球性连锁零售超市的沃尔玛也开始意识到移动电子商务的重要性，推出了可以让消费者进行智能手机消费与支付的应用软件 Walmart APP。

随着电子商务的加入，零售行业面临更大的竞争，大数据技术、移动化环境给零售带来新的增长点，提高每个消费者的个性化体验成为零售行业的竞争点。这些竞争都将发生在客户的智能手机中，沃尔玛用大数据来改善商店中消费者购物体验。沃尔玛发现 Walmart APP 可以吸引消费者进行消费，安装该应用程序的用户光临沃尔玛实体店的频率更高，与普通顾客相比，在沃尔玛超市花费的时间多了 40%。沃尔玛会员的各种信息都被记录在沃尔玛系统内，结合客户的手机定位，当客户离某个沃尔玛超市很近时，Walmart APP 就会根据客户的购买记录向其提供购买频率高的商品优惠券，刺激用户的购买欲望。

沃尔玛的 ScanandGo 系统还可以让客户在超市中用手机扫描商品二维码结账，节省排队结账时间。除此之外，会员在完成每次移动支付的同时，沃尔玛会更新该客户的消费记录数据，并且预测客户下一次购买该商品的时间，方便 Walmart APP 向其推荐商品及优惠券的发放。

像沃尔玛这种精准化、及时性的营销背后是需要有强大的数据作为支撑的。这种营销模式类似于现在商场的会员卡机制，便于商家了解用户购买了什么、大概可以用多久，计算着快用完时便打电话给用户，推送优惠信息。只不过在移动互联网时代，这些都可以交给一个小小的 APP 完成。对于零售业来说，无论什么时候，想要做到这种精细化的精准营销，都离不开大数据对用户的分析，而像沃尔玛一样利用 APP 来完成精准营销，将是大数据时代移动互联网实现精准营销的发展新趋势。

第三节　微信精准营销

微信如今作为国民软件，拥有 11 亿用户，这是一个非常庞大的"流量海"，微信营销就是利用微信这片"流量海"进行营销的一种方式，而微信附带的社交属性使其能够精确到个体用户。

一、微信精准营销的基本概念

微信营销是指利用微信进行产品销售，是移动网络营销中最常见的营销方式之一。微信对距离没有限制，用户在注册微信后，便可以订阅自己喜欢的信息。商家也可以通过提供用户所需的信息来促销其产品，并实现点对点的营销。传统的移动通信营销方式一般是电话销售或者短信推销，这些传统的沟通方式过于单一且效果不佳，微信不仅改变了人们的沟通方式，也使企业的营销方式更加灵活，节省了营销成本。同时，微信多样化的信息发送和接收方式也极大地吸引了用户的注意力。

相比其他营销方式，微信营销有许多优势：

1. 增加收入，节约成本

顾客可以通过各种渠道成为微信的粉丝，获得企业信息。如果企业的产品能够达到顾客的预期值，那么顾客就会成为微信忠实的粉丝，要知道传统的营销模式中，一个企业想要得到一个忠实客户，要付出的代价是相当高的。而一个忠实客户通常会反复地购买，这就为企业在宣传上节省了很多成本。

2. 快速收集客户反馈信息

通过微信公众平台设置或人工回复，可以实现与客户的即时互动，收集客户第一时间反馈的信息，有利于企业及时采取措施，为用户提供更人性化的服务。

3. 提升客户管理

微信这种带有社交属性的营销方式具有很高的精准性，企业能够通过微信公众号或者服务号时刻关注客户的反馈信息，了解客户的需求，收集客户对产品的反馈信息，有效解决客户提出的问题，提升客户对企业的满意度。

4. 提升形象效应与口碑效应

微信服务的质量是无法展览的，靠的是客户之间的口耳相传，树立好企业形象，企业的口碑效应也就越好。同时满意的客户也是企业免费的广告资源，他们会将自己切身的感受传播给自己熟悉的人，这比花钱做广告更有效，可以迅速提高企业的知名度和企业形象。

5. 增强企业核心竞争力

企业竞争实质是客户的争夺，老客户则是客户争夺中的维护核心，做好客户维持是企业的一大要务。企业能够通过微信公众号或者服务号及时接收客户投诉及其他反馈建议，能更好地开展售后工作，以客户为服务中心，提供更加贴近客户真实需求的产品和服务，提高客户对企业产品的满意度。

6. 保证企业与客户实现双赢

微信营销并不是让哪一方成为赢家，只注重企业的盈利而忽略了客户的利益，那将会使企业走下坡路；而太过注重客户利益，也会将企业战线拉长，甚至拖垮企业。所以，无论什么样的营销模式，都要以企业与客户的双赢为目的。也只有这样，企业才能永远留住自己的忠实客户，同时为企业带来更大的收获。

二、微信营销基本模式

微信日渐盛行，如何做好微信营销是企业占领移动互联网营销市场的关键，而如何利用微信的特殊功能形成一种独具特色的营销模式，是微信营销要迈出的重要一步。目前微信营销主要有五种常用的模式。

(一) 朋友圈营销

微信营销就是通过微信"交朋友"，让别人关注到自己。微信朋友圈营销是在朋友圈发送营销动态，引导朋友支持自己，购买自己的产品。

微信朋友圈营销有两个优点：一是同一个交友圈通常存在共同的兴趣爱好，这也是朋友圈营销的一大优势；二是微信通讯录的其他用户基本上与用户本人存在社交关系，这很大程度上解决了交易中的信任问题。朋友圈的这两个特点使得朋友圈营销有着很强的针对性和良好的营销效果。

(二) 陪聊式对话

社交软件都有一个不可或缺的功能，那就是聊天。微信开放平台提供基本会话功能，让品牌与用户之间交互渗透，使品牌在短时间内获得一定的知名度，所以许多知名企业都会选择在微信上与用户进行实时对话，从而拉近与用户的距离。陪聊式对话通常有两种形式，一种是真实对话，另一种是智能回复。真实对话通常是由企业安排工作人员与用户进行实时对话；智能回复是指企业下载智能回复软件并对其进行设置，就可以智能答复用户问题了。

（三）扫一扫折扣式

微信还可以使用二维码扩展业务，对于二维码，到目前为止已经开发出越来越多的商业用途。企业建立自己的品牌二维码，微信用户只要使用微信扫一扫特制的二维码，就可以成为企业的会员。一些二维码也是企业活动很好的传播工具，用户扫描二维码进入活动页面，了解企业活动的详细信息。二维码营销以微信庞大的使用人群为基础，具有很高的活跃度。

（四）品牌互动推送

微信有一个从 QQ 邮箱中移植过来的功能——漂流瓶，用户可将自己想说的话写下来，然后扔进"水里"，等待其他的用户拾取。微信漂流瓶主要有两个简单功能：一是"扔一个"；企业可以将产品信息以语音或者文字的形式投入"大海"中，随时发送。二是"捡一个"，"捞"其他用户投放的漂流瓶，"捞"到后也可以和对方展开对话。

用微信漂流瓶进行产品信息营销推广时要注意以下几点：一是措辞要尽量温和，可以根据行业的不同写上几句有诱惑力的话。二是在选择做漂流瓶推广时，要更换适宜的头像，使其他用户愿意打开。三是漂流瓶是"大海抛针"式的，所以在设置内容时，要做一个自己微店网站的签名。

（五）互动式公众号平台

微信公众平台是从微信 4.0 版本开始推出的新功能，其目标用户就是企业和机构等，它向所有用户打开了一个门户，信息和资本在这里高速流通。想在如火如荼的微信营销中脱颖而出，商家必须掌握运营技巧。

开始运营微信公众号之前，运营商需要做好平台的内容划分，不仅要满足关注用户的产品相关需求，还要推送休闲娱乐信息满足用户的情感需要。企业可以开发自定义回复接口，通过"我的周边"提供查询周边美食、生活服务、购物、酒店以及休闲娱乐等信息服务。

在微信这个平台上，用户与企业处于长期的互动状态，企业完全可以通过用户在微信公众平台上的搜索分析出客户的需求，就像搜索引擎一样。例如，用户每个月什么时间会查询产品信息，用户大概需要什么类型的产品等，这些都将成为企业进行精准营销的重要数据，通过这些数据，就能实现产品的精准推送。总之，微信通过对用户具体使用时间、具体行为数据的整合，构建相应的数据分析模型，对平台数据进行深度挖掘，庞大的用户基础、真实的用户数据是微信独有的营销优势。

三、微信精准营销案例

（一）南航用微信实现精准服务

中国南方航空股份有限公司是国内著名的航空公司之一，也是亚洲年客运量最大的航空公司，在国内，其运输航班最多，航线网络最密集。

2013 年，南航在国内首创推出微信值机服务，为用户打造微信移动航空服务体验。用户只需要登录微信或者扫描二维码，就可以关注南航的账号，体验使用智能手机选座与获取电子登机牌的服务。除此之外，用户通过南航的微信公众平台可以享受到机票预订、办理登机牌、航班动态查询、里程查询与兑换、出行指南、城市天气查询、机票验真等多项服务。

随着微信用户数量的上升，南航微信会员的比例将进一步提高。南航并没有大张旗鼓地做微信营销，只是让微信出现在该出现的地方，做该做的事。例如，用户通过短信邀约办理值机时，南航才会提示用户关注南航官方微信号，避免了没必要的营销信息对用户造成的困扰。南航利用微信公众平台收集用户常见的搜索数据，通过对用户的行为数据进行分析，为旅客提供精准化的服务，这在航空公司中应该算是比较完善的了，当然给用户带来的体验也是非同一般的。

（二）布丁酒店的微信精准营销

住友酒店管理有限公司旗下的布丁酒店是中国第一家时尚型连锁酒店，专注于为客户创造快乐时尚的休息体验。2012 年 11 月 12 日，布丁微信客户预订功能上线，允许用户通过微信的布丁公众号随时随地预订布丁的房间，这是布丁的一个重要战略布局，也是跨界合作的重要典范。

布丁酒店微信公众平台以获取客户的手机定位权限为基础，实现客户精准定位，从而为客户提供最准确的服务。微信公众号的所有功能和信息与布丁酒店官方网站和手机官方 APP 相同，并且可以同时更新，享受各种优惠活动。

大数据时代，将订酒店与微信结合可以说是布丁酒店最为成功之处，当然布丁酒店的 APP 中，利用 LBS 技术对用户进行精准定位，为精准营销提供了保障，布丁酒店的这项举措也成为企业创收的利器。

（三）餐饮行业的微信精准营销

民以食为天，吃饭是一件大事，尤其是对于经常加班的人士来说，加班时如果能够便捷地订到外卖是一件很"幸福"的事情。一款名为"外卖网络"的微信应用解决了这一难题。添加"外卖网络"应用之后，用户授权为该应用提供位置信息，外卖网络就会显示周围一公里以内 15 家左右的外卖商家信息，用户可以根据这些店铺信息订购外卖。

类似于这种定位精准服务的例子数不胜数，这也许就是大数据在微信精准营销中的核心。正是利用大数据技术对相关数据的分析，才使微信用户能够得到如此便捷的服务，而作为企业，这种精准的营销形式也是企业实现精准营销、创造收益的重要手段。

第四节　O2O 精准营销

互联网与金融业的不断融合改变了人们的消费方式，O2O 的出现成为现实商务和虚拟平台交互结合的典型例子。O2O 这种线上线下相结合的方式也为商业活动带来了一个新的思维模式。

一、O2O 精准营销的基本概念

O2O 即 Online to Offline，意为"从线上到线下"。O2O 这个概念最初来源于美国，2011 年被我国业界引入。O2O 将商业交易活动和互联网相结合，不断改变人们生活方式，也为商业变革提供了一个前进方向。如果用一句话来全面定义 O2O，那就是在移动互联网时代，生活消费领域通过线上（虚拟世界）和线下（现实世界）互动的一种新型商业模式（曹红梅，2018）。

O2O 是一种营销模式，该模式有一个大致的流程。首先，线上平台通过与线下商家洽谈，就活动时间、折扣、人数等达成协议。其次，线上平台通过各种渠道向自身用户推荐该项活动，用户在线付款到平台，获得平台提供的"凭证"。再次，用户持凭证到线下商家直接享受相关服务。最后，服务完毕后，线上平台与线下商家进行结算，同时保留一定比例作为服务佣金。

O2O 的一个重要环节是在互联网上发布信息，因为只有互联网才能更快、更远、更广泛地传播业务信息，并吸引强大的消费能力。但实际上，O2O 的核心不仅在于信息发布，还在于在线支付功能。一旦没有在线支付功能，O2O 的在线功能就只成为一个展示平台而没有对商务过程进行实质性改进。

首先，在线支付不仅是支付的完成，也是最终形成消费的标志，是消费数据中唯一可靠的评估标准。特别是对于以提供在线服务为主营业务的互联网专业公司，只有用户完成在线支付，它们才能从中获得经济收益。因此，O2O 在消费者在线付款后形成了完整的消费业务链。其次，O2O 是一个能够迅速获得增量并以此获得收益的经营模式，服务行业中的企业数量众多，地域性强，富有当地色彩，很难在互联网上做某一家小服务企业的广告，就像在搜索引擎中搜索某一家餐馆，相关信息不会特别多，这也是服务企业推广时存在的困难之一。

但是，O2O 营销很大程度上降低了企业对地理位置的依赖，使企业在同一个互联网平台进行推广营销。对于消费者而言，O2O 为本地企业提供了丰富准确的产品和服务信息，可以以可承受的价格快速筛选和订购适合的商品或服务。

如今，越来越多的资本流向移动项目，智能手机的普及和移动支付的发展使得国内移动支付比国外更成熟，这是中国互联网实现弯道超车的一个重要契机。

在互联网时代，O2O 可以借助各种智能终端，把服务的双方或服务方的前台放到网络上，使消费者在自己的手机或其他终端上便捷地按照价格、位置、时间等诉求查看服务方线下服务，非常人性化地解决了消费者的核心需求。比较常见的 O2O 营销平台有四种：

1. O2O+手机客户端

随着智能手机的普及，手机上网慢慢成为人们与网络接触的主流渠道，正是因为瞄准了移动互联网发展的机会，商家开始把手机客户端应用到 O2O 营销中来。前面在介绍 APP 精准营销时阐述了 APP 营销的诸多优势，正因如此，手机客户端已经发展成为 O2O 营销的重要平台之一。因为移动互联网的快速发展，手机客户端就是游走于客户与线上企业的介质，所以完成 O2O 线上与线下闭环的关键工具就是手机客户端。

2. O2O+LBS 平台

结合 O2O 平台的技术支持，基于 LBS 的生活服务商业活动将有更广阔的发展前景，这种新的营销方式能够基于地理位置服务精准定位客户位置，从而实现移动互联网时代的精准营销。在 LBS 和电商领域的交界处，诞生了许多创新性的网络和移动产品，这种创新的营销模式在很大程度上影响着人们的日常生活。电商企业利用 O2O 模式与 LBS 地理位置系统，将线上线下打通，为用户构建一个基于 O2O 模式的营销平台。

3. O2O+支付平台

随着移动互联网的快速蔓延，支付功能也逐渐多元化，各种支付平台开始与 O2O 携手开启了支付大战。支付平台的成熟与发展使得用户能更加便利地享受 O2O 服务，对于 O2O，尤其是移动互联网时代的 O2O 具有重要的促进作用。例如，在这一平台上比较出名的汇银丰集团有限公司（以下简称汇银丰集团），从 2009 年开始布局移动互联网在传统行业的应用，通过多年的行业摸索与技术革新储备了大量的渠道关系，已经与多个商家建立了战略合作关系。

4. O2O+NFC 平台

NFC 是一种近距离无线通信技术，基于射频识别技术和互联技术，能够在一定距离内识别物体中嵌含的信息。O2O+NFC 模式是一种极受用户喜爱的手机 O2O 应用，与手机客户端不同，NFC 手机带有独特的 NFC 模块，用户可以凭借配置了支付功能的 NFC 手机行遍全国。例如，进行机场登机验证，作为大厦的门禁钥匙、交通一卡通、信用卡、支付卡等。NFC 是一个具有多功能的手机应用系统，可以帮助 O2O 平台完成很多工作。因此，O2O+NFC 平台的营销手段已经开始被广泛地应用到大小商家的线上线下营销布局中。

二、O2O 精准营销实践

消费者的行为习惯已经随着移动互联网等技术的不断应用发生着多方面、多层次的变化，越来越多的企业利用各种营销方式和工具进一步了解客户并开展营销，这个过程中，通过大数据和 O2O 实现了精准化的营销，为企业获取了更多价值。

在大数据时代，O2O 营销已经逐渐数据化，正是在这样的背景下，O2O 背后的数据才是其真正的价值所在。一位用户背后的数据可以为企业资源部署提供参考依据。例如，当一位顾客来到企业线下店铺中转了一圈，但是没有购买任何商品，在传统的营销模式中这位顾客对企业而言就是没有价值的。但随着移动技术、大数据技术的不断发展，各种智能移动终端就是一个个消费者的化身，通过终端的联网情况判断用户的位置信息十分容易实现，通过分析这些位置数据能够清楚地刻画出客户在店铺中的停留情况。

这些细节许多企业并没有注意，其实由用户在店内某一货柜前停留的时间以及行走的路线，可以分析出哪些商品对其具有吸引力，而正是通过对这些数据的分析，才可以完成资源的重新部署，在用户最容易看到的位置推荐企业的热门产品，这也是一种精准营销。当然这只是一方面，实际上客户背后的数据是多样的，不同的数据可以带来不同的价值，而这些数据才是公司真正的数字资产，深度挖掘数据价值的能力就代表着企业的盈利能力。当客户购买了产品，其支付数据就成了另一种极有价值的数字资产。例如，通过对客户支付金额的整体分析，就可以得出该地区客户消费的平均水平、这些客户的群体定位、该地区客户最喜爱消费的产品类型等一系列对企业营销有重要意义的结论。

将实体店铺中采集到的数据返回线上使用时线上就有两类数据，将实体店内采集的数据结合线上原有的数据再次融合分析，就可以为线上资源的部署与营销计划做出真正有价值的辅助决策。除此以外，线下同样可以将网络采集的客户数据返回线下使用，这样就完成了一个完整的O2O平台的闭环，只是这种闭环不是资金层面的，而是体现在背后数据层面的一种循环。当这样的闭环操作完成时，O2O的"环"就可以不断滚动起来，形成持续的数据沉淀，每一轮次循环完毕，就会有新的数据被沉淀下来存入数据仓库。

现在，网上购物成为一种消费趋势，各种网络购物节的销售额更是实体店铺不可想象的，这给传统零售行业带来了巨大的挑战。

在租金、人力等成本不断上涨的背景下，传统商业的纯利润逐渐被挤压。在这样的背景下，不少行业商户开始利用开放互联网平台"自救"。目前，一些实力较雄厚的企业已经开始开发设计自己的商务交易平台，在平台上向消费者展示产品细节以及促销优惠等信息，并提供线上下单服务，这种线上交易平台的搭建使企业多了一个销售渠道，同时，消费者在平台上产生的行为数据也是一种宝贵的企业资源。

例如，消费者有聚餐的需求，他可以通过在线平台中各家餐馆的信息来筛选出自己喜欢的餐厅，下载该店铺的优惠券直接去餐厅消费，这样一笔交易就简单地完成了。整个过程将现实中的交易需求和互联网相结合，使得互联网成为商务交易的前端，帮助企业提高交易成功率，也使得消费者的购物过程变得更简单便捷。

随着互联网上本地化电子商务的发展，信息和实物之间、线上和线下之间的联系变得愈加紧密。站在 O2O 大数据层面看，充分利用这种线下线上互助的营销模式能够为门店销售提供四点必要支持和帮助：一是顾客之前的信息和购买记录，二是顾客消费需求的预判和销售准备，三是顾客对产品和价格的接受程度，四是满足顾客私人属性与需求的精准营销。

三、O2O 精准营销案例

在大数据时代，O2O 在激烈营销中越来越占据有利的地位，其中，快速构建 O2O 发展格局，掌握 O2O 营销方案是关键。下面就举几个 O2O 营销案例。

（一）宝岛眼镜的 O2O 精准营销

宝岛眼镜是 1981 年开创于中国台湾的专业眼镜连锁经营品牌店，拥有 30 多年历史。为了改变传统线下店面式营销带来的困境，宝岛眼镜开始寻求新的发展出路。2013 年，宝岛眼镜与天猫"双十一"的合作备受关注，2014 年又开启了与大众点评的深度合作，细心的读者可能已经发现，宝岛眼镜正在向 O2O 营销转型。

在宝岛眼镜内部已经成立新形态的消费者互动中心——CIC。CIC 除与客户直接沟通之外，更以大数据收集为基础，在所有触及消费者的渠道上有效地记录、观察、解读消费者需求，并将其应用在每一次营销中，及时调整产品适应性，刺激销售，精确推送商品、活动及其他服务信息，通过 CIC 精确找到吸引客户消费的关键点，减少客户购买的犹豫期。

宝岛眼镜转向 O2O 最重要的就是构建 O2O 营销模式。宝岛眼镜曾与天猫七乐康合作，客户在天猫七乐康药房店铺购买 200 元的产品，则可以获得指定的宝岛镜片优惠券，其市场价格为 200 元，使用该优惠券可在 1200 多家宝岛眼镜店免费兑换，还可以享受"免费验光"服务。现今中国传播渠道多样，广告投放比较混乱，资金成本高，但是七乐康店铺的点击率较高，只要有20% 领到宝岛眼镜优惠券的客户到线下消费，就可以维持宝岛眼镜的此次活动的运营，投入产出比十分可观。宝岛的 O2O 营销使得到优惠券的潜在客户是能够准确确定其信息的，其实体店铺内的消费也能记录下来，因此，宝岛能够精确地计算投资成本。

准确把握眼镜行业的发展特点，也是宝岛眼镜在 O2O 领域投入巨资的重要原因。实体眼镜店的体验功能是在线消费所无法替代的。镜框和镜片的组合必须在实体店内进行，这种消费特点是 O2O 模式的基础。

通过以上努力，宝岛眼镜掌握了重要的数据信息以及合适的营销模式，最后针对客户进行产品的精准营销。宝岛眼镜选择的是大众点评网，通过与大众点评网联手，加快了 O2O 的渠道建设。其合作的内容包括：店面信息管理、会员精准营销管理、验光预约服务、LBS 营销等，致力于打造更成熟的 O2O 模式。

（二）日本麦当劳的 O2O 精准营销

在日本，麦当劳的优惠券业务被公认为最经典的 O2O 案例之一。日本麦当劳的手机优惠券业务成功后，美国、欧洲的麦当劳也纷纷效仿，寻求最完美的 O2O 营销方式。

采用手机优惠券是一种既新颖又时尚的营销方式。其实日本麦当劳想到发放手机优惠券还是源于日本 3G 网络的发达与手机支付率的高升，当时日本 3G 网络普及率达到 100%，4G 的普及率已经接近 10%，这是很多国家和地区都无法比拟的。随着 4G 网络的发展与移动应用的壮大，日本电信化的发展特别迅速。由于在日本，用户可以携号转网，所以日本运营商非常注重的一个数据是"离网率"，即每月有多少用户跳转到其他网络，还剩多少留存用户。而日本麦当劳在此次 O2O 转型时，充分利用高度发达的网络精准地定位客户，从而统计用户"离网率"与"存留率"。在日本，各种手机支付的自动售货机随处可见，日本的手机支付占了大部分的支付市场，手机近场支付的渗透率超过了 40%。

在日本，麦当劳长期以来一直想收集有关用户不确定行为的信息，然后更准确地向他们提供优惠券。2008 年，麦当劳开始与 DoCoMo 合作，在其 3300 家商店中建立 NFC 移动支付终端，并借助 RM 系统收集客户的交易信息。使用 NFC 技术时，麦当劳也十分明白准确定位客户的重要性，这影响着麦当劳向客户发放优惠券，每家店铺优惠券的发放对象一般是长期活跃在店铺附近的。

从原始的纸质优惠券到当前的手机电子优惠券，麦当劳在日本的优惠券发放也随着时代在变化。这些电子优惠券给用户带来了科技进步的新鲜感，也提供了新颖的用户体验。麦当劳在日本已经实现了 O2O 营销的闭环，最大的优点是它可以准确地挖掘用户行为数据，分析用户的消费频率、访问商店次数、单次消费、购买食物类型等。同时，麦当劳在日本花费了大量资金来建立客户数据挖掘系统，该系统存储了大量用户交易数据以进行非常准确的挖掘和分析，然后将不同的个性化优惠券推销给不同的消费者。这些个性化的优惠券极大地提高了麦当劳在日本的商店销售额，并更好地发挥了 CRM 作用，使客户到店消费的频率更高、消费更多。

第五节　其他精准营销

在当今时代，除了之前章节中介绍的移动互联网、APP、微信及 O2O 精准营销，还有微博、视频等精准营销。

一、微博精准营销

随着微博用户数量的逐渐攀升，营销也渐渐进入微博这一社交平台。微博营销是指通过微博平台为商家、个人等创造价值的一种营销方式，也是指商家或个人通过微博平台发现并满足用户的各类需求的商业行为（陈启强，2016）。每个粉丝都是微博营销的潜在营销对象，企业可以通过更新其微博向微博的个人用户传播企业、产品信息，以帮助企业建立良好的企业形象和产品形象，实现与用户的一对一交流互动。目前，中国最著名的微博平台是新浪，新浪网凭借其庞大的用户数量，已经成为微博营销的最佳选择。

企业通过微博具有社交属性的平台发布信息，影响客户的消费行为，从而改善客户消费体验，提高客户保留率，获取客户评论，了解消费倾向。

借助其社交网络和信息共享平台，微博已成为具有巨大商业价值的重要在线营销推广工具，运用传播理论并以经典营销理论和案例为指导。

微博营销有很多优势，以下简单列举几点：

第一，操作较简单而且运营成本相对低廉。微博具有媒体属性，但是与广告媒体相比，微博营销有着得天独厚的优势。微博的注册是免费的，这和需要支付高额广告费的报纸、电视媒体不同，成本相对集中在人力、微博平台费用。而且微博操作页面简单明了，操作方法简单易上手，微博的信息呈现方式多种多样，类似于自媒体的自由性使得微博营销很灵活。

第二，营销内容更易受到用户的关注。社交媒体时代，微博一对一的交流很容易拉近客户和企业之间的情感距离。同时，有针对性的微博营销使得传播极具个性，实现与消费者的友好互动，加强企业与用户之间的"友情"关系，用户更可能会支持企业的产品，并且还会主动地参与到这个品牌的塑造过程中，这也是实现口碑营销的绝佳途径。

第三，可以借助知名博主的宣传增强营销效果。微博的关注与被关注关系是现实生活中社交关系的一种映照。微博的影响力可以根据微博用户的活跃度、传播效果等因素进行判断，关注量大的博主拥有更大的影响力，可以将营销内容散发给更多的潜在用户。很多情况下，微博的知名博主扮演着意见领袖的角色，具有很大的消费引导力。

大数据下的精准营销最主要的工作就是数据分析，任何价值都是建立在对数据全方位的分析之上的。微博精准营销最重要的就是找对客户，同样需要利用大数据技术对全部数据进行细致的分析，这样才能精准找到客户，进而实现产品的精准营销。

通常情况下，微博营销可以通过话题、标签和微博的微群寻找到目标客户群体。

微博话题的最大优点就是可以通过微博搜索直接找到参与某个话题讨论的用户群。首先通过微博数据分析自己产品的目标客户都会聊哪些话题，例如，产品是爽肤水，而关于爽肤水的话题最多的就是皮肤干燥，那么就可以搜索与"皮肤干燥"相关的话题，因为参与这一话题的用户就是产品的目标客户。

微博上的用户根据其爱好会在注册或者使用微博过程中给自己贴上不同的标签。这些由用户设置的标签能够很好地反映其个人特征。如果要准确地确定目标用户，则可以根据产品对应的标签，收集用户的标签并进行匹配。通过分析这些标签，企业可以根据用户年龄、身份、职业、兴趣爱好等对标签进行分类。如果某些用户标签与产品标签重叠，则此类微博用户可以作为目标客户，进行引导消费。

微群就像 QQ 群一样，不同用户因为某个共同的特点或者话题聚到一起，进行交流和互动，这时产生的数据通常价值是比较高的，分析微群中的数据，找到价值最大的用户，将会产生意想不到的营销效果。

在微博营销的讨论中很少看到把数据分析作为论述的手段或依据，事实上，微博平台很适合进行数据分析。

大数据下的微博精准营销就是建立在一步步的数据分析之上的，这些数据都是比较凌乱的，无论是数据的收集、整理还是分析，相对来说都有一定难度。但是面对如此活跃的微博，只要对数据分析得彻底，那么对用户的定位以及产品的营销将会更加精准。

二、视频营销

视频营销作为一种崭新的营销形式，是视频和互联网相结合的产物。从狭义来看，视频营销就是通过视频的形式传播营销信息，从而达到一定的营销效果。从广义来看，视频营销就是视频类的广告，其中又可以分出许多种，尤其是在互联网时代，视频营销涌现出了多种形式，为企业的视频营销提供了多种多样的选择。

目前我国的视频营销可以分为电视营销和互联网视频营销。

电视营销是企业购买电视播出的一定片段时间来播放展示企业优良的产品和服务的一种营销方式。随着广告多元化发展和相关电视政策的出台，电视营销渐渐出现了在电视节目内容中，多以冠名或者品牌植入等形式呈现。电视营销有其特有的优点：一是电视观众的年龄层广，适合任何年龄层使用的产品，都可以在电视上做营销；二是电视通常是两人或两人以上一起观看，能够带动氛围。

随着互联网的发展和视频网站的兴起，电视作为视频媒体逐渐形成了一些难以消除的局限性，如电视营销的广告成本大、互动营销价值小等，而互联网视频营销的成本相对来说低了许多。电视营销很难甚至不会形成病毒式传播，而互联网视频可以做到——如果视频是以戏剧化的形式呈现，且具有一定吸引力，那么观众就会进行转载、分享等行为，从而达到很好的传播效果。电视营销是一种单向的信息传播，与观众无法形成互动；而在互联网中，用户可以在企业发布的视频信息下发表评论，从而让观众也融入到视频中。电视营销和互联网视频营销各有长短，由此便形成了电视和互联网视频营销的互补形式。

移动互联网的不断发展促进了微视频营销的诞生，它是继电视视频、网络视频之后，随着移动互联网普及而形成的一种营销形式。微视频营销实现了营销信息从个人计算机向多元化的移动终端的转换，而且随着网络成为很多人生活中不可或缺的一部分。微视频营销的形式类似于电视视频短片，营销平台是移动互联网，这种微视频加移动终端的形式既有电视营销的内容优势又有移动互联网的移动优势。

视频营销凭借巨大的商业价值赢得了众多企业的青睐，同时以其独特的营销方式夺得了大众的注意力，经仔细分析发现，视频营销能够有如此成绩，主要是因为它能为企业带来三大商业价值。

第一，打造高效的视觉平台。对于文字或图片，视频立体的展示更能让消费者对产品产生信任。艾瑞市场咨询统计表明，视频网站的访问者平均会多花2分钟时间来浏览网站，购买概率会提高64%，其效果是印刷媒体的6倍。

第二，实现良好的用户体验。随着互联网技术的发展和企业对网站要求的不断提高，企业不仅需要网站通过文字和图片来介绍自身或产品的相关知识，还需要具有良好用户体验。视频正好符合这一要求，因为视频不仅可以宣传整体，也可以展示细节，不仅可以直观全局，也可以围观局部，将企业或产品进行立体展示，将优势充分介绍。

第三，建立高度的信任感。视频营销可以使用文字、图片、音频等对产品和企业进行介绍，很显然，视频比文字、图片、声音要来得更直观、更立体，甚至有些时候，对于难以用文字、图片和声音全面表达的产品，用视频就可以进行完整立体的展示。同时，视频可以将文字、图片、音频全部囊括在内，通过专业的精良制作拍摄出高质感的画面，配上优美的声效，加以字幕或人员介绍，让消费者觉得真实可信，这种接近完美的效果更能让客户深入了解企业。

有的视频网站的点击量很高，而有的却很低。只有点击量越高，视频传播才能越广，营销信息传递的次数也就越多。其实，想要提高视频点击量，获得更好的营销效果，是有技巧的。

一是要制定合适的营销内容。制定合适的营销内容是视频营销策略的第一步，也是关键的一步。举一个简单的例子，推广化妆品的微视频，应该以化妆品周边的话题为主，可以融合娱乐八卦的元素，或者以幽默、搞笑的方式介绍某款化妆品的功效，这种方式更容易吸引用户点击，再加上一个有引导性的标题，即可更好地得到用户的关注。

二是要加强第三方引导。第三方引导主要是针对公司自己有网站的视频营销。视频放到大型视频网站的曝光率及被搜索到的概率远比自己网站上大得多，但是这些视频网站会将原视频压缩，质量也会随之降低。针对此现象，运营者可以将视频的迷你版放在第三方视频网站上，用户在第三方视频网站上浏览到了该视频，会有一种想继续看完的欲望。这时，他们就会通过链接访问网站看到内容更加丰富且质量更高的完整版，这尤其适用于娱乐性质或者需要全屏观赏的视频内容。

参考文献

[1] 张瑞娟. 我国中小企业网络营销服务创新现状及对策研究 [J]. 改革与战略, 2015, 31 (9)：51-54.

[2] 卫军英. 网络营销传播的价值三原则 [J]. 杭州师范大学学报（社会科学版）, 2015, 37 (5)：111-121.

[3] 张德智. 网络营销视角下我国传统零售业发展策略探讨——以服装产业为例 [J]. 商业经济研究, 2016 (12)：35-37.

[4] 张冬青. 电子商务发展的智能化需求 [J]. 求是学刊, 2011, 38 (3)：59-63.

[5] 邓红. 电子商务网络营销平台的安全性分析 [J]. 现代电子技术, 2017, 40 (7)：88-91.

[6] 胡占君, 金海水. 我国网络营销中的道德问题及其对策 [J]. 中国流通经济, 2012, 26 (11)：85-90.

[7] 郑达威. 电商大战的注意力经济解读 [J]. 青年记者, 2014 (23)：97-98.

[8] 胡建宏, 刘雪梅. 网络营销定价策略选择 [J]. 价格月刊, 2007 (3)：87-89.

[9] 于红, 张巍. 传统中小企业网络营销渠道建设探析 [J]. 商业时代, 2013 (13)：19-20.

[10] 李凯, 邓智文, 严建援. 搜索引擎营销研究综述及展望 [J]. 外国经济与管理, 2014, 36 (10)：13-21.

[11] 张永锋. 网络营销中如何实施病毒性营销 [J]. 中国商贸, 2011 (17)：32-33.

[12] 伍锐. 移动互联网下中小企业精准营销模型构建 [J]. 商业经济研究, 2018 (18)：59-61.

［13］雷翠玲. 大数据在网络营销中的运用［J］. 中国统计，2017（12）：19-21.

［14］王国胤，刘群，于洪等. 大数据挖掘及应用［J］. 科技与出版，2018（7）：161.

［15］王先庆，雷韶辉. 新零售环境下人工智能对消费及购物体验的影响研究——基于商业零售变革和人货场体系重构视角［J］. 商业经济研究，2018（17）：5-8.

［16］滕连爽. 客户关系管理在营销管理中的地位研究［J］. 商业时代，2011（9）：30-31.

［17］薛云. 中小企业应用商务智能的现状与对策研究［J］. 山西财经大学学报，2014，36（S1）：74-88.

［18］曾小青，张若欣，欧阳文光等. 大数据环境下精准客户定位的社交网络分析［J］. 计算机工程与应用，2017，53（15）：85-94.

［19］李静. 基于数据挖掘技术的电子商务 CRM 研究［J］. 现代电子技术，2015，38（11）：126-128.

［20］周宁南，盛万兴，刘科研等. 大数据集成中确定数据准确属性值的WR 方法［J］. 计算机研究与发展，2016，53（2）：449-458.

［21］朱荣，周彩兰，高瑞. 基于数据挖掘的客户关系管理系统研究［J］. 现代电子技术，2018，41（1）：182-186.

［22］张北平. 以消费者为中心的营销大数据平台建设［J］. 企业管理，2017（11）：97-99.

［23］魏想明，张晶，向贤松. 大数据精准营销［J］. 企业管理，2016（11）：91-93.

［24］刘海，卢慧，阮金花等. 基于"用户画像"挖掘的精准营销细分模型研究［J］. 丝绸，2015，52（12）：37-42+47.

［25］梁道雷，郑军红，杨聪霞等. 基于"互联网+大数据"服装定制的精准营销研究［J］. 丝绸，2018，55（10）：54-59.

［26］曹红梅. 电子商务时代 B2C 平台精准营销探究［J］. 商业经济研究，2018（9）：59-61.

［27］陈启强. 基于情绪知识的微博网络营销策略分析［J］. 商业经济研究，2016（8）：67-68.

后 记

    精准营销是指企业通过定量和定性相结合的方法，对目标市场的不同消费者进行细致分析，并根据他们不同的消费心理和行为特征，采用有针对性的现代技术、方法和指向明确的策略，从而实现与目标市场不同消费者群体强有效性、高投资回报的营销沟通。

    精准营销运用先进的互联网技术与大数据技术等，使企业和顾客能够进行长期个性化的沟通，从而让企业和顾客达成共识，为企业建立稳定忠实的客户群奠定坚实的基础。

    得益于现代高度分散物流的保障方式，企业可以摆脱复杂繁多的中间渠道环节，并且脱离对传统的营销模块式组织机构的依赖，真正实现对客户的个性化关怀。通过可量化的市场定位技术，精准营销打破了传统营销只能做到定性的市场定位的局限，使企业营销达到了可调控和可度量的要求。

    在大数据时代到来之前，企业营销只能利用传统的营销数据，包括客户关系管理系统中的客户信息、广告效果、展览等进行一些线下活动，数据的来源仅限于消费者某一方面的有限信息，不能提供充分的提示信息和线索。互联网时代带来了新类型的数据，包括使用网站的数据、地理位置的数据、邮件数据、社交媒体数据等。

    大数据时代的企业营销可以借助大数据技术将新类型的数据与传统数据进行整合，从而更全面地了解消费者的信息，对顾客群体进行细分，然后对每个群体采取符合具体需求的专门行动。未来，精准营销必定会随着时代变化，结合新出现的技术方法实现内涵的进一步丰富、应用的进一步深入。